Franke/Kötzle (Hrsg.)
Controlling der Unternehmensbereiche

Reimund Franke / Alfred Kötzle (Hrsg.)

Controlling der Unternehmensbereiche

Zielorientierte Steuerung betrieblicher Funktionen

EDITION
BLICKBUCH
WIRTSCHAFT

Die Deutsche Bibliothek – CIP-Einheitsaufnahme
Controlling der Unternehmensbereiche : zielorientierte
Steuerung betrieblicher Funktionen / Reimund Franke/
Alfred Kötzle (Hrsg.). – 1. Aufl. – Frankfurt am Main :
Frankfurter Allgemeine Zeitung, Verl.-Bereich Wirtschaftsbücher,
1995
ISBN 3-929368-39-0
NE: Franke, Reimund [Hrsg.]

Frankfurter Allgemeine Zeitung
Verlagsbereich Wirtschaftsbücher

Verantwortlich Verlagsbereich Wirtschaftsbücher: Helmut Klinge
Gestaltung: F.A.Z.-Grafik

Druck: Druckwerkstätten Stollberg GmbH, Stollberg
Erste Auflage 1995
ISBN 3-929368-39-0

Inhalt

Teil 2
Übergreifende Aspekte des Bereichs-Controlling

Einführung

Reimund Franke und Alfred Kötzle

Die Vielzahl von Veröffentlichungen zum Thema Controlling in den letzten Jahren hat dazu beigetragen, daß wichtige Probleme auf diesem Fachgebiet fundiert bearbeitet wurden. Informationsdefizite sind jedoch in zweierlei Hinsicht festzustellen. Zum einen werden sehr unterschiedliche betriebswirtschaftliche Inhalte mit dem Begriff Controlling belegt; es ist eine ähnlich inflationäre Verwendung dieses Begriffes wie bei dem Terminus »strategisch« festzustellen. Zum anderen liegt den meisten Arbeiten eine gesamtunternehmensbezogene Perspektive des Controlling zugrunde. Eine differenzierte, auf spezifische Probleme in einzelnen Unternehmensbereichen eingehende Analyse der Controlling-Aufgaben ist nur vereinzelt vorzufinden.

Ziel dieses Buches ist, einen Beitrag zur Schließung dieser Lücke zu leisten. Bevor wir die einzelnen in dieser Arbeit enthaltenen Controlling-Bereiche vorstellen und deren Auswahl erläutern, soll zunächst die Interpretation des Controlling vorgestellt werden, die den Beiträgen zugrunde liegt.

(1) Nach unserem Verständnis ist der Gegenstand des Controlling ein Teilaspekt der Unternehmensführung, die Unternehmenskoordination. Diese Koordinationsaufgabe wird in kleinen Unternehmungen in aller Regel, in großen Unternehmungen häufig von der Unternehmensführung selbst wahrgenommen. Bei komplexen Unternehmen in einer dynamischen und wettbewerbsintensiven Unternehmensumwelt ist die Unternehmensführung mit dieser Aufgabe oft überlastet. Die Etablierung des Controlling als Institution, einer Controller-Stelle(nhierarchie), soll in diesem Fall zu einer Entlastung und Unterstützung der Unternehmensführung beitragen.

Diese koordinationsorientierte Abgrenzung der Controlling-Aufgaben ist bei den Fachvertretern noch weitgehend unstrittig. Die Meinungen gehen jedoch bei der Abgrenzung controllingspezifischer Koordinationsinstrumente auseinander. Wir schließen uns der Auffassung von Weber und Horváth an, daß Controlling primär eine planungs- und kontrollorientierte Unternehmenskoordination beinhaltet. Alternative

Formen der Unternehmenskoordination, wie die Koordination durch Strukturierung von Abläufen und Aufbau der Unternehmung, durch persönliche Einflußnahme (Weisungen) oder durch die Förderung eines zielorientierten Wertesystems (Unternehmenskultur), stehen nicht im Mittelpunkt der Controlling-Aufgabe. Sie sind nur insofern Gegenstand des Controlling, als bei der Bildung eines integrierten Führungssystems, der Abstimmung von Planungs- und Kontrollsystem, Informationsversorgungssystem, Organisationssystem, (Personal-)Führungssystem mit der Unternehmensstrategie im Rahmen des strategischen Management auch ein in sich konsistentes System der Unternehmenskoordination zu entwerfen ist.

Neben der angesprochenen Systembildungsaufgabe umfaßt das Controlling auch eine Systemkopplungsaufgabe. Beide Teilaufgaben beziehen sich – wie angeführt – primär auf die Koordination von Planung und Kontrolle unter Einbezug der für Planung und Kontrolle erforderlichen Informationsversorgung. Controlling muß demnach zum einen den Aufbau eines für die Unternehmung geeigneten und konsistenten Planungs-, Kontroll- und Informationsversorgungssystems sicherstellen. Die Abstimmung etwa des strategischen Planungssystems mit dem taktisch/operativen Planungssystem und dem Budgetsystem, mit dem Berichtsystem und dem Kosten-/Leistungsrechnungssystem zählen zu dieser Systembildungsaufgabe. Die Systemkopplungsaufgabe des Controlling umfaßt demgegenüber die laufende Abstimmung von Planungs-, Kontroll- und Informationsversorgungsprozessen, die Optimierung dieser Prozesse in inhaltlicher und zeitlicher Sicht.
Ausgehend von diesem Grundverständnis des Controlling sollen in unserem Buch spezifische Koordinationsaufgaben in einzelnen Unternehmensbereichen vorgestellt und analysiert werden. Sowohl hinsichtlich der untersuchten Koordinationsaufgaben wie auch der Unternehmensbereiche war hierbei eine Auswahl zu treffen.

Aus der Vielzahl von Koordinationsaufgaben wurden vor allem die Abstimmung zwischen den einzelnen Aufgaben der Planung und Kontrolle, der Informationsversorgung für diese Aufgaben sowie dem Einsatz von Methoden und Modellen zur Lösung der Planungs- und Kontrollaufgaben herausgestellt. Nicht vertieft wurden insbesondere institutionelle Fragen des Bereichs-Controlling: Die in großen Unternehmungen beobachtbare Dezentralisierung des Controlling in einen gesamtunternehmensbezogenen Zentral-Controlling-Bereich und dezentrale, (bei entsprechender Organisationsstruktur) funktionsbereichsbezogene Controlling-Bereiche bzw. Controller-Stellen wirft die Frage auf, wie die Aufgabenverteilung und die Aufgabenkoordination *innerhalb* des Controlling sinnvoll zu gestalten ist. Da diese Problemstellung in der Literatur zum Unternehmens-Controlling ausreichend diskutiert wird (vgl. Weber 1994, S. 367 ff.), haben wir auf eine Erörterung in unserer Abhandlung verzichtet.

Bei der Auswahl der einzelnen Unternehmensbereiche haben wir uns an der herkömmlichen Unterscheidung der Aufgabenfelder nach den Funktionen (bzw. bei zeitlicher Betrachtung: Phasen) des Leistungsprozesses, den Bereichen Beschaffung, Produktion, Marketing, Investition und Finanzierung, orientiert (vgl. Bea/Dichtl/Schweitzer 1991).

Aufgrund seiner besonderen Bedeutung haben wir uns beim Personal-Controlling auf den Weiterbildungsaspekt konzentriert sowie dem Bereich Forschungs- und Entwicklungs-Controlling ein eigenes Kapitel gewidmet. Aus dem gleichen Grund wurde die (funktions-)bereichsorientierte Perspektive erweitert: Die beiden letzten Beiträge sind an der Schnittstelle zwischen dem Controlling der einzelnen Funktionsbereiche und dem Unternehmens-Controlling angesiedelt. Sie enthalten Controlling-Konzepte für einzelne Zielbereiche der Unternehmung, die Ziele der Qualitätssicherung und des Umweltschutzes.

(2) Gesättigte Märkte und die Intensivierung des Wettbewerbs aufgrund der Globalisierung der Märkte haben zu Umdenkprozessen in den Unternehmen geführt. In immer stärkerem Maße wird der Kunde in den Mittelpunkt unternehmerischer Aktivitäten gestellt. Insoweit ist das Marketing eine Schlüsselgröße für den Unternehmenserfolg. In gleichem Umfang hat das *Marketing-Controlling* an Bedeutung gewonnen.
Im Rahmen eines effizienten Planungs- und Kontrollsystems stellt das Marketing-Controlling Informationen bereit, die einen Beitrag leisten, absatzmarktorientierte Ziele zu erreichen. Darüber hinaus muß das Marketing-Controlling die Schnittstellen zu anderen Funktionsbereichen beachten. Dies gilt für den Forschungs- und Entwicklungsbereich im Hinblick auf die Produktneu- und Produktweiterentwicklung. Gleichermaßen wichtig sind die Produktion und Logistik unter Beachtung der physischen Verfügbarkeit der Produkte. Nicht zu unrecht hat Henry Ford gesagt: »Back orders are no orders.«. Insgesamt hat das Marketing-Controlling die schwierige Aufgabe, quantitative und qualitative sowie

interne und externe Daten zu verknüpfen und entscheidungsrelevant aufzubereiten. In diesem Sinne sind nicht nur Umsätze, Gewinne und Deckungsbeiträge zu beachten, sondern auch Kundennutzen, Verbraucherverhalten, Markenimage, Bekanntheitsgrad. Im Rahmen des Marketing-Mix ist die Zielwirksamkeit einzelner Maßnahmen zu prüfen und ihre wechselseitige Wirkung zu analysieren. Gleichermaßen muß das Marketing-Controlling einen Beitrag zur Strategiefindung leisten und flexibel auf die Dynamik der Märkte im operativen Bereich reagieren.

Veränderte Ansprüche des Marktes, vor allem hinsichtlich Variantenvielfalt und Produktqualität, haben die Anforderungen an den Produktionsbereich erhöht. Neue Produktions- und Informationstechnologien verändern den Koordinationsbedarf in der Produktion.

Diese Veränderungen bringen zum einen eine Schwerpunktverlagerung von der operativen zur strategischen Produktionsplanung und -steuerung mit sich. Ferner führt die Ausweitung produktionswirtschaftlicher Ziele um Qualitäts-, Service-, Flexibilitäts- und Lieferbereitschaftsziele auch zu einer Ausweitung der Aufgaben des *Produktions-Controlling.* Als übergreifende Konzepte für das Produktionsmanagement mit expliziten Integrationsansprüchen sind vor allem der Ansatz des »Computer Integrated Manufacturing« zu nennen, ferner das »Human Resources Management« sowie das »Total Quality Management«. Diese integrativ wirkenden Elemente sind vom Produktions-Controlling in seine Systemstruktur einzubeziehen. Dabei sind sowohl technische als auch betriebswirtschaftliche Aufgaben zu lösen.

Innerhalb der strategischen Planung sind vor allem die zukünftigen Produktfelder, die Bereitstellung von Kapazitäten, die Wahl des Organisationstyps der Fertigung und darauf aufbauend (operativ) das Produktionslayout zu harmonisieren.

Im operativen Bereich sind auf der Grundlage eines Produktionsplanungs- und Produktionssteuerungssystems (PPS-System) die Programm-,Faktor- und Prozeßgestaltung bei gegebenen Kapazitäten aufeinander abzustimmen. Ferner muß das Produktions-Controlling die Wirtschaftlichkeit des Produktionsbereichs laufend überwachen, um bei unerwünschten Entwicklungen schnell Gegensteuerungsmaßnahmen einleiten zu können. Zu überprüfen sind beispielsweise Maschinenbelegung, Arbeitsverteilung, Bearbeitungsreihenfolge, Intensitätsgrad, Losgröße.

Der Beschaffungsbereich liegt im Spannungsfeld zwischen betriebsorientierter und marktorientierter Blickrichtung. Einerseits müssen die

Anforderungen der Produktion und letztlich des Marketing im Hinblick auf eine hohe Lieferbereitschaft bei den Verkaufsprodukten erfüllt werden, andererseits muß den Möglichkeiten der Beschaffungsmärkte in bezug auf die einzukaufenden Roh-, Hilfs- und Betriebsstoffe sowie Teile, Baugruppen und Handelswaren Rechnung getragen werden. »Just in time«-Konzepte erfordern ein hohes Maß an interner und externer Abstimmung. Darüber hinaus ist in den Unternehmen eine Tendenz zur Verringerung der Fertigungstiefe zu erkennen. Dadurch erhöht sich das Beschaffungsvolumen. »Make or Buy«-Entscheidungen fallen immer häufiger, im Interesse einer »schlanken« Produktion, zugunsten des Zukaufs aus. Insgesamt ist die Einkaufstätigkeit komplexer geworden und erfordert damit eine hohe Koordinationsintensität sowie fundiert vorbereitete Entscheidungsvorlagen.

Dieser Herausforderung muß sich das *Beschaffungs-Controlling* stellen, indem es eine Systemstruktur für Planung, Kontrolle und Informationsversorgung aufbaut. Dabei geht es um die Zusammensetzung des Beschaffungsprogramms in quantitativer und qualitativer Hinsicht. Bedarfs- und Bestellmengen sind festzulegen. Weiterhin sind Entscheidungen zu treffen über die Lieferantenstruktur, die Beschaffungswege und die Transportmodalitäten. Die Preis- und Konditionenpolitik ist zu fixieren. Schließlich sind durch die Beschaffungsmarktforschung Informationen über Beschafffungsmärkte, -güter und -leistungen aufzubereiten und zu analysieren. Bei allen angesprochenen Aktivitäten unterstützt das Beschaffungs-Controlling das Management bei seiner Entscheidungsfindung, indem es einen Instrumentenpool bereitstellt. Beispielsweise können Entscheidungen über Materialsubstitutionen mit Hilfe der Wertanalyse vorbereitet werden. Die Durchführung einer Nutzwertanalyse erleichtert die Lieferantenauswahl. Auf der Grundlage von Materialstrukturanalysen werden Prioritäten bei allen Beschaffungsaktivitäten gesetzt. Durch Kennzahlen können z. B. Beschaffungsziele formuliert werden.

Konsequenter als je zuvor werden die Unternehmen vom Markt gesteuert. Die Kundenorientierung erfaßt alle betrieblichen Funktionsbereiche. Die Entwicklung neuer Produkte muß daher die gesamte Wertschöpfungskette von der Beschaffung über die Produktion bis zum Vertrieb und damit bis zum Endverbraucher in die Betrachtung einbeziehen. Das Kostenbewußtsein wird auch in den innovativen Bereich der Forschung und Entwicklung (F&E) hineingetragen. Auch organisatorisch wird dieser Entwicklung Rechnung getragen, indem die zentrale Forschung fast vollständig auf einzelne Sparten aufgeteilt wird.

Die Entwicklung neuer Produkte ist ein bereichsübergreifender interdisziplinärer Prozeß, der effizient in Projekten abgewickelt wird. Das *F&E-Controlling* muß diesen Prozeß koordinierend begleiten, die bestehenden Schnittstellen beachten und planend sowie steuernd die Abläufe unterstützen.

Die eingeleitete Umorientierung in den Unternehmen führt auch betriebswirtschaftlich zu einer anderen Denkweise. Die bisherige Fragestellung: »Was wird das neu zu entwickelnde Produkt voraussichtlich kosten?« wird den bestehenden Marktverhältnissen nicht mehr gerecht. Wesentlich ist vielmehr folgende Fragestellung: »Was darf ein Produkt unter Berücksichtigung der Kunden- und Wettbewerbssituation maximal kosten?«. Die maximal zulässige Kostenhöhe wird also aus dem erzielbaren Marktpreis abgeleitet. Die bisher übliche Vorgehensweise bei der Kalkulation wird gleichsam umgekehrt. Zielkostenmanagement (»Target Costing«) ist die neue Denkweise. Unterstützt wird dieser Prozeß noch von der Wertgestaltung (»Value Engineering«), indem der Beschaffungs- und der Produktionsbereich in den F&E-Prozeß einbezogen werden. Auch sollte die Wertschöpfungskette auf der Absatzseite bis zum Endverbraucher verfolgt werden, da die Entsorgungsprobleme bereits verstärkt auf die Industrie zugekommen sind bzw. noch verstärkt zukommen werden. In letzter Konsequenz steht der gesamte Produktlebenszyklus in den F&E-Abteilungen unter Kostengesichtspunkten auf dem Prüfstand.

Sollen die anstehenden, komplexen Aufgabenstellungen vom F&E-Controlling effizient gelöst werden, empfiehlt es sich, die erprobten Verfahren des Projektmanagements einzusetzen. Die Stärke des Projektmanagements liegt in der ausgeprägt zielorientierten Arbeitsweise, der systemtechnischen Denkweise und der interdisziplinären Ausrichtung. Mit Hilfe des Projektstrukturplans wird das Gesamtprojekt in überschaubare Teileinheiten zerlegt, die Komplexität reduziert und damit Transparenz geschaffen. Die Termin- und Ablaufplanung regelt den zeitlichen Rahmen eines Projekts und bringt die Einzeltätigkeiten in eine sachlogische Reihenfolge. Balkendiagramme und/oder Netzpläne unterstützen den Planungsprozeß. Abgeschlossen wird die Planung der Projektdurchführung von der Kostenplanung. Die Kontrolle/Steuerung von F&E-Projekten erfordert eine integrierte Betrachtung der zu erbringenden Leistung, der Termine und der Kosten. Untersucht man die drei genannten Größen isoliert, ergeben sich in aller Regel nicht optimale Lösungen.

Die Mitarbeiter eines Unternehmens sind nicht nur ein Produktionsfaktor, der Kosten verursacht, sondern auch eine wertvolle Ressource, die den Erfolg eines Unternehmens maßgeblich beeinflußt. Die Mitarbeiter stehen in der Summe mit ihrem Know-how und der Qualität ihrer Arbeit für das in einem Unternehmen erreichte Maß an Leistung. Der Standard der Mitarbeiterqualifikation ist ein wesentlicher Bestandteil der Wertschöpfungskette im Unternehmen. Vor diesem Hintergrund sind das Personal-Controlling im allgemeinen und das Bildungs-Controlling im besonderen unverzichtbar für den Erfolg eines Unternehmens.

Bildungs-Controlling ist ein Begriff voller Spannung: Bildung als »Soft Fact« und Controlling als »Hard Fact«. Der scheinbare Widerspruch im Begriff selbst verleiht dem Bildungs-Controlling seinen Reiz. Es ermöglicht die konstruktive Verbindung von etablierten Controlling-Gedanken mit innovativen Ideen der Mitarbeiterqualifikation. Das Bildungs-Controlling hat festzustellen, ob und inwieweit Maßnahmen zur Mitarbeiterqualifizierung in einem Unternehmen erfolgreich sind.

Die Kosten einer Weiterbildungsmaßnahme lassen sich vergleichsweise leicht ermitteln und mit der Kennzahl »Kosten je geschultem Mitarbeiter pro Seminar« transparent darstellen. Diese Kennzahl trägt allerdings dem eigentlichen Gedanken des Bildungs-Controlling noch nicht Rechnung. Es fehlt die Aussage über den Erfolg der Maßnahme. Es werden drei Arten von Bildungserfolg unterschieden: Einstellungserfolg, Lernerfolg und Verhaltenserfolg. Einstellungs- und Lernerfolg sind Größen, die bereits im Seminar überprüft werden können. Der Verhaltenserfolg zeigt sich erst in der Praxis, das heißt in der Zeit nach dem Seminar. Er spiegelt sich darin wider, daß Teilnehmer bestimmte erworbene Qualifikationen aktiv in ihrem beruflichen Umfeld umsetzen. Der gesamte Prozeß des Bildungs-Controlling, der sich als Steuerungsinstrument von der Planung und Entwicklung von Maßnahmen bis zu ihrer Überprüfung in der Praxis erstreckt, bedarf einer fortlaufenden Rückkopplung an die Arbeitswirklichkeit. Zur näheren Bestimmung des Trainingserfolges werden circa 8–10 Wochen nach der Durchführung einer Weiterbildungsmaßnahme Einzelinterviews, Gruppenbefragungen und daran anschließend eine strukturierte Seminaranalyse durchgeführt. Die Analyse befaßt sich mit den Zielsetzungen einer Weiterbildungsmaßnahme und dem praktisch nachvollziehbaren Erfolg, wie er sich durch die Erhebungsinstrumente (Gruppenbefragung, Einzelinterviews) dargestellt hat. Konkret bedeutet dies, daß in der Seminar-Analyse die Controlling-Dimensionen Steuerung und Kontrolle zusammenfallen und zu einer Optimierung führen sollen. Insoweit erfüllt das Bildungs-Controlling eine vorbereitende Funktion für weitere Maßnahmen.

Investitionsentscheidungen beeinflussen die Ertragslage und die finanzielle Situation einer Unternehmung in erheblichem Ausmaß. Investitionen in neue Produktionsverfahren, neue Produkte oder auch neue Führungssysteme legen den Unternehmenskurs langfristig fest und grenzen zukünftige Entscheidungsspielräume erheblich ein. Die Bedeutung einer Ausrichtung von Investitionsentscheidungen an den Unternehmenszielen, einer Optimierung von Planungssystem und Planungsprozessen durch das *Investitions-Controlling* ist so offensichtlich.

Zum Aufgabenspektrum des Investitions-Controlling gehören zum einen die Koordination des Ablaufs einzelner Investitionsprojekte. Zu beachten ist hierbei vor allem, daß für die unterschiedlichen Problemsituationen geeignete Entscheidungsmodelle verwendet werden, insbesondere auch dem Risiko von Investitionsentscheidungen Rechnung getragen sowie die Informationsversorgung für die Entscheidungsfindung gesichert wird. Neben dieser projektbezogenen Unterstützung von Investitionsentscheidungen hat das Investitions-Controlling auch für die Abstimmung der Investitionspläne und -budgets in (Teilbereichen) der Unternehmung zu sorgen.

Nicht weniger wichtig ist die Kontrollaufgabe des Investitions-Controlling. Zwar ist oft der Spielraum für kurzfristige Gegensteuerungsmaßnahmen bei verfehlten Investitionszielen begrenzt, häufig mag auch die Identifikation solcher Fehlschläge bei den Entscheidungsträgern nicht erwünscht sein. Durch eine effiziente, auch die Prämissen der Investitionsplanung kritisch hinterfragende Investitionskontrolle lassen sich jedoch nicht nur wertvolle Lerneffekte für künftige Planungsvorhaben erzielen, sondern auch existenzgefährdende Fehlentscheidungen bei Folgeinvestitionen vermeiden.

Traditionell ist das *Finanz-Controlling* bilanzorientiert. Es werden Bewegungsbilanzen, Kapitalflußrechnungen erstellt und Kennzahlen zur strukturellen Liquiditätssicherung gebildet. Danach ist das Finanz-Controlling eher mittel- bis langfristig ausgerichtet.

Neuere Entwicklungen im Finanzmanagement der Unternehmung, die mit den Stichworten Cash-Management-Systeme und In-House-Banking umschrieben werden können, erfordern eine Anpassung des Instrumentariums des Finanz-Controlling, insbesondere im kurzfristigen Bereich.

Ein Umdenken ist in mehrfacher Hinsicht erforderlich. Hauptaufgabe des Finanzmanagement ist zunächst, den Zahlungsverpflichtungen jederzeit uneingeschränkt nachzukommen. Dazu bedient man sich des Finanzplans mit den Rechengrößen Einzahlungen und Auszahlungen.

Berücksichtigt man, daß Zahlungsströme von den einzelnen betrieblichen Funktionsbereichen ausgelöst werden, so sind die damit in Verbindung stehenden Finanzierungskosten eindeutig zuzuordnen. Diesem Sachverhalt wird in der betrieblichen Praxis selten Rechnung getragen. Die Gewährung von Zahlungszielen verursacht einen zusätzlichen Kapitalbedarf und damit zusätzliche Zinskosten. Überhöhte Bestände, sowohl auf der Einkaufs- als auch auf der Verkaufsseite, binden zusätzliches Kapital.

Beide Beispiele machen deutlich, daß nicht nur die Liquidität, sondern auch die Rentabilität belastet wird. Verantwortlich dafür sind die einzelnen Unternehmensbereiche. Insofern sollte der Finanzplan bereichsweise strukturiert werden. Dadurch wird eine klare Verantwortungsabgrenzung vorgenommen und das Zahlenwerk transparent gestaltet.

Ergebnis der Finanzplanung ist ein Finanzmittelüberschuß oder -defizit. Aufgabe der Finanzabteilung ist es, den Überschuß ertragreich anzulegen und das Defizit kostengünstig zu schließen. Insoweit leistet das Finanzmanagement einen eigenen Beitrag zur Rentabilität des Unternehmens. Vor diesem Hintergrund ist es berechtigt, die Finanzabteilung als eigenständiges Profit-Center zu betrachten. Das Finanz-Controlling muß diese Entwicklung verstärkt berücksichtigen. Dazu ist es notwendig, Finanzierungskosten transparent zu machen und die Finanzanlage unter dem Gesichtspunkt Sicherheit und Flexibilität zu betrachten. Der Profit-Center-Gedanke darf jedoch nicht extensiv ausgelegt werden. In diesem Sinne sind Aktivitäten des Finanzmanagement abzulehnen, die darauf hinauslaufen, das operative Geschäft mit dem Argument zu begrenzen, daß das Geld am Kapitalmarkt ertragbringender als im Unternehmen angelegt werden kann.

Qualität wird von den Unternehmen zunehmend als Wettbewerbsfaktor erkannt. Ursachen dafür sind steigende Kundenforderungen, Globalisierung der Märkte aber auch zusätzliche Vorschriften des Gesetzgebers (z. B. im Umweltschutzrecht). Dabei ist zu beachten, daß Qualität nicht allein produktbezogen ist, sondern zunehmend den gesamten Unternehmensprozeß berücksichtigt. Der Qualitätsanspruch erfaßt die Unternehmensgesamtleistung und betrachtet damit den gesamten Wertschöpfungsprozeß. Der Kundennutzen entsteht aus der Gesamtleistung des Unternehmens. Er orientiert sich nicht nur an den technischen Eigenschaften des Produktes, sondern auch am Image des Unternehmens, am Kundendienst, an der Verkaufsberatung und an der jederzeitigen Verfügbarkeit der Produkte.

Das *Qualitäts-Controlling* muß der angesprochenen Entwicklung Rechnung tragen, indem es bereichsübergreifend tätig wird. Dies gilt gleichermaßen für den strategischen wie für den operativen Bereich.

Ziel des strategischen Qualitäts-Controlling sollte es sein, ein den heutigen und zukünftigen Kundenanforderungen entsprechendes Qualitätsniveau zu bestimmen, mit dem gegenwärtigen Qualitätsniveau zu vergleichen und Änderungen in den Qualitätsanforderungen festzustellen und umzusetzen. Dazu bedarf es einer Umwelt- und Unternehmensanalyse. Die Umweltanalyse zeigt Indikatoren für die Entwicklung der Qualität auf, die Unternehmensanalyse ermittelt das Niveau der Qualität der Unternehmensgesamtleistung und versucht Potentiale zu erkennen. Beide Analysen bilden den Grundstock für die Formulierung von Qualitätsstrategien.

Im Rahmen des operativen Qualitäts-Controlling ist die zu fordernde Qualität bereichsweise zu formulieren. Dabei sind die Schnittstellen im Unternehmen und zwischen Unternehmen und Umwelt zu beachten. Letztendlich sind alle Funktionsbereiche gemeinsam verantwortlich für die Erfüllung des Kundennutzens. Indem es geeignete Instrumente auswählt, muß das Controlling dem übergreifenden Aspekt der Qualität gerecht werden. Beispielhaft soll hier die »Quality Function Deployment-Methode« genannt werden. Dabei geht es um die Festlegung marktgerechter Produkteigenschaften. Ziel ist es, die Erfüllung der vom Kunden geforderten Produkteigenschaften während des gesamten Prozesses der Produktentstehung sicherzustellen. Eingeschlossen ist auch ein Vergleich mit Konkurrenzprodukten.

Öko-Controlling ist im Gesamtkonzept des Controlling ein vergleichsweise neuer Teilbereich. Konzeptionell sind zwischenzeitlich in Zusammenarbeit von Wissenschaft und Praxis wesentliche Grundlagen erarbeitet worden. Eine noch begrenzte Anzahl von Unternehmen hat in den letzten Jahren praktische Erfahrungen gesammelt. In Analogie zum Geschäftsbericht wurden Öko-Berichte veröffentlicht. Dabei zeigt sich, daß die Öko-Bilanz das zentrale Instrument der Berichterstattung ist.

Im Gegensatz zu der Bilanz nach Handels- und Steuerrecht ist die Öko-Bilanz eine reine Mengenrechnung. Nach dem Input-Output Schema werden Stoffe und Energien in der Maßeinheit Kilogramm und Kilowattstunde bzw. Joule erfaßt. Der Begriff Bilanz ist berechtigt, da sich aufgrund des physikalischen Massen- und Energieerhaltungsgesetzes die stofflichen und energetischen Input- und Outputströme entsprechen müssen. Im Interesse einer möglichst großen Transparenz des ökologischen Geschehens wird die Öko-Bilanz in Teilbilanzen gegliedert: Betriebsbilanz, Prozeßbilanz, Produktbilanz und Substanzbetrachtung (Standortbilanz). Verbindliche, allgemein anerkannte Bilanzierungsrichtlinien für Öko-Bilanzen gibt es (noch) nicht. Betriebsvergleiche sind folglich unzulässig. Berücksichtigt man, daß das Öko-Controlling sich noch in einem Entwicklungsstadium befindet, sind auch Zeitvergleiche für ein Unternehmen von begrenzter Aussagefähigkeit.

Mit Hilfe der Öko-Bilanz werden ökologische Schwachstellen erkannt. Dazu ist es erforderlich, eine Bewertung der Umweltbelastung vorzunehmen. Hier besteht noch eine methodische Schwachstelle im System des Öko-Controlling. Es gibt zur Zeit noch kein wissenschaftlich fundiertes Verfahren, das die erfaßten Stoffe und Energien nach ihrer Schadstoffbelastung klassifiziert. Es sind mehrere Bewertungsverfahren entwickelt worden. Dabei zeigt sich, daß das »ABC-Rasterverfahren« des Instituts für ökologische Wirtschaftsforschung praktische Akzeptanz gefunden hat.

Nach der Durchführung der Schwachstellenanalyse wird Umweltschutz »rechenbar«. Dazu bedient sich das Öko-Controlling der bewährten Controlling-Instrumente, indem die finanziellen Konsequenzen von Umweltsschutzmaßnahmen in DM quantifiziert werden. Der Controller macht deutlich, welche ökonomischen Risiken mit Umweltschutzmaßnahmen verbunden sind. Auf Dauer können sich nur wirtschaftlich erfolgreiche Unternehmen Umweltschutz leisten.

In ständig wachsendem Umfang wird der Schutz der Umwelt von den Unternehmen als strategischer Erfolgsfaktor erkannt. Die unternehmerische Zielsetzung wird erweitert. Berücksichtigt man, daß Controlling ein Instrument zur Unternehmensführung ist, wird auch die Bedeutung des Öko-Controlling zunehmen.

Wir sind uns bewußt, daß die Einschätzung der Relevanz der ausgewählten Controlling-Bereiche und -Aufgaben subjektiv geprägt ist. Gleichwohl sind wir der Auffassung, daß die vorliegende Arbeit sowohl den in der Unternehmenspraxis tätigen – und hier insbesonders den Controllern in den einzelnen Funktionsbereichen – als auch Studenten und Dozenten an Hochschulen eine Orientierung über Aufgaben, Problembereiche und Lösungsansätze eines bereichsbezogenen Controlling vermitteln kann.

Teil 1
Controlling der Funktionsbereiche

I. Marketing-Controlling

Alfred Kötzle
(unter Mitarbeit von Oliver Leibfarth)

Inhalt

1. Marketing und Controlling

Nach der Phase der primären Produktionsorientierung in der Nachkriegszeit, die in vielen Unternehmen bis in die sechziger Jahre zu beobachten war, wurden Unternehmen zunehmend marktorientiert. Dies ist vor allem darin begründet, daß viele Branchen mit Marktsättigungstendenzen konfrontiert sind, welche durch die Internationalisierung der Märkte noch verstärkt wird. Weitere Faktoren, die ein stärkeres Engagement der Unternehmen in Marketing-Aktivitäten fordern, sind unter anderem der Rückgang der Bevölkerung in den kaufkraftstarken Industrienationen sowie der schnelle technische Fortschritt. Er führt dazu, daß die Produktlebenszyklen in vielen Bereichen immer kürzer werden, was zur Folge hat, daß einerseits die Innovationskosten zunehmen und sich andererseits Neuprodukteinführungen häufen. Für das Marketing heißt das, daß in kürzerer Zeit Bedürfnisse der Verbraucher geweckt und befriedigt werden müssen. Nur Unternehmen, die dies leisten, können langfristig erfolgreich bleiben. Der Markt ist für den Unternehmenserfolg die entscheidende Schlüsselgröße geworden, er ist der Engpaß, von dem der Unternehmenserfolg abhängt.

Diesem Beitrag liegt das Marketing-Verständnis von Bruhn zugrunde, der unter Marketing »die Planung, Organisation, Durchführung und Kontrolle sämtlicher Unternehmensaktivitäten [versteht], die durch eine Ausrichtung des Leistungsprogramms am Kundennutzen darauf abzielen, absatzmarktorientierte Unternehmensziele zu erreichen ...« (Bruhn 1989, S. 2). Eine vergleichbare Sichtweise wird in vielen Arbeiten zum Marketing-Management vertreten (vgl. Meffert 1986, S. 33f.).

Wenn man unter Controlling »ein Subsystem der Führung [versteht], das Planung und Kontrolle sowie Informationsversorgung systembildend und systemkoppelnd koordiniert und so die Adaption und Koordination des Gesamtsystems unterstützt« (Horváth 1991, S. 144), so sind augenfällige Gemeinsamkeiten zum Marketing zu erkennen. Unterschiedlich sind jedoch die Perspektiven. Das Marketing(-Management) hat sich um die inhaltliche Ausfüllung des Planungs- und Kontrollprozesses und vor allem auch um die absatzmarktorientierte Zielbildung zu sorgen, das Marketing-Controlling um die Koordination von Planungs- und Kontrollprozessen und -systemen und um deren Versorgung mit Informationen; auch das Marketing ist auf die typischen Steuerungs- und Informationsinstrumente des Controlling angewiesen.

Insbesondere im Marketing ist auch eine Dezentralisierung des Controlling häufig sinnvoll, weil das Marketing sehr spezifische, oft qualitative Informationen benötigt, die das Zentral-Controlling (ZC) wegen seiner globalen, funktionsübergreifenden Sichtweise kaum verarbeiten kann. Das ZC ist meist nicht in der Lage, Erlöswirkungen von Marketing-Maßnahmen richtig einzuschätzen, weil es ihm an der dafür wichtigen marktorientierten Denkweise und Erfahrung fehlt. Es lassen sich daher für den Marketing-Controller zwei spezifische Aufgabenbereiche ableiten:

1. Der Marketing-Controller muß innerhalb des Subsystems »Marketing« Controlling-Funktionen übernehmen.
2. Der Marketing-Controller muß die Koordination und den Informationsaustausch mit anderen Unternehmensbereichen in enger Zusammenarbeit mit dem ZC gewährleisten.

Es stellt sich die Frage, ob und wo in der Organisationsstruktur des Unternehmens diese Aufgaben am besten erfüllt werden können. Grundsätzlich gibt es nicht »die« optimale Lösung. Bei kleinen Unternehmen sowie einer Neueinführung des Marketing-Controlling kann die Funktion durchaus sinnvoll von externen Beratern ausgefüllt werden. Die Vorteile liegen darin, daß externe Berater schon über das notwendige Know-how verfügen und relativ unvoreingenommen und neutral an die Probleme herangehen können. Problematisch kann sein, daß sie das Unternehmen nicht genau kennen und somit Schwachstellen möglicherweise nicht genügend berücksichtigen.

Die Integration des Marketing-Controllers in den Marketing-Bereich kann auf zwei Arten erfolgen. Zum einen kann das Marketing-Controlling als eine von mehreren Linienfunktionen implementiert, zum anderen kann es im Stab der Marketing-Leitung angesiedelt werden. Beide Varianten haben den Vorteil, daß das Marketing-Controlling unmittelbar Zugang zu den relevanten Informationen hat. Für die Linienfunktion spricht, daß der Marketing-Controller aus dieser Position, trotz Integration in den Marketing-Bereich, relativ unabhängig ist und damit eine kritischere Haltung gegenüber den Marketing-Aktivitäten einnehmen kann. Die Gefahr dabei ist allerdings, daß das Marketing-Controlling als »verlängerter Arm« des Zentral-Controlling angesehen wird und deshalb auf Widerstände bei der Erfüllung seiner Aufgaben stößt. Daher wird das Marketing-Controlling meist als Stabsfunktion der Marketing-Leitung unterstellt.

In letzter Zeit scheint sich vor allem das »Dotted-Line-Prinzip«, eine Mischform der organisatorischen Einbindung, durchzusetzen. Danach wird das Marketing-Controlling funktional dem ZC und disziplinarisch der Marketing-Leitung unterstellt. Diese Vorgehensweise kommt der spezifischen Aufgabensituation des Marketing-Controlling entgegen, das ja nicht nur im und für das Marketing arbeitet, sondern auch zwischen Marketing und anderen Unternehmensbereichen koordinieren soll.

2. Planung im Marketing

In einem differenzierten Planungssystem lassen sich eine strategische, taktische und operative Planungsebene unterscheiden. Die strategische Planung befaßt sich mit langfristigen Unternehmenszielen, der Schaffung und dem Ausbau von Erfolgspotentialen, etwa durch Erschließung neuer Märkte oder Einführung neuer Technologien. Die taktische Planung ist eine mittelfristige, mehrere Planungsjahre umfassende Planung, welche z. B. aus einer Absatzplanung abgeleitete Standort- und Investitionsplanungen sowie Finanz- und Bilanzpläne enthalten kann. Die operative Planung als »Feinplanung« konkretisiert, wie die strategischen und taktischen Pläne umzusetzen sind. Es werden konkrete Maßnahmen festgelegt und budgetiert. Der Planungshorizont umfaßt in der Regel ein Geschäftsjahr.

Im folgenden sollen die Aufgaben, Methoden und Modelle des Marketing-Controlling zum einen für die strategische und zum anderen für die taktisch/operative Planungsebene analysiert werden.

2.1 Strategische Planung

Die strategische Planung des Unternehmens findet immer auf der Grundlage von Produkt-Markt-Analysen statt, da die Absatzpotentiale für längerfristige Investitions- und Finanzierungsstrategien des Unternehmens eine maßgebliche Rolle spielen. Daher kommt dem strategischen Marketing-Controlling in diesem Problembereich eine doppelte und damit besonders gewichtige Funktion zu: Es muß sowohl bei der strategischen Planung des Marketing-Bereichs als auch der des Gesamtunternehmens beratend mitwirken.

Die strategische (Marketing-)Planung läßt sich in drei Phasen unterteilen. Zunächst wird die *Marktsituation* des Unternehmens auf Erfolgspotentiale bzw. Marktchancen bereits etablierter oder eventuell einzuführender Produkte hin *analysiert.* Aus den ermittelten Möglichkeiten und Grenzen werden strategische, das heißt langfristige und grobe *Marktziele* definiert. Diese Ziele dienen schließlich als Grundlage für die Entwicklung einer *Marktstrategie.*

Die Ableitung einer Marktstrategie ist selbstverständlich in den Prozeß der strategischen Analyse auf Unternehmensebene, der Ermittlung einer gesamtunternehmensbezogenen Strategie, einzubeziehen. Die wichtigsten Elemente einer solchen strategischen *Analyse* sind:

- eine Analyse der weiteren und näheren Unternehmensumwelt in bezug auf den Planungszeitpunkt sowie vor allem hinsichtlich der Entwicklung innerhalb des Planungshorizonts,

- eine Verdichtung dieser Umweltanalyse in einem Katalog von (absoluten) strategischen Erfolgs- und Mißerfolgsfaktoren (Bedrohungen und Chancen),
- eine Analyse des aktuellen Kompetenzprofils, der Ressourcensituation der Unternehmung sowie des Entwicklungspotentials der verschiedenen Ressourcen,
- eine Synthese der Umwelt- und Unternehmensanalyse in einem Katalog relativer strategischer Erfolgsfaktoren, welcher die relativen Stärken und Schwächen der Unternehmenseinheiten (= strategischen Geschäftseinheiten) in bezug auf die (absoluten) strategischen Erfolgsfaktoren sowie die Kompetenzprofile der Konkurrenten zum Ausdruck bringt.

Aufgabe des Marketing-Controlling in dieser Analysephase ist es, die relevanten Informationen aus dem Marketing-Bereich zu beschaffen und entsprechend aufzubereiten, die entsprechenden Analysemethoden zur Verfügung zu stellen, den Analyseprozeß zu strukturieren sowie – als systembildende Aufgabe – das marketingbezogene strategische Analysesystem (als Modell des strategischen Planungssystems) weiterzuentwickeln. Die Ergebnisse der Teilanalysen werden dann, entsprechend Abbildung 1, systematisiert und entscheidungsrelevant verdichtet.

Auf der Grundlage der Situationsanalyse erfolgt die Zielplanung. Marketing-Ziele sind notwendigerweise in das Zielsystem des Unternehmens eingebettet und können sowohl quantitativen als auch qualitativen Charakter haben. Quantitative Ziele wie Umsatz, Gewinn, Deckungsbeitrag etc. sind monetär meßbar; aber auch nicht-monetäre Mengengrößen können Marketing-Ziele sein. Hier sind z. B. Bekanntheitsgrade oder Marktanteile zu nennen. Unter den qualitativen Zielen spielen das Produkt- oder Firmenimage eine wichtige Rolle.

Beim Aufstellen des Marketing-*Zielsystems* kommt dem Controlling eine beratende Rolle zu. Neben der bereits oben angesprochenen Bereitstellung und Analyse entscheidungsrelevanter Daten soll das Controlling vor allem die formulierten Ziele auf ihre Operationalisierbarkeit, Durchführbarkeit und Kontrollierbarkeit hin untersuchen. Bei der Bildung des Zielsystems kann das Controlling darüber hinaus (systematisch-logische oder Kreativitäts-)Techniken zur Verfügung stellen sowie bei der Bildung der Zielhierarchie auf eventuelle Zielkonflikte und deren Konsequenzen hinweisen.

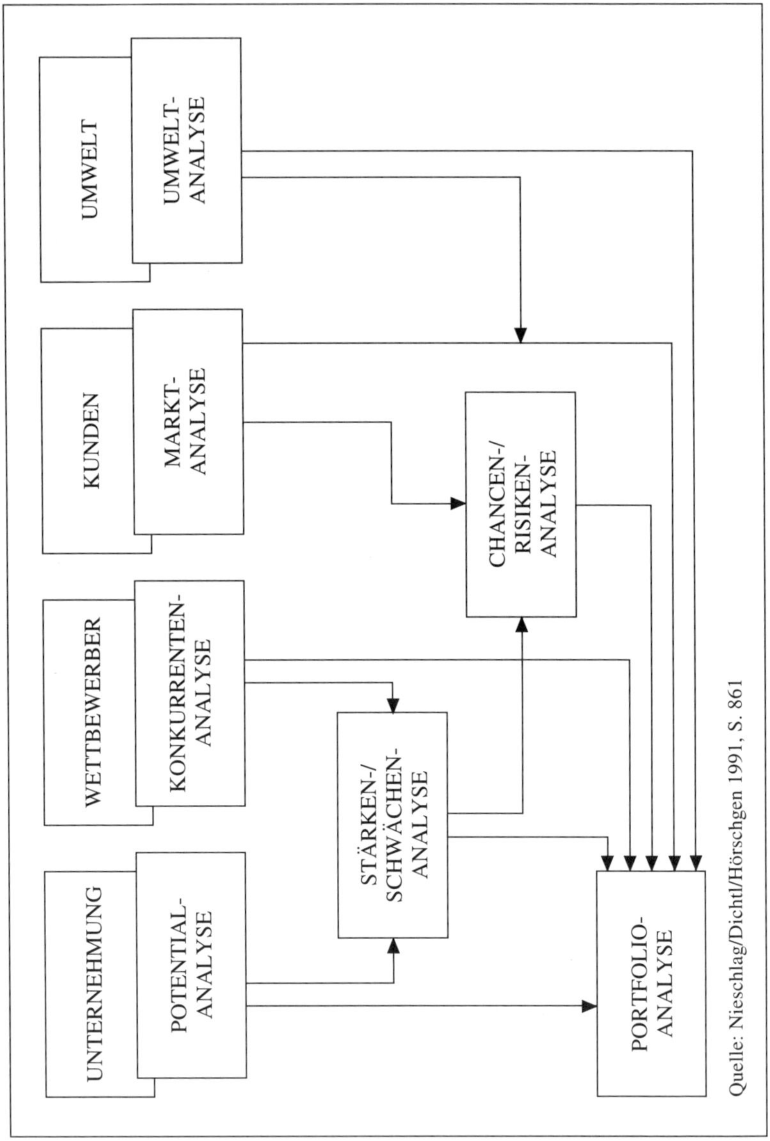

Abbildung 1: System der strategischen Situationsanalyse

Aus dem Marketing-Zielsystem wird im nächsten Schritt eine *Marketing-Strategie* abgeleitet, die im Marketing-Plan formuliert ist. Bei der Marketing-Strategie geht es grundsätzlich um die Frage, mit welchen Produkten man auf welchen Märkten und mit welcher Intensität engagiert ist. Für die Strategiefindung haben sich folgende Methoden (vgl. hierzu ausführlich Abschnitt 4.1) bewährt:

- Gap-Analyse,
- Portfolio-Matrix-Ansätze,
- Lebenszyklus-Analyse.

Allen diesen Methoden ist gemein, daß auf der Grundlage von Produkt-Markt-Beziehungen Strategieempfehlungen abgeleitet werden können, die in den Strategieplan eingehen. Das Marketing-Controlling hat, wie bei der Zielplanung, im Strategieentwicklungsprozeß die Aufgabe, das Instrumentarium zur Verfügung zu stellen und dessen Einsatz sowie den Strategiefindungsprozeß zu koordinieren.

Am Ende dieses Prozesses steht die mehr oder weniger ausdifferenzierte Formulierung der Marketing-Strategie im Marketing-Plan, der inhaltlich folgende Aspekte berücksichtigen sollte:

- Marktsituation,
- Ziele des Marketing,
- Strategie des Marketing,
- Kosten.

Je nach Planungshorizont können im Plan auch konkrete Marketing-Maßnahmen aufgeführt werden, die aber bei einer reinen Strategieplanung von geringerer Bedeutung sind. Dies ist Schwerpunkt der operativen Marketing-Planung, die im folgenden behandelt wird.

2.2 Operative Planung

Die operative Marketing-Planung befaßt sich mit dem Einsatz konkreter Marketing-Maßnahmen im Rahmen der vorgegebenen Marketing-Strategie. Inhaltliche Schwerpunkte der operativen Planung sind:

- Ableitung operativer Ziele aus der Strategie,
- Art und Umfang der Maßnahmen,
- Budget,
- terminliche Vorgaben,
- Zuständigkeit/Verantwortlichkeit.

Das aus der operativen Planung hervorgehende zielorientierte Maßnahmenpaket wird Marketing-Mix genannt. Es setzt sich aus vier Komponenten zusammen:

- Produkt-Mix (Produktpolitik),
- Distributions-Mix (Vertriebspolitik),
- Kontrahierungs-Mix (Preis- und Konditionenpolitik),
- Kommunikations-Mix (Kommunikationspolitik).

Bei der operativen Planung wirkt das Controlling koordinierend auf alle Bereiche des Marketing, die an der Gestaltung des Marketing-Mix beteiligt sind, aber auch auf marketingfremde Unternehmensbereiche. Dies schließt nicht nur die Planung von Einzelmaßnahmen, sondern vor allem auch die Optimierung der Zusammenstellung des Marketing-Mix und dessen Budgetierung mit ein. Weiterhin muß es, soweit möglich, die Zielwirksamkeit einzelner Maßnahmen prüfen und ihre wechselseitige Wirkung analysieren.

Im folgenden soll auf die operativen Planungsaufgaben des Marketing-Controlling innerhalb der vier Komponenten des Marketing-Mix und auf dessen Budgetierung eingegangen werden.

(1) Produktplanung

Die Gestaltung des Leistungsprogramms ist Gegenstand der Produktpolitik. Hierzu gehören Fragen der Produktinnovation (Neuprodukteinführung), der Sortiments- und Programmgestaltung (Umfang und Programmstruktur, Design, Stil, Image, Marke, Name oder funktionelle und physische Eigenschaften eines Produktes, aber auch Nebenleistungen wie Kundendienst und Garantieleistungen) sowie der Produktelimination (Aufgabe des Produktes). Während die Analyse und Auswertung qualitativer Aspekte, wie Produktimage und Bekanntheitsgrad der Produkte, primär im Aufgabenbereich der Marktforschung angelegt ist, ist die Beschaffung und Analyse quantitativer, insbesondere monetärer Daten Aufgabe des innerbetrieblichen Rechnungswesens. Das Controlling hat für die Bereitstellung problemrelevanter Daten aus beiden Quellen zu sorgen und Methoden für deren Auswertung zur Verfügung zu stellen.

Zur Wirtschaftlichkeitsanalyse geplanter Produktinnovationen eignen sich sowohl statische als auch dynamische Investitionsrechenverfahren. Für die Risikoabschätzung lassen sich Risikosimulation und Sensitivitätsanalysen einsetzen (vgl. Teil 1, Kapitel VI: Investitions-Controlling). Zur Analyse des Risikos einer Verfehlung des geplanten Absatzmengenzieles wird in der Praxis vor allem auf die Break Even-Analyse zurückgegriffen.

Im Gegensatz zur Neuprodukteinführung geht es bei der Sortiments- und Programmgestaltung sowie bei der Produktelimination um die Analyse von Änderungen in einem bereits etablierten Angebot. Der Controller hat sich hierbei mit dem Problem der Wirtschaftlichkeit von Änderungen in der Angebotspalette zu befassen, das heißt zu analysieren, welche Produkte die gewinnträchtigsten sind – deren Absatz deshalb gefördert werden sollte – bzw. welche Produkte in größeren Mengen hergestellt werden sollten, um die produktspezifischen Fixkosten abzudecken. Bei diesen Betrachtungen ist die Deckungsbeitragsrechnung der Vollkostenrechnung vorzuziehen, weil bei einer relativ kurzfristigen Variation des Angebots davon ausgegangen werden muß, daß sich anfallende Fixkosten kaum oder nur in geringem Umfang ändern. Bei der Deckungsbeitragsrechnung ist vor allem wichtig, inwieweit Engpässe im Produktions- und Absatzbereich zu berücksichtigen sind. Gibt es keine Engpässe, kann mit einem absoluten Deckungsbeitrag gerechnet werden, ansonsten müssen relative Deckungsbeiträge ermittelt werden.

(2) Distributionsplanung

Das Distributions-Mix (Vertriebspolitik) beschäftigt sich mit der Ausgestaltung der Absatzkanäle des Unternehmens. Grundsätzlich läßt sich die Vertriebspolitik in zwei Problembereiche gliedern (Reichmann 1993, S. 350): Zum einen beinhaltet die Distributionspolitik Fragen der Absatzlogistik, also der physischen Bewegung des Produktes, zum anderen den wirtschaftlichen Einsatz von Verkaufsorganen.

Ziel der Absatzlogistik ist es, die Lagerung, den Transport und die

Lieferung von Waren unter Berücksichtigung der Wirtschaftlichkeit zu gewährleisten, wobei Vollständigkeit der Lieferung und Einhaltung der Liefertermine im Vordergrund stehen. Da diese Problematik inhaltlich hauptsächlich dem Logistik-Controlling zuzuordnen ist, liegt hier der Schwerpunkt für das Marketing-Controlling eher auf dem zweiten Aspekt des Distributions-Mix, nämlich dem Einsatz von Vertriebsorganen. Man unterscheidet zwei Grundtypen des Vertriebes, den direkten und den indirekten Vertrieb.

Beim *direkten* Vertrieb veräußert der Hersteller sein Produkt unmittelbar an den Endabnehmer, beim *indirekten* Vertrieb an Absatzmittler, die ihrerseits das Produkt entweder an den Endabnehmer oder an einen weiteren Zwischenhändler verkaufen.

Die Entscheidung für das optimale Vertriebssystem basiert auf der Bewertung einer Reihe von qualitativen Einflußfaktoren, auf die hier nicht näher eingegangen werden soll (eine Aufzählung entscheidungsrelevanter Einflußfaktoren findet sich bei Bruhn 1990, S. 247f.). Solche qualitativen Faktoren können nach einem Punktebewertungsverfahren bewertet werden (Bruhn 1990, S. 250). Weniger problematisch stellt sich für das Marketing-Controlling die Bewertung nach Kostengesichtspunkten dar. Man kann davon ausgehen, daß beim Direktvertrieb die Kosten für den Außendienst aus einem relativ hohen Anteil an Fixkosten (Lohn-, Telefon-, Büro-, Reisekosten) und aus einem eher geringeren variablen Kostenanteil (hauptsächlich Provisionen) bestehen. Dagegen werden beim Einsatz selbständiger Absatzmittler eher geringere Fixkosten, aber höhere umsatzabhängige, variable Kosten (Provisionen, Rabatte) anfallen. Wie bei der Neuprodukteinführung kann auch in diesem Fall die Break Even-Analyse zur Abschätzung fixkostenbedingter Risiken eingesetzt werden: Tendenziell sind die Kosten für den angestellten Außendienst aufgrund des hohen Fixkostenanteils bei geringem Umsatz höher, bei höherem Umsatz geringer als die Kosten selbständiger Absatzmittler, weil der proportionale Kostenanteil bei zunehmendem Umsatz stärker ins Gewicht fällt. Der Marketing-Controller hat zu überprüfen, bei welchem Umsatz dies der Fall ist (Break Even-Point) und ob ein solcher Umsatz zu erwarten ist.

Wenn sich das Unternehmen für einen eigenen Außendienst entschieden hat, so hat das Marketing-Controlling das Management bei dessen Steuerung und Kontrolle zu unterstützen. Dies beinhaltet eine Reihe von Aufgaben, wie die Bereitstellung entscheidungsrelevanter Informationen durch ein Berichtswesen, eines leistungsgerechten Anreizsystems für die Außendienstmitarbeiter und die methodische Unterstützung bei der Planung der Verkaufsrouten.

Die Planung der Verkaufsrouten ist Aufgabe des Vertriebsmanagements bzw. der einzelnen Mitarbeiter. Die optimalen Besuchshäufigkeiten können mit Hilfe sogenannter »Sales-Response-Funktionen« ermittelt werden, die die Besuchshäufigkeiten zum Umsatz in Beziehung setzen. Problematisch ist dabei allerdings, daß diese einen Ursache-Wirkung-Zusammenhang unterstellen, der nicht oder nur bedingt gegeben ist, und daß ein solcher, falls er denn erkennbar ist, für einen kommenden Planungszeitraum nicht unbedingt weiterhin Gültigkeit haben muß (Köhler 1993, S. 369). Ein Außendienstberichtswesen hat den Vorteil, daß es unmittelbar Informationen über Bedürfnisse der Kunden liefern kann, da der Außendienstmitarbeiter sie aus »erster Hand« bekommt. Allerdings besteht die Gefahr, daß der Mitarbeiter diese, bewußt oder unbewußt, entsprechend seiner eigenen Interessenlage verfälscht. Dies ist etwa bei Absatzprognosen denkbar, da es in seinem Interesse ist, sein Verkaufssoll so gering wie möglich zu halten.

Ein wichtiger Beitrag des Marketing-Controlling zur Vertriebspolitik ist die Entwicklung eines Provisionssystems. Hier empfiehlt es sich, deckungsbeitragsorientierte Systeme anzuwenden, die sogenannte »Nutzenprovisionen« ermöglichen. Herkömmliche Umsatzprovisionen haben teilweise gewinnmindernde Auswirkungen. Dies ist etwa dann der Fall, wenn teure Produkte verkauft werden, deren Gewinnanteil durch hohe Kosten gering ist, oder wenn überwiegend hohe Stückzahlen an einzelne Großabnehmer verkauft werden, die dadurch entsprechend hohe Rabatte erhalten. Eine deckungsbeitragsorientierte Provision richtet sich nach einem hierarchisch abgestuften System von Deckungsbeiträgen einzelner Produkte bzw. Kunden.

Eine Erweiterung der Außendienststeuerung ermöglicht das Staffel-Provisions-System. Dabei wird der Umsatz zum Deckungsbeitrag in Relation gesetzt, was dazu führt, daß Produkte mit hohem Umsatz und hohem Deckungsbeitrag stärker gewichtet werden. Zusätzlich werden die Provisionssätze nach der Rabattierung gestaffelt, um eine großzügige Rabattgewährung zu verhindern (Reichmann 1993, S. 355; vgl. auch Abschnitt 4.2).

DBU-KLassen	**Provisionssatz (%) bei einem Rabatt von**					
	0 %	**3 %**	**5 %**	**10 %**	**13 %**	**15 %**
50–60 %	8,0	7,8	7,6	7,2	7,0	6,8
40–50 %	7,2	7,0	6,8	6,4	6,2	6,1
30–40 %	6,4	6,2	6,0	5,7	5,5	5,4
bis 30 %	5,4	5,2	4,6	3,8	3,4	3,0

Quelle: Reichmann 1993, S. 356

Abbildung 2: Staffel-Nutzen-Provisionssystem

(3) Kontrahierungsplanung

Zur Preis- und Konditionenpolitik (Kontrahierungs-Mix) des Unternehmens zählen neben der Preisgestaltung auch die Gewährung von Rabatten sowie Liefer- und Zahlungsbedingungen. Einflußfaktoren der Preisgestaltung sind vor allem die Nachfrage nach dem Produkt, die Konkurrenzsituation sowie die Kosten.

Die Hauptaufgaben des Marketing-Controlling liegen hier in der Analyse der Auswirkungen preispolitischer Maßnahmen auf das Kunden- und Konkurrentenverhalten und damit auf Absatzmengen und Umsatz der Unternehmung, in der Ermittlung von Preisuntergrenzen sowie der Vorgabe von Mindestabsatzmengen und von Soll-Deckungsbeiträgen zur Fixkostendeckung.

Da die Absatzmengen und damit der Umsatz vom Preis abhängen, kann man versuchen, die Preis-Absatz-Funktion des Produktes mit linearen oder nicht-linearen Regressionsrechnungen zu ermitteln. Allerdings benötigt man dafür umfangreiches Datenmaterial über Abnehmerreaktionen auf ein breites Spektrum von Preisforderungen. Da dies aber in der Praxis selten zur Verfügung steht, behilft man sich mit einfachen Befragungsmethoden (»Würden sie das Produkt zu diesem Preis noch kaufen?«) oder mit Produkt-, Laden-, und Markttests (Nieschlag/Dichtl/Hörschgen 1991, S. 325f.). Oft verläßt man sich auf Schätzungen von Experten, die man in Rückrechnungen berücksichtigt. Es wird dabei (zurück-)gerechnet, welche Auswirkungen verschiedene Preise auf die Absatzfähigkeit und somit auf die preispolitischen Ziele des Unternehmens hätten (Bruhn 1990, S. 172).

Die Angebotspreise können sowohl auf Vollkosten- als auch auf Teilkostenbasis mit der Deckungsbeitragsrechnung ermittelt werden. Bei der Vollkostenrechnung werden den Produkten Fix- und Gemeinkostenanteile zugeschlüsselt. Der Verkaufspreis kann dann, je nach marktpolitischer Situation, durch einen Gewinnzuschlag auf die so ermittelten Selbstkosten festgelegt werden. Obwohl dieses Verfahren in der Praxis gelegentlich noch zur Ermittlung von Preisen eingesetzt wird, ist es dafür ungeeignet, weil es nur an Kostendeckung orientiert ist und die Marktsituation völlig außer acht läßt. Im Falle einer Verringerung der Nachfrage eines Produktes steigen dessen Selbstkosten, weil die Fixkosten auf geringere Stückzahlen umgelegt werden müssen, und damit auch der Verkaufspreis. Dadurch wird sich aber die Nachfrage noch weiter verringern und somit verschlechtern sich die Wettbewerbsfähigkeit und die Beschäftigungslage immer weiter. Daher empfiehlt es sich, die Ermittlung von Preisen auf eine Deckungsbeitragsrechnung zu stützen. Die Deckungsbeitragsrechnung stellt Informationen über die variablen Stückkosten der einzelnen Produkte bereit. Da bei kurzfristiger Perspektive die Fixkosten nicht beeinflußbar und damit auch nicht entscheidungsrelevant sind, stellen die variablen Stückkosten die Preisuntergrenze eines Produktes dar. Wird am Markt ein Preis durchgesetzt, der über diesen variablen Stückkosten liegt (und damit ein Deckungsbeitrag erreicht), können Fixkosten abgedeckt bzw. Gewinne erzielt werden. Welchen (Soll-)Deckungsbeitrag die einzelnen Produkte erbringen sollen und welcher Angebotspreis folglich für die Produkte festgelegt wird, ist marktorientiert auf der Grundlage des Verbraucherverhaltens, der Konkurrenzsituation und der strategischen Bedeutung von Produkten zu entscheiden.

Besonders wichtig sind aussagefähige Rechnungsansätze bei kurzfristigen preispolitischen Maßnahmen. Für jedes Unternehmen können Marktsituationen auftreten, in denen die Selbstkosten für ein Produkt nicht vollständig von den zu erwartenden Erlösen abgedeckt werden können, wie z. B. bei konjunkturbedingtem Absatzrückgang und Preisverfall, bei Neuprodukteinführungen oder in Preiskämpfen mit konkurrierenden Anbietern. Hier muß das Marketing-Controlling Auskunft auf zwei Fragen geben: Bis zu welchem Preis ist es noch wirtschaftlich, Zusatzaufträge zur Kapazitätsauslastung anzunehmen? Ist angesichts der Deckungsbeitragssituation eine Eliminierung von Produkten oder Produktgruppen ins Auge zu fassen?

Die erste Frage kann mit Hilfe einer Deckungsbeitragsrechnung beantwortet werden: Die Preisuntergrenze für Zusatzaufträge liegt bei den variablen Stückkosten der Produkte, wenn man von Sondersituationen wie Engpässen in der Unternehmung absieht (zu engpaßbezogenen Preisuntergrenzen vgl. Schweitzer/Küpper 1991, S. 376f.). Für die Beantwortung der zweiten Frage wird auf eine differenziertere Form einer Deckungsbeitragsrechnung zurückgegriffen, das heißt, es wird eine mehrstufige Zurechnung von Fixkosten auf Produkte, Produktgruppen und Unternehmensbereiche vorgenommen (vgl. ausführlich Abschnitt 5.2). Sofern der Deckungsbeitrag eines Produktes nicht ausreicht, um die produktspezifischen Fixkosten abzudecken, sind jedoch vor einer Desinvestition dieses Produktes weitere Überlegungen anzustellen: Zu analysieren ist etwa die strategische Bedeutung des Produktes. In der Einführungsphase ist es oft sinnvoll, zur Gewinnung von Marktanteilen niedrige Angebotspreise (und damit Soll-Deckungsbeiträge) anzusetzen.

Wenn zwischen Produkten oder Produktgruppen absatzwirtschaftliche Verbundbeziehungen bestehen, kann man ferner einzelne Produkte nicht einfach vom Markt nehmen, ohne das Absatzpotential anderer Produkte zu gefährden. Gegebenenfalls können aus marktpolitischen Überlegungen so auch negative Deckungsbeiträge für einzelne Produkte eines Sortiments zugelassen werden.

(4) Kommunikationsplanung

Die Kommunikationspolitik des Unternehmens setzt sich aus der Werbung, der Verkaufsförderung und der Öffentlichkeitsarbeit zusammen. Da es bei Kommunikationsmaßnahmen in der Praxis selten möglich ist, unmittelbare Umsatzwirkungen festzustellen, liegt der Schwerpunkt des Marketing-Controlling bei deren Planung auf nichtmonetären Leistungskriterien und den Kosten dieser Leistungen. Über die konkrete Zusammensetzung der Maßnahmen entscheidet das Marketing-Management. Im Rahmen der Media-Planung kann das Marketing-Controlling das beste Kosten-Nutzen-Verhältnis einzelner Medien ermitteln und den Marketing-Entscheidungsträgern zur Verfügung stellen. So kann z.B. bei Printmedien, Rundfunk und Fernsehen ein »Tausenderpreis« ermittelt werden. Dieser gibt bei Zeitungen an, was ein Inserat pro 1000 Stück Auflage kostet. Beim Fernsehen wird dieser Preis über die Einschaltquoten ermittelt. Analog gibt es praktisch für alle Werbeträger Untersuchungen über deren Verbreitungsgrad, die das Marketing-Controlling im Bedarfsfall auszuwerten hat. Diese Kontaktwerte berücksichtigen allerdings nicht, ob die spezifischen Zielgruppen für ein Produkt erreicht werden, oder wie gut das Medium als Werbeträger für das spezielle Produkt geeignet ist. Für diese Problemstellung schlägt Böcker qualitative Kontaktwerte vor, die sich aus der Zahl der erreichten Mitglieder der Zielgruppe, einem Kontaktgewicht und einem Mediagewicht errechnen. Das Kontaktgewicht kann sich aus der Konsumintensität der erreichten Person, der Personenzahl im Haushalt und anderem ergeben. Das Mediagewicht ist z. B. die Kompetenz des Mediums für einen gewissen Produktbereich. Allerdings sind für die Errechnung der Gewichte Marktforschungsdaten, wie Media-, Verbraucheranalysen, und je nach Produkt Sonderuntersuchungen erforderlich, die mit erheblichen Kosten verbunden sein können (Böcker 1985, S. 59 ff.).

(5) Die Überführung des Marketing-Plans in ein Marketing-Budget

Die Budgetierung des operativen Marketing-Plans erfolgt simultan mit der Planung der Maßnahmen. Sie setzt sich zum einen aus der Festlegung und zum anderen aus der Verteilung des Marketing-Budgets zusammen.

Zur Festlegung des optimalen Marketing-Budgets werden Verfahren des Operations Research, wie z. B. die lineare Programmierung, vorgeschlagen. Diese sind in der Praxis allerdings wenig verbreitet, weil zum einen der Rechenaufwand sehr groß ist und zum anderen die dafür notwendigen Daten teilweise auf sehr subjektiven Schätzungen beruhen, was zu unbefriedigenden Ergebnissen führt. In der Praxis erfolgt die Festlegung des Budgets vielfach nicht analytisch und leistungsbezogen. Oft legt man das Marketing-Budget als Prozentsatz des letzten oder des zu erwartenden Jahresumsatzes fest. Nicht fundierter ist es, das Budget einfach nach der Methode »So und soviel können wir uns leisten« festzulegen. Am besten scheint hier die von Kotler und Armstrong vorgeschlagene »Ziel-Aufgaben-Methode«, die auf der Grundlage der im operativen Marketing-Plan festgehaltenen Zielvorgaben Aufgaben und Instrumente festlegt und die dafür anfallenden Kosten schätzt (was für das Marketing-Controlling eigentlich eine Selbstverständlichkeit sein sollte) (Kotler/Armstrong 1988, S. 584ff.). Die Verteilung erfolgt dann auf die einzelnen Instrumente entsprechend der erwarteten Zielerreichungsrelevanz und der dafür geschätzten Kosten (Köhler 1993, S. 361).

3. Kontrolle im Marketing

Idealtypischerweise folgt der Planung und Realisation die Kontrolle. Diese führt Soll-Ist-Vergleiche durch und ermittelt Zielabweichungen auf der Basis der vorgegebenen Planziele. Im Rahmen des Controlling sollte der Kontrollaspekt allerdings differenzierter gesehen werden. Zum einen sollte die Kontrolle nicht nur nach Abschluß einer Realisationsphase stattfinden, sondern prozeßbegleitend, das heißt, Planziele und die zu deren Erreichung eingesetzten Instrumente müssen permanent auf ihre Tauglichkeit und Problemorientierung untersucht werden. Darin klingt ein zweiter Aspekt an, der Inhalt der Kontrolle sein sollte: Über die reine Ermittlung von Zielabweichungen hinaus sollte die Kontrolle auch die Abweichungsursachen analysieren und die weitere Entwicklung in der gegebenen Situation prognostizieren, um darauf aufbauend Gegensteuerungsmaßnahmen ableiten und revidierte Planziele aufstellen zu können. Schließlich darf sich die Kontrolle nicht nur auf festgestellte und zu erwartende Ergebnisse und deren Ursachen beziehen, sondern muß auch eine Kontrolle der der Planung zugrundeliegenden Prämissen sowie der Leistungsfähigkeit des Planungs- und Kontrollsystems umfassen.

Insofern läßt sich die Kontrolle, entsprechend dem zu kontrollierenden Gegenstand, in drei verschiedene Grundausrichtungen unterteilen:

- Planfortschritts- bzw. Ergebniskontrolle,
- Prämissenkontrolle und
- Systemkontrolle.

Auf alle drei Aspekte soll im folgenden eingegangen werden.

3.1 Planfortschritts- und Ergebniskontrollen

Die ergebnisorientierten Kontrollen basieren auf dem traditionellen Kontrollbegriff. Sie ermitteln den Ist-Zustand bestimmter Zielgrößen und stellen sie dem Soll-Zustand gegenüber. Bruhn (1990, S. 272) unterscheidet drei Gruppen von ergebnisorientierten Kontrollgrößen, die den folgenden Ausführungen zugrunde gelegt werden:

- Marketingziele (Erfolgskontrolle),
- Marketingkennzahlen (Effizienzkontrolle) und
- Marketingbudgets (Budgetkontrolle).

Bei der *Erfolgskontrolle* werden sowohl ökonomische Größen, wie Umsatz, Gewinn, Deckungsbeitrag und Marktanteil, als auch psychologische Größen, wie Bekanntheitsgrad, Kundenzufriedenheit, Einstellungen und Verbraucherverhalten kontrolliert.

Weil die ökonomischen Größen Umsatz und Gewinn relativ leicht zu ermitteln sind und in jedem Unternehmen zur Verfügung stehen, werden sie häufig als Kontrollgrößen herangezogen. Allerdings bergen sie die Gefahr, daß die Unternehmenssituation nicht differenziert genug betrachtet wird, da sie meist hoch aggregiert sind. Daher ist es auch kaum möglich, allein aus Gewinnen oder Umsätzen Schlüsse über den Erfolg von Marketing-Maßnahmen zu ziehen. Um sowohl positive als auch negative Entwicklungen in einzelnen Bereichen besser erkennen und um gezielter auf diese reagieren zu können, ist es unumgänglich, daß für die Kontrolle von Marketing-Zielen absatzsegmentbezogene Soll- und Ist-Größen (etwa Deckungsbeiträge) errechnet werden. Diese lassen außerdem präzisere Rückschlüsse auf die Erfolgswirksamkeit einzelner Marketing-Maßnahmen zu. Absatzsegmentbezogene Soll-Ist-Vergleiche können auch mit psychologischen Kenngrößen, wie z. B. Bekanntheitsgraden, Erinnerungswerten und Präferenzangaben sinnvoll sein, soweit es sich um quantitative Daten handelt.

Wegen der geringen Aussagekraft der Kenngröße Umsatz und der Vernachlässigung der externen Marktsituation durch die Deckungsbeitragsrechnung haben Marktanteile in der Erfolgskontrolle, vor allem unter strategischen Gesichtspunkten, eine besondere Bedeutung. Die Betrachtung des Marktanteils hat gegenüber einer Umsatz- und Dekkungsbeitragskontrolle den Vorteil, daß sie die Entwicklung des Gesamtmarktes in die Betrachtung mit einbezieht. So kann z. B. ein steigender Umsatz, der an sich als positives Signal gewertet werden müßte, über eine negative Entwicklung hinwegtäuschen, wenn das Marktvolumen noch stärker gestiegen ist, sich also der Marktanteil des Unternehmens verringert hat. Der Marktanteil spielt auch in der Strategieplanung, wo er im Rahmen von Portfolio-Analysen von besonderer Bedeutung ist, eine zentrale Rolle. Es wurde festgestellt, daß Unternehmen mit hohem Marktanteil ein höheres Kostensenkungspotential haben, wodurch sie konkurrenzfähiger sind (Nieschlag/Dichtl/Hörschgen 1991, S. 919). Allerdings sollte auch der Marktanteil, soweit möglich, segmentbezogen differenziert werden, um eine möglichst hohe Aussagekraft zu erhalten.

Absolute Zielgrößen, wie sie hier im Rahmen der Erfolgskontrolle dargestellt wurden, sind in ihrer Aussagekraft oft nicht ausreichend. Diese wird verbessert, indem bestimmte Zielgrößen (Umsatz, Deckungsbeitrag) zu anderen relevanten Bezugsgrößen (z. B. Anzahl der Vertriebsmitarbeiter, Verkaufsfläche, Kundenbesuchshäufigkeiten etc.) in Relation gesetzt werden. So entstehen Verhältniszahlen, die *Kennzahlen* oder auch Kennziffern genannt werden. Diese können Auskunft über die Effizienz von Input-Größen geben, wie z. B. die Kennzahl »Kundenbesuchseffizienz« als Verhältnis von Umsatz zu Anzahl der Kundenbesuche (Bruhn 1990, S. 275).

Aufgabe des Marketing-Controlling ist es hierbei, ein marketingspezifisches Kennzahlensystem zu entwickeln und zu pflegen, das über die einzelnen Marketing-Bereiche Effizienzdaten liefert, die regelmäßigen Soll-Ist-Vergleichen unterzogen werden.

Der dritte Aspekt der ergebnisorientierten Kontrolle ist die Budget-Kontrolle. Da, wie oben ausgeführt, Marketing-Budgets oft zu wenig nach Leistungskriterien festgelegt werden, ist es nicht überraschend, daß die Budget-Kontrolle sich in vielen Unternehmen nur auf dessen Einhaltung und gegebenenfalls auf ergänzende Abweichungsanalysen beschränkt (formale Kontrolle), also Effizienzkriterien eine zu geringe Rolle spielen. Mit Hilfe von Wertanalysen, wie der Gemeinkostenwertanalyse (GWA) oder des Zero-Base-Budgeting (ZBB), läßt sich die Höhe von Budgets auch auf ihre sachliche Notwendigkeit hin überprüfen (Franke 1994, S. 101ff.).

Bei der GWA wird nach Bereichen gesucht, die zur Leistungserstellung nicht oder nicht im gegebenen Umfang notwendig erscheinen. Sie kann auch kostengünstigere Alternativen aufzeigen. Bei ZBB-Verfahren müssen die betroffenen Bereiche von einem Budget von Null ausgehend über jeden Mittelbedarf Rechenschaft ablegen und dessen Höhe plausibel machen. In beiden Methoden ruht ein erhebliches Konfliktpotential. Daher sollten diese nur dann eingesetzt werden, wenn über die Notwendigkeit von Sparmaßnahmen weitgehend Konsens herrscht und eine nachvollziehbare Beurteilung des Leistungskriteriums möglich ist. Beides ist im Marketing eher selten gegeben. Es besteht deshalb die Gefahr, daß Bereiche mit überwiegend qualitativen Leistungskriterien (z. B. Kommunikationspolitik) unter einem quantitativen Rechtfertigungsdruck liegen, der kontraproduktiv wirken kann (Bruhn 1990, S. 277f.).

3.2 Prämissenkontrolle

Prämissenkontrollen beinhalten die kritische Überprüfung der Prämissen, die der Marketing-Planung zugrunde liegen. Es muß geprüft werden, ob die Grundannahmen (wie z. B. Annahmen über die zukünftige Marktentwicklung oder die Preis-/Absatzreaktion), die Basis jeder weiteren Planung sind, überhaupt realistisch sind. Zweck der Prämissenkontrolle ist es, Fehleinschätzungen so früh wie möglich erkennen und revidieren zu können.

Die Prämissenkontrolle ist vor allem für die strategische Planungskontrolle von großer Bedeutung. Sie bildet die Grundlage für eine Kontrolle von Zielen und Strategien. Da strategische Ziele und Maßnahmen langfristig und allgemein formuliert sind, besteht die Gefahr, daß sie von verschiedenen Mitarbeitern unterschiedlich ausgelegt werden, was in der Umsetzung zu Inkonsistenzen führen kann. Um solche Mißverständlichkeiten soweit wie möglich auszuschließen, muß das Zielsystem auf seine Aktualität, Vollständigkeit, Vereinbarkeit, Realitätsnähe und Umsetzbarkeit hin untersucht werden. Darauf aufbauend muß eine Überprüfung der geplanten Strategien und Maßnahmen bezüglich ihrer Zielorientierung, Konsistenz, Leistungsfähigkeit und Realitätsnähe erfolgen. Dies ist von besonderer Bedeutung, da die Zusammenstellung von Marketing-Maßnahmen in der Praxis oft über längere Zeit kaum revidiert wird, obwohl sich die Umwelt des Unternehmens als dynamisch erweist (Nieschlag/Dichtl/Hörschgen 1991, S. 932f.).

3.3 Systemkontrolle

Die Systemkontrolle überprüft die Effizienz der Planungs- und Kontrollverfahren und des Planungs- und Kontrollprozesses im Marketing-Bereich. Es werden z. B. immer wiederkehrende Schwachpunkte auf ihre Ursachen analysiert und unter dem Gesichtspunkt überprüft, ob die eingesetzten Verfahrensweisen und Methoden verbessert werden können. Vor diesem Hintergrund wird auch das Informationssystem des Bereiches untersucht, das heißt, ob internes Rechnungswesen und Marktforschung problem- und methodengerechte Informationen liefern und ob verfügbare Informationen besser genutzt werden können. Schließlich ist es das Ziel der Systemkontrolle, Richtlinien für das Planungs- und Kontrollverfahren zu entwickeln, die eine effizientere Zusammenarbeit aller beteiligten Bereiche ermöglichen (Köhler 1993, S. 398f.).

4. Informationsversorgungsaufgaben im Marketing

Die bisherigen Ausführungen zeigen, daß in Planungs- und Kontrollprozessen erhebliche Mengen von Informationen beschafft, strukturiert und problemgerecht ausgewertet werden müssen. Dies geschieht häufig durch die Implementation von Marketing-Informationssystemen (MAIS) (vgl.: Heinzelbecker 1985). Es ist eine zentrale Aufgabe des Marketing-Controlling, die Versorgung mit entscheidungsrelevanten Daten zu gewährleisten. Bei der Entwicklung und Pflege von (elektronischen) Informationsversorgungssystemen hat es somit Vorgaben über Art, Umfang, Verarbeitung, Qualität usw. der Informationen zu definieren.

Der Datenfluß eines Informationssystems durchläuft prinzipiell drei Phasen, die auch MAIS zugrunde liegen, die Beschaffung (Input), die Speicherung und Verarbeitung sowie die Bereitstellung von Informationen (Output).

4.1 Informationsbeschaffung

Informationen können sowohl aus internen als auch aus externen Quellen gewonnen werden. Interne Quellen sind z. B. das betriebliche Rechnungswesen und interne Statistiken. Externe Daten werden in Form von Primärerhebungen durch die Marktforschung sowie durch die Auswertung von Sekundärquellen, wie Daten des Statistischen Bundesamts, Verbandsstatistiken, Ergebnissen von Marktforschungsinstituten etc., gewonnen.

Bevor Daten beschafft werden, sollte das Marketing-Controlling feststellen, welche Stellen im Marketing welche Informationen benötigen. Häufig ist es in der Praxis so, daß die EDV eine Fülle von Informationen anbietet, die gar nicht relevant sind (Informationsüberfrachtung). Oft ist den einzelnen Mitarbeitern allerdings gar nicht bewußt, welche Informationen sie benötigen. Daher sollte die Ermittlung des konkreten Bedarfs nicht alleine durch eine Befragung durchgeführt werden, sondern ergänzend eine Aufgabenanalyse stattfinden. Darauf aufbauend sollte eine Kosten-Nutzen-Analyse durchgeführt werden. Sinnvoll ist dies vor allem bei externen Daten, die durch Primärerhebungen gewonnen werden und mit erheblichen Kosten verbunden sind.

4.2 Informationsspeicherung und -verarbeitung

Die Speicherung entscheidungsrelevanter Marketing-Daten erfolgt meist in elektronischen Datenbanken, die um so effizienter sind, je mehr bei ihrer Einrichtung und Pflege Aspekte wie Redundanzfreiheit, Anwendungsflexibilität, Termingerechtigkeit und Vollständigkeit berücksichtigt werden. Das Marketing-Controlling muß hierbei eng mit der EDV-Organisation zusammenarbeiten und die entsprechende Umsetzung überprüfen.

Informationen werden in Datenbanken in nicht-aggregiertem Zustand abgespeichert und haben in dieser Form noch wenig Aussagekraft. Die anwendungsorientierte Aufbereitung der Daten erfolgt mit Hilfe von Methoden- und Modellbanken. Darin werden Marketing-Methoden und -Modelle, soweit sie mathematisch-formal abbildbar bzw. programmierbar sind, gespeichert. Mit diesen Methoden und Modellen können die gespeicherten Daten verarbeitet und problemorientiert aggregiert werden.

4.3 Informationsbereitstellung

Interne Informationen des MAIS sollten weitgehend automatisch und termingerecht erfaßt, ausgewertet und dargestellt werden. Dabei ist eine möglichst anwendergerechte Gestaltung der Informationsbereitstellung erforderlich. Häufig scheitern elektronisch gestützte Informationssysteme daran, daß die Anwender sich mit deren Nutzung überfordert fühlen. Gerade leitende Manager finden kaum Zeit, sich in EDV-Anwendungen einzuarbeiten. Um also eine hohe Akzeptanz zu gewährleisten, müssen möglichst einfache, aber dennoch flexible Benutzeroberflächen eingerichtet werden. Bewährt haben sich Menütechniken, die auch den unerfahrenen Nutzer durch ein standardisiertes Angebot führen. Das Marketing-Controlling hat dabei sicherzustellen, daß die entsprechenden Mitarbeiter diejenigen Informationen, die sie benötigen, auch bedarfsgerecht abrufen können. Gegebenenfalls ist dafür Sorge zu tragen, daß bei Problemen geeignete Schulungsmaßnahmen durchgeführt werden.

Zu einer effizienten Informationsversorgung hat das Controlling an der Implementation und Pflege des Marketing-Berichtssystems mitzuwirken. Berichte können periodische Standardberichte, Abweichungsberichte oder situativ angeforderte Bedarfsberichte sein. Das Marketing-Controlling hat hierbei vor allem für einen reibungslosen Informationsaustausch zwischen MAIS und dem Berichtswesen des Unternehmens Sorge zu tragen.

5. Methoden und Modelle des Marketing-Controlling

Im bisherigen Verlauf dieses Beitrags wurden bereits einige Methoden und Modelle des Marketing-Controlling angesprochen. Die wichtigsten sollen im folgenden ausführlicher dargestellt werden, wobei zwischen strategieorientierten und operativen Methoden und Modellen unterschieden wird.

5.1 Strategieorientierte Methoden und Modelle

In Abschnitt 2.1 wurden die Gap-Analyse, die Portfolio Analyse und die Lebenszyklus-Analyse als wichtige Methoden und Modelle des strategischen Marketing-Controlling angeführt. Im folgenden sollen diese Methoden vorgestellt werden.

(1) Gap-Analyse

Bei der Gap-Analyse (Lückenanalyse) wird ein Soll-Wird-Vergleich unternommen. Der Wird-Zustand ist die prognostizierte Entwicklung eines Unternehmens unter Beibehaltung des Status quo, das heißt der gegenwärtigen Strategie, der Soll-Zustand ist das Resultat einer möglichen Entwicklung unter optimaler Ausnutzung der gegebenen Marktchancen und Potentiale des Unternehmens. Wenn der Soll-Zustand nicht erreicht wird, entsteht eine Lücke (»gap«):

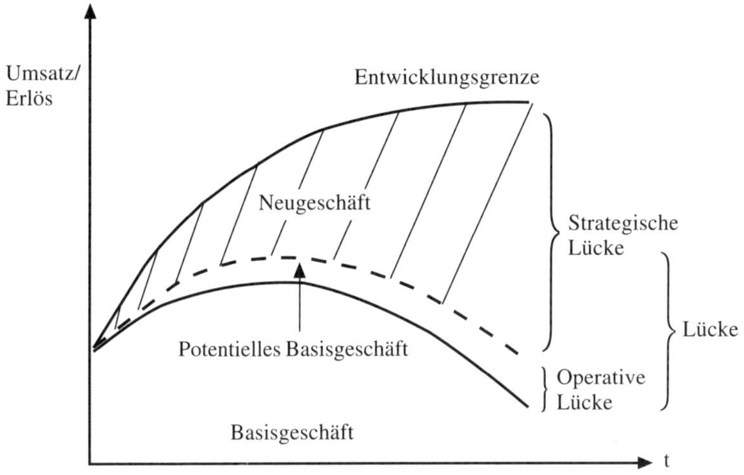

Quelle: Kreikebaum 1993, S. 43

Abbildung 3: Planungslücke

In der von Ansoff vorgestellten Produkt-Markt-Matrix werden vier Basisstrategien zur Schließung dieser Lücke angeführt.

	gegenwärtige Märkte	**neue Märkte**
gegenwärtige Produkte	Marktdurchdringung	Marktentwicklung
neue Produkte	Produktentwicklung	Diversifikation

Quelle: Weis 1993, S. 443

Abbildung 4: Basis-Strategien der Produkt-Markt-Matrix

Eine operative Lücke läßt sich durch eine Intensivierung der Marketing-Maßnahmen mit gegebenen Produkten auf gegebenen Märkten schließen. Eine strategische Lücke kann nur durch neue Produkte, neue Märkte oder beides geschlossen werden. Bei der Marktentwicklungs-

Strategie sollen mit den gegebenen Produkten neue Märkte (neue Kundengruppen, Auslandsmärkte etc.) erschlossen werden. Die Produktentwicklung beinhaltet die Sicherung des Unternehmenswachstums durch neue Produkte auf den gegebenen Märkten. Mit der Diversifikation werden neue Märkte mit neuen Produkten erschlossen. Diese Strategie bietet sich dann an, wenn in bisherigen Produkt-/Marktbereichen Stagnation zu erwarten ist oder wenn man das Unternehmensrisiko streuen will (Nieschlag/Dichtl/Hörschgen 1991, S. 867).

Der Ansatz stammt aus den sechziger Jahren, wo auf den meisten Märkten hohe Zuwachsraten zu verzeichnen waren. Daher ist er primär auf Unternehmen ausgerichtet, die sich in einer Wachstumsphase befinden. Alle vier strategischen Varianten erfordern einen verhältnismäßig hohen Ressourceneinsatz. Daher ist die Produkt-Markt-Matrix als strategisches Denkmodell für Unternehmen, die unter einem erhöhten Wettbewerbsdruck stehen, weniger geeignet.

(2) Portfolio-Analysen

Im Laufe der letzten Jahre wurde eine Vielzahl von Portfolio-Analyse-Modellen entwickelt (Kötzle 1993, S. 68ff.). Sie gehören zu den in der Praxis am häufigsten eingesetzten Analyseinstrumenten (Bruhn 1990, S. 65). Im Mittelpunkt der Analyse stehen hierbei strategische Geschäftseinheiten (SGE). Dabei handelt es sich um Subsysteme der Unternehmung, welche mindestens ein strategisches Geschäftsfeld als Produkt-/Markt-Bereich umfassen, für das eine einheitliche Wettbewerbsstrategie definierbar ist. In der Unternehmenspraxis orientiert sich die strategische Organisation – die Abgrenzung der strategischen Geschäftseinheiten – oft an der operativen und zuweilen auch an der rechtlichen Organisation. Diese SGEen werden in einer zweidimensionalen Matrix abgebildet, wobei eine Dimension strategisch relevante Merkmale der Unternehmensumwelt, die andere unternehmensspezifische strategische Resourcen und Kompetenzen darstellt. Auf diesem, die Ist-Situation abbildenden Ist-Portfolio aufbauend folgen Überlegungen, wo die SGEen zukünftig plaziert sein sollten, was in einem Soll-Portfolio dargestellt wird. Schließlich werden aus dem Vergleich der Soll- und Ist-Positionen Normstrategien abgeleitet.

Im folgenden soll auf die zwei in der Unternehmenspraxis am stärksten vertretenen Portfolio-Ansätze eingegangen werden.

Die ursprüngliche Form ist das *Marktanteils-Marktwachstums-Portfolio*, das von der Boston Consulting Group entwickelt wurde. Die diesem Portfolio zugrunde liegende zentrale (normative) Aussage ist, daß der strategische Erfolg einer Unternehmung vom relativen Marktanteil der einzelnen Geschäftseinheiten sowie vom Marktwachstum bestimmt ist. Die Positionierung in einer Vierfeldermatrix soll den strategischen Erfolgsbeitrag der Geschäftseinheiten zum Ausdruck bringen; die Größe der Geschäftseinheiten (gemessen am Umsatzvolumen) wird hierbei durch die jeweilige Kreisfläche abgebildet. Der Beitrag einer Geschäftseinheit für den strategischen Erfolg einer Unternehmung wird an drei aus der Zielsetzung einer langfristigen Sicherung der Erfolgspotentiale der Unternehmung abgeleiteten Zielkriterien gemessen. Einmal soll ein hohes Erfolgspotential der Unternehmung bei statischer Betrachtungsweise aufgebaut werden. In dynamischer Hinsicht ist dieses Erfolgspotential ferner durch Geschäftseinheiten zu sichern, die aufgrund hoher Finanzmittelüberschüsse die Finanzierung des Aufbaus von Erfolgspotentialen ermöglichen. Schließlich soll – als Ausdruck des Strebens nach Unabhängigkeit – der Aufbau der langfristigen Erfolgspotentiale der Unternehmung ohne Aufnahme von Fremdmitteln erfolgen.

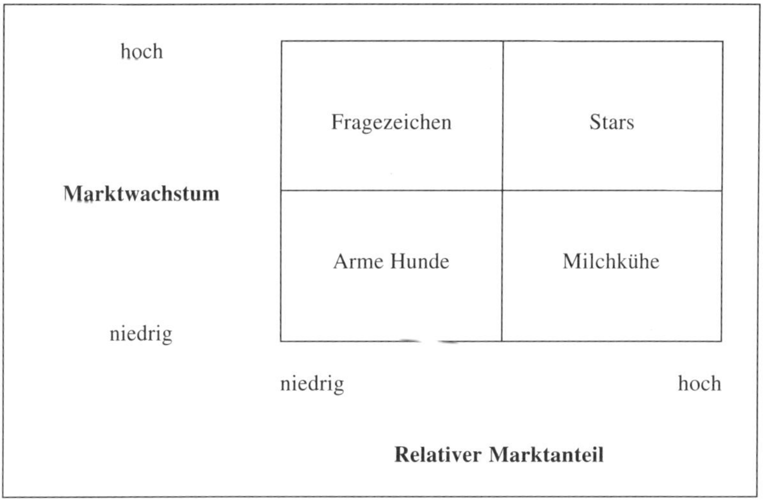

Abbildung 5: Marktanteils-Wachstums-Matrix

Die SGEen, die in die Kategorie *Fragezeichen* (»question marks«) fallen, sind Nachwuchsprodukte, die in einem wachsenden Markt eine relativ schwache Marktstellung haben. Der Ausbau ihrer Marktanteile ist mit großem Aufwand verbunden. Es ist abzuwägen, ob ein offensiver Ausbau der Marktanteile in Angriff genommen wird oder ob ein Rückzug sinnvoller erscheint. Die *Stars* erwirtschaften hohe Umsätze und Gewinne, denen aber auch ein erheblicher Investitionsbedarf zur Erhaltung und zum Ausbau der Marktposition gegenüber steht. Es ist aber sinnvoll, dieses in Kauf zu nehmen und die Marktanteile mindestens zu halten. Die *Milchkühe* (»cash-cows«) sind SGEen mit hohem Marktanteil auf stagnierenden Märkten. Durch ihren hohen Marktanteil haben sie erhebliches Kostensenkungspotential. Es empfiehlt sich, die Investitionen auf das Minimum zu begrenzen, das zum Erhalt der Marktposition nötig ist. Die hierbei erwirtschafteten Überschüsse sollten in Stars und Fragezeichen investiert werden. Die *armen Hunde* (»dogs«) befinden sich in der Marktsättigungsphase. Die Strategie muß sein, nicht mehr zu investieren. Soweit die Produkte noch Gewinne erwirtschaften, sollten diese in Stars und Fragezeichen investiert werden, falls nicht, sollten die Geschäftseinheiten aufgegeben werden.

Zusammenfassend kann festgestellt werden, daß durch die Normstrategien ein dynamisches Wachstumsgleichgewicht der Unternehmung erreicht werden soll: Die Streuung von Geschäftseinheiten im Unternehmensportfolio soll so erfolgen, daß zu jeder Zeit der Evolutionsprozeß von (förderungswürdigen) »question mark«– über »star«– zu »cash cow«– Geschäftseinheiten durch interne Finanzbedarfsdeckung gesichert ist.

Eine differenziertere Portfolio-Analyse-Version ist das *Wettbewerbsvorteile-Marktattraktivitäts-Portfolio*, das von der Unternehmensberatungsgesellschaft McKinsey & Co. entwickelt wurde. Die beiden Dimensionen Marktattraktivität und relative Wettbewerbsvorteile setzen sich aus einer Vielzahl von Indikatoren zusammen, die unterschiedlich gewichtet werden (Bruhn 1990, S. 68f.) Darauf aufbauend werden SGEen in eine Neun-Felder-Matrix eingeordnet, für die die in Abbildung 6 aufgeführten Strategieempfehlungen gegeben werden.

Der Vorteil dieses Ansatzes besteht darin, daß er differenzierter ist und so der Komplexität der Realität eher entspricht als die Vier-Felder-Matrix. Problematisch dabei ist allerdings, daß Wettbewerbsvorteile und Marktattraktivität anhand teilweise sehr schwer operationalisierbarer

Markt-attraktivität

Niedrig	Investition oder Rückzug	Investition	Marktführerschaft halten
Mittel	Abschöpfung und stufenweise Desinvestition	Wachstum oder Abschöpfung	Wachstum
Hoch	Desinvestition	Abschöpfung und stufenweise Desinvestition	Abschöpfung
	Niedrig	Mittel	Hoch

Relative Wettbewerbsvorteile

Abbildung 6: Neun-Felder-Matrix (in Anlehnung an Ehrmann 1991, S. 220)

Faktoren zu ermitteln sind, denen überdies ein für alle Geschäftseinheiten gleiches strategisches Gewicht beigemessen wird. Ein generelles Manko aller Portfolio-Konzepte liegt darin begründet, daß die für einzelne Matrix-Felder abgeleiteten Normstrategien relativ pauschal bleiben.

(3) Lebenszyklus-Analyse

Die Lebenszyklus-Analyse basiert auf der Annahme, daß Produkte, Produktkategorien, Marktsegmente und ganze Märkte eine Entwicklungs-, Wachstums-, Reife- und Alterungsphase durchlaufen. In Abhängigkeit von der Lebenszeit werden typische Verläufe des Gewinns, der Rentabilität, der Kapitalbindung und -freisetzung unterstellt. Anhand eines Indikatorenbündels (Wachstumsrate, Häufigkeit von Produktänderungen, Stabilität der Kaufgewohnheiten, Markteintrittsraten etc.) läßt sich ermitteln, in welcher Phase sich das Produkt oder der Markt gerade befindet. Darauf aufbauend werden, wie bei den oben vorgestellten Portfolio-Analyse-Ansätzen, für die einzelnen Zyklusphasen Normstrategien abgeleitet:

- In der Entwicklungsphase eines Marktes sollte man z. B. versuchen, mit seinen Produkten (technische) Standards zu setzen, um am Markt eine Vorreiterrolle einzunehmen.
- In der Wachstumsphase muß mit Hilfe der Kommunikationspolitik das Marktpotential soweit wie möglich ausgeschöpft werden.
- In der Reifephase sollte das Unternehmen versuchen, weitere Absatzmärkte zu erschließen (z. B. durch Export).
- Die Alterungsphase des Marktes ist dadurch gekennzeichnet, daß der Absatz rückläufig ist und sehr viele Anbieter präsent sind. Dem Unternehmen wird empfohlen, sich durch Rationalisierungsmaßnahmen spezifische Wettbewerbsvorteile zu suchen (Bruhn 1990, S. 65).

Der Erklärungsgehalt des Marktlebenszyklus-Modells für die strategische Entscheidungsfindung ist sehr umstritten. Hauptkritikpunkt ist, daß die idealtypischen Zyklen in der Praxis keineswegs immer so verlaufen, wie sie dem Modell zugrunde liegen. Aus diesem Grund ist das Modell als Prognoseverfahren nicht geeignet. Fehlinterpretationen der Situation bei der Identifikation einzelner Zyklusphasen und dem Einsatz entsprechender Normstrategien können zu falschen Marktstrategien des Unternehmens führen.

Dennoch ist die Lebenszyklus-Analyse für die strategische Entscheidungsfindung von Bedeutung. Zum einen ist sie als Denkmodell für die strategische Analyse nützlich: Eine Analyse der zukünftigen Absatzentwicklung unter Berücksichtigung der spezifischen Kontextfaktoren einer Geschäftseinheit und unter Zugrundelegung der im Marktlebenszyklus-Modell enthaltenen Erklärungsaussagen über das Verhalten der Marktteilnehmer kann zumindest teilweise Hinweise über die zukünftige Marktattraktivität einer Geschäftseinheit geben. Eine besondere Bedeutung kommt dem Modell deshalb zu, weil die Zukunft als von der künftigen Entwicklung der Umweltfaktoren abhängiger Entwicklungsprozeß und nicht als lineare Fortschreibung der Vergangenheit abgebildet wird. Diese dynamische Sicht der Marktattraktivitätsentwicklung fördert ein Verhalten, das sich an die Evolution der Unternehmensumwelt anpaßt. Darüber hinaus kommt dem Marktlebenszyklus-Modell das Verdienst zu, auch eine dynamische Betrachtungsweise der Synergie zwischen den einzelnen Geschäftseinheiten anzuregen (Kötzle 1993, S. 117ff.).

5.2 Methoden und Modelle zur operativen Maßnahmenplanung und -kontrolle

Aus der Vielzahl von Methoden und Modellen, die für operative Planungs-, Kontroll- und Informationsversorgungsaufgaben im Marketing eingesetzt werden, sollen exemplarisch die Break Even-Analyse, die Deckungsbeitragsrechnung und Kennzahlensysteme vorgestellt werden.

Break Even-Analysen finden vornehmlich bei Planung und Kontrolle der Produkt- und Preispolitik Verwendung. Deckungsbeitragsrechnungen eignen sich als Informationsversorgungsinstrument für nahezu alle operativen Planungs- und Kontrollaufgaben des Marketing. Kennzahlensysteme sind schließlich ein wichtiges Instrument zur Informationsverdichtung und damit zur Bereitstellung entscheidungsrelevanter Informationen im Rahmen eines Berichtssystems.

(1) Break Even-Analyse

Die Break Even-Analyse ist eine Methode, die in der Praxis sehr häufig sowohl in der Produkt- als auch in der Preispolitik Verwendung findet. Mit ihr ermittelt man, bei welcher Absatzmenge (x) zu einem bestimmten Stückpreis (p) die Gesamtkosten (K) vom Umsatz (U) abgedeckt werden. Dabei wird berücksichtigt, daß sich die Gesamtkosten aus einem von der Absatzmenge unabhängigen Fixkostenanteil (K_f) und einem variablen Kostenanteil ($K_v = v \cdot x$) zusammensetzen, wobei von konstanten variablen Stückkosten (v) ausgegangen wird. Mit dieser Berechnung soll festgestellt werden, welche Stückzahl erreicht werden muß, um die entstandenen Kosten zu decken. Die Stückzahl, bei der Umsatz und Gesamtkosten gleich sind, wird als »Break Even-Point«, »Gewinnschwelle« oder auch »Deckungspunkt« bezeichnet. Rechnerisch läßt sich der Break Even-Point (x*) wie folgt ermitteln:

$$x^* = \frac{K_f}{p - v}$$

Grafisch läßt sich der Break Even-Point ableiten, indem die Kostenkurve und die Umsatzkurve in einem Schaubild eingezeichnet werden und abgelesen wird, bei welchem Wert sich die beiden Kurven schneiden.

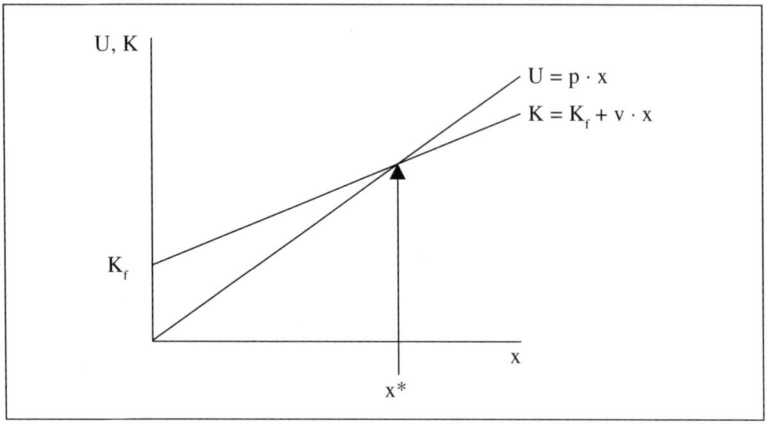

Abbildung 7: Graphische Ermittlung des Break Even-Point

Die hier dargestellte Break Even-Analyse ist nur auf Einproduktunternehmen anwendbar. Ansätze zur Erweiterung des Break Even-Modells auf Mehrproduktunternehmen ermitteln den Break Even-Point entweder aus durchschnittlichen Preisen und Stückkosten (und damit Stückdeckungsbeiträgen $(d = p - v)$) der abgesetzten Produkte, oder gehen von einer bestimmten Reihenfolge beim Absatz der einzelnen Produkte aus (Coenenberg 1993, S. 272ff.).

Beim Einsatz der Break Even-Analyse sind einige Prämissen zu beachten. So impliziert die Break Even-Analyse, daß die Kosten und Preise bekannt sind, daß es während der betrachteten Periode keine diesbezüglichen Schwankungen gibt und daß Kosten und Erlöse ausschließlich von der Beschäftigung abhängen. Andere Einflußgrößen (produktionstechnische Wirkungen, Beschaffungspreise, Lagerhaltung etc.) werden als konstant oder vernachlässigbar betrachtet. Die Mehrproduktanalysen gelten in der Praxis als zu kompliziert und spielen dort eine geringe Rolle. Meist wird die Break Even-Analyse bei Neuprodukteinführungen isoliert für ein Produkt (bzw. eine Produktgruppe) eingesetzt.

(2) Deckungsbeitragsrechnung

Ein wichtiges Instrument des Marketing-Controlling ist die Deckungsbeitragsrechnung, die bereits mehrfach erwähnt wurde. Im folgenden soll aufgezeigt werden, in welchen Varianten sie für unterschiedliche Bereiche des Marketing-Mix eingesetzt werden kann.

Sowohl für die Produkt- als auch für die Preispolitik empfiehlt sich eine mehrfach gestufte Deckungsbeitragsrechnung. Diese unterscheidet mehrere hierarchisch abgestufte Deckungsbeiträge, die an problemspezifischen Bezugsobjekten (Produkte, Kunden etc.) orientiert sind (siehe Abbildung 8). Der DB I ergibt sich aus der Differenz von Umsatz und den dem Bezugsobjekt unmittelbar zurechenbaren variablen Kosten. Der DB II wird aus der Differenz von DB I und den einem Bezugsobjekt (in Abbildung 8: einem Artikel) als Einzelkosten anzulastenden Fixkosten berechnet. Die Ermittlung des DB III folgt demselben Prinzip, indem vom DB II Fixkosten abgezogen werden, die der übergeordneten Gruppe als Einzelkosten angelastet werden können. Das Periodenergebnis erhält man schließlich aus der Differenz von DB III und den unternehmensfixen Kosten.

Die mehrfach gestufte Deckungsbeitragsrechnung kann in modifizierter Form auch sehr gut zur Steuerung des Außendienstes eingesetzt werden. Die verschiedenen Deckungsbeiträge werden in diesem Fall auf Bezugsobjekte bezogen, die der Außendienstmitarbeiter zu verantworten hat. Fixkosten werden nur insoweit berücksichtigt, als sie dem Verkäufer als Einzelkosten direkt zuzuordnen sind. Er wird somit als Profit-Center behandelt, welches Umsätze erzielt und Fixkosten verursacht (Reichmann 1993, S. 354). Eine nach Artikeln aufgeschlüsselte Dekkungsbeitragsrechnung für einen Kunden eines Außendienstmitarbeiters könnte dann beispielsweise wie in Abbildung 9 dargestellt durchgeführt werden.

(3) Kennzahlensysteme

Einzelne Kennzahlen sind isoliert betrachtet in ihrem Aussagewert begrenzt. Daher werden Kennzahlen häufig in einem Kennzahlensystem zusammengefaßt. Unter einem Kennzahlensystem versteht man eine Zusammenstellung quantitativer Größen, wobei die einzelnen Kennzahlen in einer sachlich sinnvollen Beziehung zueinander stehen, sich ergänzen oder erklären und insgesamt auf ein gemeinsames übergeordnetes Ziel ausgerichtet sind, das in einer Spitzenkennzahl zum Ausdruck gebracht wird. Die Struktur des Kennzahlensystems sollte sich an die organisatorischen Verantwortungsbereiche des Unternehmens anlehnen,

		Artikel				Σ
2		A	B	C	D	
3	Bruttoerlös	62200	72900	98400	74500	308000
4	./. Erlösschmälerungen (Rabatte, Skonti etc.)	1800	2200	3700	1600	9300
5	= Nettoerlös	60400	70700	94700	72900	298700
6	./. variable Vertriebs- u. Fertigungskosten	42700	48100	47200	28600	166600
7	= Deckungsbeitrag I	17700	22600	47500	44300	132100
8	./. artikelfixe Kosten	19200	1500	–	18600	39300
9	= Deckungsbeitrag II	– 1500	21100	47500	25700	92800
		19600		73200		
10	./. artikel-gruppenfixe Kosten	22900		32700		55600
11	= Deckungsbeitrag III	– 3300		40500		37200
12	./. unternehmensfixe Kosten					29000
13	= Periodenergebnis					8200

Quelle: Reichmann 1993, S. 354

Abbildung 8: Mehrfach gestufte Deckungsbeitragsrechnung

	Summe	Artikel/Kunde I	II	III
Bruttoumsatz	800	150	250	400
./. Erlösschmälerungen	85	10	15	60
= Nettoumsatz	715	140	235	340
./. Wareneinsatz (Grenzkosten)	540	90	160	290
= DB I	175	50	75	50
./. Promotionsaufwendungen (direkt zurechenbare Verkaufsförderung)	35	10	20	5
= DB II	140	40	55	45
./. PC – direkte Fixkosten (Büro, PKW etc.)			80	
= DB III			60	

Quelle: Reichmann 1993, S. 355

Abbildung 9: Profit-Center Ergebnisrechnung

um den einzelnen Entscheidungsträgern auf diese Weise ein Zahlenwerk für ihre bereichsspezifischen Planungs- und Kontrollaufgaben an die Hand zu geben.

Neben anderen Funktionsbereichen werden Kennzahlensysteme zunehmend auch für den Marketing-Bereich des Unternehmens eingesetzt, welche im übergeordneten Kennzahlensystem des Unternehmens integriert sind. Ein solches Marketing-Kennzahlensystem sollte nicht nur eine formale Aufspaltung der Spitzenkennzahl – des quantitativen Marketing-Oberziels – beinhalten. Anzustreben ist ein nach Mittel-Zweck-Beziehungen und Entscheidungsbereichen aufgebautes System. Da es mit Hilfe solcher Kennzahlensysteme möglich ist, differenzierte Abweichungsanalysen durchzuführen, eignen sie sich gut als Koordinations- und Steuerungsinstrument im Marketing-Planungs- und Kontrollprozeß (Fröhling 1990, S. 45).

Der Aussagegehalt von Marketing-Kennzahlensystemen hängt von der Marketing-Organisationsstruktur ab. Bei einem funktional organisierten Marketing-Bereich lassen sich aufgrund des hohen Anteils an Gemeinkosten kaum marketingspezifische Ergebnis-Kosten-Relationen ableiten. Besser geeignet ist hierfür eine absatzsegmentorientierte Organisationsstruktur. Kiener zeigt am Beispiel einer nach Kundengruppen strukturierten Marketing-Organisation, wie ein Marketing-Kennzahlensystem aussehen könnte (vgl. Abbildung 10).

Die in diesem Beispiel oberste Kennzahl »Umsatzrentabilität des Marketing-Bereichs« läßt sich in ein übergeordnetes Kennzahlensystem des Gesamtunternehmens integrieren. Nach unten setzt sie sich aus dem Marketing-Deckungsbeitrag und dem Umsatz zusammen. Der Deckungsbeitrag errechnet sich aus den relativen Einzelkosten des Marketing-Bereichs und dem Umsatz der Kundengruppen. Die relativen Einzelkosten werden nach Kundengruppen und danach nach Marketing-Funktionen untergliedert. Unter der Ebene der Marketing-Funktionen wird zwischen variablen und fixen Kosten unterschieden, wobei die variablen Kosten nach einzelnen Produkten unterteilt werden. Der Umsatz wird differenziert nach relativen (Marktanteile am Kundengruppenmarkt) und absoluten Kennzahlen ausgewiesen. Bei den absoluten Umsatzkennzahlen wird ebenfalls nach Kundengruppen sowie nach Produkten differenziert. Insgesamt entsteht so ein aussagefähiges Gesamtsystem, das vor allem auch Auskunft über die Erfolgswirksamkeit einzelner Segmente geben kann.

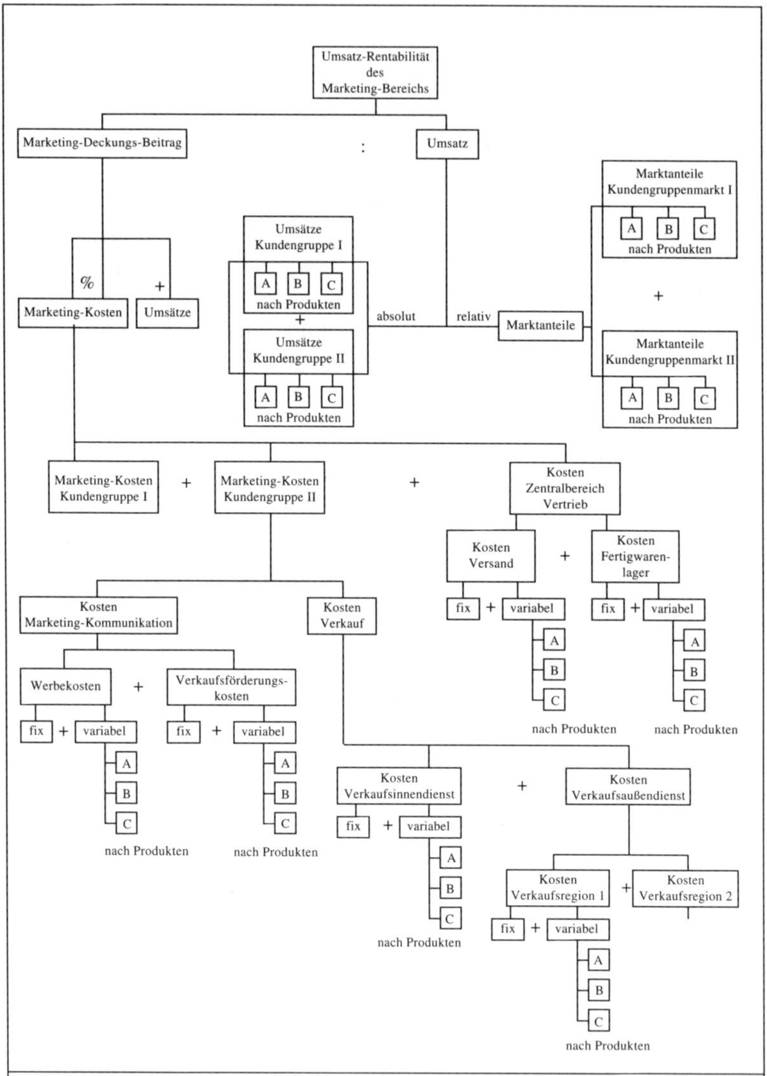

Quelle: Kiener 1980, S. 168

Abbildung 10: Kennzahlensystem einer kundengruppenstrukturierten Marketing-Organisation

Begrenzt ist der Aussagegehalt von Kennzahlensystemen dadurch, daß sie relativ starr auf ein Oberziel ausgerichtet sind. Darüber hinaus sind nur Ziele abbildbar, die sich in quantifizierbaren Größen ausdrükken lassen, was vor allem bei Marketing-Funktionen, bei denen viele qualitative Größen von Bedeutung sind (Kommunikationspolitik), unbefriedigend ist. Außerdem werden in Kennzahlensystemen Zielkonflikte gar nicht oder nur unzureichend berücksichtigt. Schließlich ist zu beachten, daß ein Kennzahlensystem die vielfältigen, interdependenten und im Zeitablauf auch nicht stabilen Mittel-Zweck-Beziehungen nur unvollständig abbilden kann.

Literatur

Berndt, Ralph: Marketing 3, Marketing-Management. Berlin u. a. 1991.

Böcker, Franz: Werbebudgets richtig disponieren. In: Absatzwirtschaft, 28. Jg. (1985), Heft 7, S. 50–62.

Bruhn, Manfred: Handbuch des Marketing: Anforderungen an Marketingkonzeptionen aus Wissenschaft und Praxis. München 1989.

Bruhn; Manfred: Marketing. Sonderausgabe, Wiesbaden 1990.

Coenenberg, Adolf G.: Kostenrechnung und Kostenanalyse. 2. Auflage, Landsberg/Lech 1993.

Ehrmann, Harald: Marketing-Controlling. Ludwigshafen 1991.

Franke, Reimund: Zero Base Budgeting – aller Anfang ist schwer. In: Franke, Reimund; Zerres, Michael P.: Planungstechniken – Instrumente für zukunftsorientierte Unternehmensführung. 4., überarb. und erw. Auflage, Frankfurt am Main 1994.

Fröhling, Oliver: Kennzahlen: Führungsinstrumente auch für das Marketing. In: io Management Zeitschrift 1990, Heft 5, S. 43–47.

Heinzelbecker, Klaus: Marketing-Informationssysteme. Stuttgart u. a. 1985.

Hill, Wilhelm; Rieser, Ignaz: Marketing-Management. 2. Auflage, Bern u. a. 1993.

Kiener, Joachim: Marketing-Controlling. Darmstadt 1980.

Köhler, Richard: Beiträge zum Marketing-Management. 3. Auflage, Stuttgart 1993.

Kötzle, Alfred: Die Identifikation strategisch gefährdeter Geschäftseinheiten. Berlin 1993.

Kotler, Philip; Armstrong, Gary: Marketing. Wien 1988.

Kreikebaum, Hartmut: Strategische Unternehmensplanung. 5. Auflage, Stuttgart 1993.

Liebl, Walter F.: Marketing-Controlling. Wiesbaden 1989.

Meffert, Heribert: Marketing. Grundlagen der Absatzpolitik. 7. Auflage, Wiesbaden 1986.

Nieschlag, Robert; Dichtl, Erwin; Hörschgen, Hans: Marketing. 16. Auflage, Berlin 1991.

Reichmann, Thomas: Controlling mit Kennzahlen und Managementberichten. 3. Auflage, München 1993.

Schweitzer, Marcell; Küpper, Hans-Ulrich: Systeme der Kostenrechnung. 5. Auflage, Landsberg/Lech 1991.

Weis, Hans Christian: Marketing. 8. Auflage, Ludwigshafen 1993.

II. Produktions-Controlling

Alfred Kötzle
(unter Mitarbeit von Elisabeth Schwarzburg)

Inhalt

1. Einleitung

Veränderte Ansprüche des Marktes, vor allem hinsichtlich Variantenvielfalt und Produktqualität, haben die Anforderungen an den Produktionsbereich erhöht. Neue Produktions- und Informationstechnologien und neue Produktionsstrukturen in der Fertigung verändern den Koordinationsbedarf in der Produktion.

Diese Veränderungen bringen zum einen eine Schwerpunktverlagerung von der operativen Produktionsplanung und -steuerung auf eine eher strategische Sichtweise mit sich, welche eine Einbettung des operativen und taktischen Produktionsmanagement in die strategische Produktionsplanung notwendig macht. Ferner führt die Ausweitung produktionswirtschaftlicher Zielvorstellungen um Qualitäts-, Service-, Flexibilitäts- und Lieferbereitschaftsziele zu einem erhöhten Abstimmungsbedarf der Produktion. Ein erweiterter Koordinationsbedarf ergibt sich auch aus den Konzepten der Arbeitsgestaltung, welche zum Ziel haben, die extreme Arbeitsteilung durch eine Ausweitung des Arbeitsinhalts rückgängig zu machen und zu einer Umstrukturierung des Produktionsbereichs hin zu dezentralen Produktionsstrukturen (Fertigungsinseln und -segmente, Gruppenarbeitskonzepte) führen.

Als übergreifende Konzepte für das Produktionsmanagement mit explizitem Integrationsanspruch sind vor allem der Ansatz des Computer Integrated Manufacturing (CIM) zu nennen, ferner das Human Resources Management (HRM) sowie das Total Quality Management (TQM).

CIM strebt eine Integration von betriebswirtschaftlichen und technischen Aufgaben sowie daran anschließend eine Daten- und Vorgangsintegration an. Es verbindet somit Produktionsplanungs- und -steuerungssysteme (PPS-Systeme) als betriebswirtschaftlich orientierte Funktionen und die sogenannten CAx-Funktionen (Computer aided design (CAD), Computer aided production (CAP), Computer aided manufacturing (CAM), Computer aided quality (CAQ)) als technische Aufgaben.

Im Konzept des Human Resources Management bilden personale Aspekte den Mittelpunkt. Angestrebt wird eine ganzheitliche Sichtweise strategischer, taktischer und operativer Aufgaben der Gestaltung des Humankapitals, eine Abstimmung aller Führungsfunktionen, die auf die Mitarbeiter einwirken (Corsten 1994, S. 13ff.).

Das Total Quality Management versteht Qualität als umfassende Managementaufgabe und bezieht sämtliche Unternehmensbereiche und -ebenen in das Qualitätsbewußtsein ein. Dem Qualitätsbewußtsein liegt eine besondere Kundenorientierung zugrunde. Integriert werden nicht nur unternehmensinterne, sondern auch unternehmensübergreifende qualitätsrelevante Aktivitäten (vgl. ausführlich hierzu Teil 2, Kapitel 1: »Qualitäts-Controlling«).

2. Gegenstand und Ziele der Produktion

Unter *Produktion* versteht man einen Prozeß, in dem Güter und Dienstleistungen (Produktionsfaktoren) miteinander kombiniert und in andere Güter oder Dienstleistungen (Produkte) transformiert werden. Entsprechend nachfolgendem Schema unterscheidet man als Produktionsfaktoren Werkstoffe, Betriebsmittel und Arbeitskräfte (Schweitzer 1994, S. 573ff.).

Input	**Throughput**	**Output**
Werkstoffe Betriebsmittel Arbeitskräfte	Produktion = Kombination und Transformation von Produktionsfaktoren in Produkte	Materielle Güter, Dienstleistungen
Quelle: Kistner/Steven 1993, S. 2		

Abbildung 1: Phasen der Produktion

Die Struktur des Erzeugnisprogramms (Output) führt zu einer Unterscheidung von *Fertigungstypen* (Massen- und Einzel- sowie Sorten- und Serienfertigung als Zwischenformen). Hinsichtlich der Fertigungsorganisation lassen sich die *Organisationstypen* der (verrichtungsorientierten) Werkstattfertigung und der (objektorientierten) Reihen-, Fließ- oder Linienfertigung unterscheiden.

Der Produktionsplanung liegt die *Produktionstheorie* zugrunde, welche die Wirkungszusammenhänge im Fertigungsbereich anhand von Hypothesen darstellt und erklärt und dadurch Prognosen ermöglicht (vgl. zur Produktionstheorie Bea/Kötzle 1975). Die *Produktionsplanung* umfaßt alle Phasen des oben angeführten Fertigungsprozesses. Sie erstreckt sich auf eine Optimierung

- von Produkten und Produktprogrammen (= Output),
- des Faktoreinsatzes (= Input) sowie
- der Produktionsprozesse (= Throughput).

Die Ziele der Produktion(splanung) lassen sich in Sach- und (wirtschaftlich, sozial bzw. ökologisch ausgerichtete) Formalziele unterscheiden.

Das *Sachziel* der betrieblichen Produktion umfaßt Güter, die nach Maßgabe der Absatz- und Lagerdispositionen sowie des innerbetrieblichen Bedarfs der Unternehmung herzustellen sind. Es handelt sich um das Produktionsprogramm, in dem die Produkte nach den Dimensionen Qualität, Menge, Entstehungszeit und Entstehungsort näher zu spezifizieren sind.

Wirtschaftliche Ziele leiten sich aus dem ökonomischen Zielsystem der Unternehmung ab. Aus dem Ergiebigkeitsprinzip resultiert die Forderung nach Wertergiebigkeit (*Wirtschaftlichkeit im engeren Sinn)* und Mengenergiebigkeit *(Produktivität)* des Fertigungsprozesses (Hahn 1994, S. 29f.):

$$\text{Wirtschaftlichkeit} = \frac{\text{Erlös bzw. Leistung der Bezugsperiode in DM}}{\text{Kosten der Bezugsperiode in DM}}$$

$$\text{Produktivität} = \frac{\text{Output der Bezugsperiode (Produktmenge)}}{\begin{array}{c}\text{Input der Bezugsperiode}\\ \text{(Faktoreinsatzmengen und/oder -zeiten)}\end{array}}$$

Die angeführten wirtschaftlichen Ziele lassen sich in Teilziele für Produktionsplanungsbereiche zerlegen. Bezogen auf den Produktionsfaktoreinsatz (Input) sind dies etwa die Minimierung der Kosten des Faktoreinsatzes, bezogen auf den Output die Maximierung des Erfolgs des Produktionsprogramms; bei kurzfristigem Planungshorizont ist der Erfolg von Produkten und Produktprogramm als Überschuß der Erlöse über die (kurzfristigen) variablen Kosten und damit als Deckungsbeitrag interpretierbar. Auch für den Transformationsprozeß (Throughput) eignet sich im Grundsatz die Teilzielsetzung Kostenminimierung. Da die Ermittlung einzelner Komponenten der Transformationskosten – wie etwa der Zwischenlagerkosten – jedoch erhebliche Probleme bereitet, werden für die Prozeßplanung häufig zeitbezogene Ersatzzielgrößen wie etwa »Minimierung der Durchlaufzeit/der Terminüberschreitungen« herangezogen.

Eine Differenzierung von (Wert-)Zielen erhält man nicht nur durch die angeführte horizontale Aufspaltung von Zielen auf einzelne Produktionsbereiche, sondern auch durch eine vertikale Ableitung von Subzielen. Ein besonderes wichtiges Subziel der Wirtschaftlichkeit der Produktion ist das *Flexibilitätsziel.*

Unter Flexibilität ist hierbei die Anpassungsfähigkeit an sich verändernde Bedingungen zu verstehen. Eine sich immer schneller wandelnde Umwelt und die daraus resultierende Unsicherheit verlangen von den Unternehmen eine ausreichende Flexibilität. Variantenfertigung und häufige Umstrukturierungsmaßnahmen im Fertigungsbereich erfordern ein entsprechendes Maß an Flexibilität speziell des Produktionssystems (Kaluza 1994, S. 54; Wicharz 1983, S. 135ff.).

Neben den Wertzielen, die sich auf die wirtschaftliche Dimension des Fertigungsbereiches im engeren Sinne beziehen, gewinnen zunehmend auch Sozialziele und ökologische Ziele an Bedeutung.

Sozialziele streben einen menschengerechten Potentialeinsatz und eine optimale Zufriedenheit aller Betriebsangehörigen im Rahmen angemessener Arbeitsbedingungen an. Diskutiert wird dies unter dem Stichwort »Humanisierung der Arbeit«, wobei Aspekte der Arbeitsgestaltung und Arbeitsorganisation im Mittelpunkt stehen, so beispielsweise »job enlargement«, »job enrichment«, »job rotation« und die Bildung teilautonomer Gruppen.

Ökologieziele sind auf einen optimalen Schutz der betrieblichen Umwelt ausgerichtet. Die Verringerung der Verschmutzung von Luft, Wasser und Boden und die Schonung knapper Ressourcen sind Beispiele hierfür.

3. Ziele und Aufgaben des Produktions-Controlling

3.1 Ziele des Produktions-Controlling

Das Ziel des Produktions-Controlling besteht darin, Produktionsplanung, -steuerung und -kontrolle sowie die dazu erforderliche Informationsversorgung in sich und aufeinander abzustimmen und damit zur Koordination und Adaption des gesamten Produktionsbereichs beizutragen. Das Produktions-Controlling dient insoweit der Unterstützung des Produktionsmanagements (Hoitsch 1994, S. 426ff.).
Instrumente der Koordination sind der Aufbau einer Produktionsplanungs-, -steuerungs- und -kontrollsystemstruktur (= Systemgestaltung) und die ständige Systemanpassung und -abstimmung als Voraussetzung für eine optimale Nutzung dieser Systemstruktur (= Systemnutzung) (vgl. Abbildung 2).

Systemgestaltung	Systemnutzung
– Aufbau eines Produktionsplanungs- -steuerungs- und kontrollsystems – Aufbau eines darauf abgestimmten Informationsversorgungssystems – Anpassung dieser Systeme an strukturelle Unternehmens- und Umweltveränderungen	– laufende Abstimmungsarbeiten innerhalb der geschaffenen Systeme – Unterstützung der Problemlösung im Rahmen der gegebenen Systemstruktur, d. h. Reaktionen auf Störungen sowie Aufrechterhaltung und Anpassung der Informationsverbindungen zwischen den Teilsystemen

Abbildung 2: Aufgaben des Produktions-Controlling

3.2 Aufgaben des Produktions-Controlling

Im Rahmen der *systemgestaltenden Koordinationsaufgaben* ergibt sich die Notwendigkeit zur Abstimmung der einzelnen Teilpläne eines zeitlich, hierarchisch, organisatorisch und inhaltlich differenzierten Planungssystems:

- Zeitliche Differenzierung: lang-, mittelfristige und kurzfristige Pläne.
- Hierarchische Diffenzierung: strategische, taktische und operative Pläne.
- Organisatorische Differenzierung: strategisch: oberes Produktionsmanagement operativ: unteres Produktionsmanagement.
- Inhaltliche Differenzierung: Zielplanung, Programmplanung, Faktorplanung, Prozeßplanung.

Aufgrund der Vielzahl der zu berücksichtigenden Parameter ist diese Abstimmung meist nicht gleichzeitig (simultan), sondern nur sukzessive (schrittweise) durchführbar (Hoitsch 1994, S. 423ff.). Die Koordinationsaufgabe des Produktions-Controlling bezieht sich somit einmal auf die Verzahnung von langfristigen und kurzfristigen Plänen, auf die Abstimmung des operativen Planungs-, Steuerungs- und Kontrollsystems mit der taktischen und strategischen Produktionsplanung sowie auf die Abstimmung der einzelnen Produktionsplanungssysteme (Programm-, Faktor-, Prozeßplanung) untereinander. Den Zusammenhang verdeutlicht Abbildung 3:

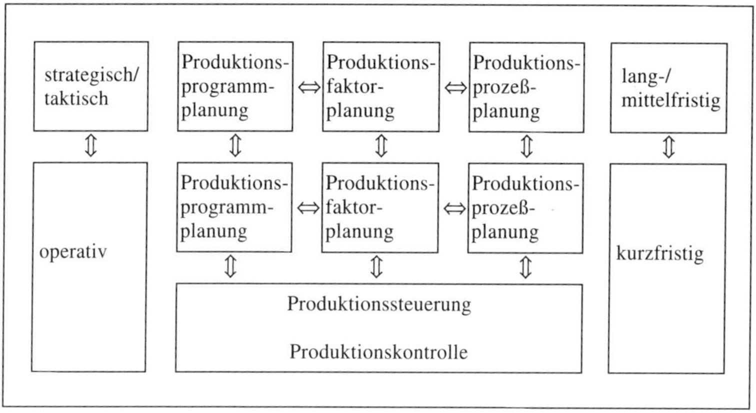

Abbildung 3: Koordination des Planungssystems

Innerhalb der strategischen Produktionsplanung sind so vor allem die Produktfelder, die Potentialgestaltung, die Wahl des Organisationstyps der Fertigung und darauf aufbauend (taktisch) das Produktionslayout zu harmonisieren (Corsten 1994, S. 11f.).

Die operative Ebene wird innerhalb der strategischen und taktischen Vorgaben geplant. Im Rahmen eines Produktionsplanungs- und -steuerungssystems sind die Programm-, Faktor- und Prozeßgestaltung für den unmittelbar anstehenden (kurzfristigen, etwa 1-Jahres-)Planungszeitraum und für gegebene Kapazitäten aufeinander abzustimmen.

Die zunehmende Entwicklungsgeschwindigkeit bei Produktions- und Informationstechnologien wird die Bedeutung der systemgestaltenden Koordination in Zukunft verstärken (Hoitsch 1992, S. 55).

Innerhalb dieser Systeme hat das Produktions-Controlling laufende Abstimmungs- und Unterstützungsaufgaben zu erfüllen. Diese *Systemnutzungsaufgaben* beinhalten auch ungeplante Aktivitäten bei nicht vorhersehbaren Störungen des Betriebsablaufes. Hier treten vor allem personale Koordinationsaspekte des Produktions-Controlling zur Behebung von Kommunikationsdefiziten und zur Bewältigung von Konflikten in den Vordergrund. Probleme sollen möglichst früh identifiziert und mit ad hoc bestimmten Methoden gelöst werden (Hoitsch 1990, S. 606ff.).

Die systemnutzende Koordination beinhaltet ferner die laufende Überwachung der Wirtschaftlichkeit des Produktionsbereiches. Hierzu müssen die kostenmäßigen Auswirkungen der vom Produktionsleiter zu treffenden Entscheidungen bezüglich der Programm-, Faktor- und Prozeßgestaltung ermittelt und dokumentiert werden, beispielsweise die Auswirkungen der Maschinenbelegung, der Arbeitsverteilung, des Intensitätsgrades, der Bearbeitungsreihenfolge, der Losgröße und des Sicherheitsbestandes an Roh-, Hilfs- und Betriebsstoffen. Weiterhin ist eine Überwachung der geplanten und realisierten Produktionskosten für jede Kostenstelle erforderlich, um bei unerwünschten Kostenentwicklungen Gegensteuerungsmaßnahmen einleiten zu können.

Die Informationsversorgung (Informationsbeschaffung, -aufbereitung und -übermittlung) ist auf das Planungssystem abzustimmen. Dazu ist im Rahmen der systemgestaltenden Aufgaben des Controlling ein Informationsversorgungs- und Berichtssystem zu schaffen. Es umfaßt die Beschaffung, Analyse und Übermittlung von produktionswirtschaftlichen Ist-, Wird- und Soll-Daten sowie – daraus abgeleitet – die entsprechenden Abweichungen.

4. Produktionsplanung und -steuerung

Die Teilaufgaben der Produktionsplanung, -steuerung und -kontrolle sind eng mit der Produktwirtschaft, Materialwirtschaft, Anlagenwirtschaft, Personalwirtschaft und der ergebnis-/kostenorientierten Informationswirtschaft verknüpft. So gehören z.B.

- zur *Produktwirtschaft* der gesamte Komplex der Produktplanung und Produktkontrolle im Rahmen der Qualitätssicherung (vgl. Teil 1, Kapitel I »Marketing-Controlling«, und Teil 2, Kapitel I »Qualitäts-Controlling«),
- zur *Materialwirtschaft* die Bedarfsrechnung, Bestands- und Bestellrechnung (vgl. Teil 1, Kapitel III »Beschaffungs-Controlling«),
- zur *Anlagenwirtschaft* die Planung der Maschinen sowie der Transportanlagen und Läger mit entsprechenden Kapazitätsangaben sowie der Instandhaltungsplanung (vgl. Teil 1, Kapitel IV »Investitions-Controlling«),
- zur *Personalwirtschaft* die Personalbeschaffungs- und -entwicklungsplanung sowie die Arbeitszeitregelung und schließlich
- zur ergebnis-/kostenorientierten *Informationswirtschaft* die Bereitstel-

lung von Kosteninformationen für Planungs-, Steuerungs- und Kontrollprobleme.

Bevor auf die einzelnen Aspekte der Informationsversorgung (in Abschnitt 6) näher eingegangen wird, sollen zunächst die Inhalte der Produktionsplanung und -steuerung und anschließend der Produktionskontrolle spezifiziert werden.

4.1 Inhalte der Produktionsplanung und -steuerung

Einen Überblick über die Inhalte der einzelnen Gebiete der Produktionsplanung und -steuerung gibt Abbildung 4 (vgl. Hoitsch 1992, S. 57 und Hahn 1993, S. 29).

Es können die strategische Programm- und Prozeßplanung mit integrierter Potentialänderungsplanung (Investitionsplanung) und die operative Programm- und Prozeßplanung bei gegebenen Potentialen mit jeweils dazugehöriger Materialbedarfsplanung unterschieden werden.

Sowohl auf der strategisch-taktischen als auch auf der operativen Systemebene werden die Programm-, Faktor- und Prozeßplanung in horizontaler Betrachtungsweise in der Regel sukzessive inhaltlich koordiniert. Dabei wird mit der Teilplanung des Engpaßbereichs, z. B. des Absatz- oder Produktionsprogramms, begonnen. Danach werden schrittweise die Teilpläne der übrigen Bereiche, z. B. Produktionsfaktorplan und danach Produktionsprozeßplan, erstellt.

Der gesamte Aufgabenkomplex der Produktionsprogramm-, Materialbedarfs- (Produktionsfaktor-) und Produktionsprozeßplanung mit anschließender Steuerung, Durchführung und Kontrolle sollte als integrierte Sukzessiv-Planung durchgeführt werden, wobei notwendige Abstimmungen mit Hilfe von Rückkopplungsinformationen erfolgen.

Während die Aufgaben der Programm- Materialbedarfs- und Produktionsprozeßplanung von Controllern und Technikern unter Hinzuziehung von Vertretern des Vertriebs, des Einkaufs und der Logistik durchgeführt werden, obliegt die dispositive und technische Produktionsprozeßsteuerung in der Regel fast ausschließlich den technischen Führungs- und Ausführungskräften im Produktionsbereich. Bei der Steuerung zunehmend höher automatisierter Prozesse verbleiben immer weniger Entscheidungsfreiräume für eine Ergebnisorientierung der Prozesse bzw. Potential- und Verbrauchsfaktoreinsätze.

	Produktionsprogrammplanung	**Produktionsfaktorplanung**	**Produktionsprozeßplanung**
strategisch/ taktisch	Produktfeldplanung Produktplanung Programmstrategieplanung	Standort-/Fabrik-/ Layoutplanung Investitionsplanung Organisations-/ Personalentwicklungsplanung Werkstoff- und Energiesicherungsplanung	Technologische Verfahrensplanung Planung des Produktionstyps Produktionssystemplanung
operativ	Produktionsmengenplanung (Bruttoprimärbedarfsplanung) Nettoprimärbedarfsplanung	Brutto-/Netto-Sekundärbedarfsplanung für Rohstoffe und Vorprodukte Brutto-/Netto-Tertiärbedarfsplanung für Hilfs- und Betriebsstoffe sowie Werkzeuge Beschaffungsmengen- und -zeitpunktplanung	Auftrags-(Serien-/Los-) größenplanung Terminplanung (Durchlauf-/ Kapazitätsterminierung) Auftragsfreigabeplanung Maschinenbelegungsplanung (Werkstatt-/ Fertigungssteuerung)

↕

Produktionssteuerung	Detaillierte Festlegung der Durchführung des Fertigungsablaufs/Veranlassung der Durchführung der Fertigung durch: Arbeitsinformationserstellung, Verfügbarkeitsprüfung, Arbeitsverteilung/endgültige Kapazitätsbelegung Materialeinsatzsteuerung
Produktionskontrolle	Mengen- und Terminkontrolle Qualitätskontrolle Kostenkontrolle

Abbildung 4: Inhalte der Produktionsplanung, -steuerung und -kontrolle

4.2 Produktionsprogrammplanung

Abbildung 5 gibt einen Überblick über die Inhalte und Methoden der strategischen und operativen Produktionsprogrammplanung. Hier geht es strategisch um die Festlegung von Geschäftsfeldern und -einheiten mit den dazugehörigen Strategien, während operativ das in der Planungsperiode zu produzierende Produktionsprogramm hinsichtlich der Art, der Mengen und der Termine festzulegen ist. Der Nettoprimärbedarf ergibt sich dabei aus dem um Lagerbestände bereinigten Bruttoprimärbedarf.

	Inhalte	**Methoden**
strategisch	Zielplanung Planung von Normstrategien Produktfeldplanung (Strategische Geschäftsfelder) Produktprogrammplanung (Strategische Geschäfts-einheiten)	Portfolioanalysen Wertanalyse Prognoseverfahren Lineare Optimierungsmodelle
operativ	Produktionsprogramm-planung (Bruttoprimär-bedarfsplanung) Nettoprimärbedarfsplanung	Prognoseverfahren Lineare Optimierungsmodelle

Abbildung 5: Inhalte und Methoden der Produktionsprogrammplanung

Die Programmplanung, insbesondere die Aufnahme neuer Produkte und die Bereinigung des Sortiments, ist einerseits eine zentrale Aufgabe der Produktionsplanung, andererseits spielen in diesem Zusammenhang absatzwirtschaftliche, aber auch allgemeine strategische Überlegungen eine bedeutende Rolle, so daß hier eine enge Verzahnung zwischen Produktionsplanung, Marketing und der übergeordneten strategischen Unternehmensplanung erforderlich ist. Die Absatzplanung legt in Abstimmung mit den Möglichkeiten des Produktionsbereichs und der exogen gegebenen Nachfrage der Absatzmärkte Sortiment und Absatzmengen und damit Vorgaben für die Produktion fest (Kistner/Steven 1993, S. 5f.).

Aufgaben, Methoden und Modelle der Programm- und Sortimentsplanung werden ausführlich im Kapitel »Marketing-Controlling« dargestellt. Auf Prognoseverfahren und die Wertanalyse wird in Kapitel III »Beschaffungs-Controlling« eingegangen (zur Wertanalyse vgl. auch Franke 1994, S. 117ff.). Lineare Optimierungsmodelle zur Programmplanung werden in Abschnitt 7 erläutert.

4.3 Produktionsfaktorplanung

Aus dem geplanten Produktionsprogramm sind die Einsatzmengen der Produktionsfaktoren, Werkstoff- und Personaleinsatz sowie die benötigten Maschinenkapazitäten ableitbar. Die Personalplanung ist Aufgabe der entsprechenden Personalabteilung, die Bereitstellung von maschinellen Kapazitäten erfolgt in der Investitionsplanung. Auf der operativen Ebene des Produktionsbereiches wird der Bedarf an Roh-, Hilfs- und Betriebsstoffen sowie Werkzeugen in Zusammenarbeit mit der Beschaffung und der Lagerwirtschaft festgelegt. Aus dem festgestellten Bedarf leitet sich die Zusammensetzung des Beschaffungsprogramms hinsichtlich Menge, Art und Terminierung ab. Die Werkstoff- und Energiesicherungsplanung ist innerhalb des strategischen Beschaffungsprogramms anhand von Risiko/Chancen-Analysen der Unternehmung sowie der relevanten Beschaffungsmärkte und daraus abzuleitenden Strategien zu planen (vgl. auch Kapitel III »Beschaffungs-Controlling«).

	Inhalte	**Methoden**
strategisch	Standort-/ Layout-/Fabrikplanung Investitionsplanung Organisations- und Personalentwicklungsplanung Werkstoff-/Energieversorgungs- und -sicherungsplanung	Layoutplanungsmodelle Investitionsmodelle Netzplantechnik Simulationsmodelle Prognoseverfahren Portfoliomodelle des Beschaffungsbereichs
operativ	Bedarfsplanung (Rohstoffe, Vorprodukte, Hilfs- und Betriebsstoffe, Werkzeuge) Beschaffungsprogrammplanung (Art, Mengen, Termine)	Prognoseverfahren Lagerhaltungsoptimierungsmodelle Lagerhaltungsheuristiken

Abbildung 6: Inhalte und Methoden der Produktionsfaktorplanung

Die Problemkreise der Standort-/Layout- und Fabrikplanung, der Investitionsplanung und der Personalplanung werden im allgemeinen aus der Produktionsplanung im engeren Sinne ausgeklammert, da bei ihnen die Beziehungen zu anderenTeilbereichen dominieren oder sie mit anderen methodischen Instrumenten angegangen werden (vgl. auch Kapitel VI »Investitions-Controlling«).

4.4 Produktionsprozeßplanung und -steuerung

In der operativen Produktionsprozeßplanung und -steuerung werden die im Rahmen der Produktionsprogrammplanung festgelegten Produktionsmengen, soweit es sich nicht um einzelne Aufträge handelt, zu Fertigungsaufträgen oder Losgrößen zusammengefaßt. Weiterhin wird im Rahmen derAblaufplanung der zeitliche Vollzug der Produktion festgelegt (Grob- und Feinterminierung). Mit der Auftragsfreigabe tritt der Auftrag in das Gebiet der Produktionssteuerung ein.

Die strategische Produktionsprozeßplanung befaßt sich in Abstimmung mit der strategischen Programm- und Faktorplanung, insbesondere der Investitions- und Fabrikplanung, mit der Planung der zukünftigen Prozeßtechnologien, des Produktionstyps und des Produktionssystems. Abbildung 7 zeigt einen Überblick über die strategische und operative Prozeßplanung:

	Inhalte	**Methoden**
strategisch	Planung neuer Prozeßtechnologien (technologische Verfahrensplanung) Planung des Produktionstyps Produktionssystemplanung	Simulationsmodelle
operativ	Auftragsgrößenplanung (Losgrößenplanung) Terminplanung (Durchlauf-/Kapazitätsterminierung) Planung der Auftragsfreigabe Maschinenbelegungsplanung	Modelle zur Ablaufplanung Netzplantechnik Prioritätsregelheuristiken Simulationsmodelle Losgrößenmodelle

Abbildung 7: Inhalte und Methoden der Produktionsprozeßplanung und -steuerung

Als ein neuer Ansatz der Fertigungssteuerung wird das Kanban-Konzept diskutiert. Dabei handelt es sich um ein Konzept der dezentralen Fertigungssteuerung, welches zu einer erhöhten Flexibilität der Fertigung, zu niedrigeren Fertigungsbeständen, zu niedrigeren Durchlaufzeiten und zu einer höheren Termintreue führen soll. Das Augenmerk wird somit eher auf die Steuerung des Materialflusses gelegt, eine möglichst hohe Kapazitätsauslastung tritt in den Hintergrund. Im Kanban-Konzept erfolgt die Steuerung des Materialflusses dezentral nach dem Hol-Prinzip innerhalb kleiner Regelkreise mittels Karten (»Kanbans«). Jede Fertigungsstufe ist danach selbst dafür verantwortlich, die zu bearbeitenden Teile von der vorhergehenden Fertigungsstufe abzuholen. Das Kanban-Konzept dient somit dem Erreichen einer Just-in-time-Fertigung (Schweitzer 1994, S. 714ff.).

Eine Dezentralisierung der Fertigungssteuerung erfolgt auch bei der Einführung sogenannter dezentraler Produktionsstrukturen, wie z.B. Gruppenfertigung oder Fertigungsinseln und -segmente. Die komplette Bearbeitung einer festgelegten Produktionsaufgabe, etwa durch eine Gruppe, führt zu einer Reduzierung von Schnittstellen und damit auch des Koordinationsaufwandes. Gekoppelt mit einer »Holschuld« bezüglich des zu bearbeitenden Materials der jeweiligen Gruppe findet die Steuerung dezentral, das heißt innerhalb der Gruppe statt.

4.5 Integration im CIM-Konzept

Die hohe Anzahl interdependenter Funktionen und Planungsobjekte in der Produktionsplanung und -steuerung führte zu der Forderung nach Integration der bisher als Teilprobleme betrachteten Funktionen und Aufgabenstellungen, welche untereinander nur notdürftig oder gar nicht verknüpft waren. Dies galt besonders in EDV-technischer Hinsicht, vor allem, wenn die einzelnen Hard- und Softwaremodule von unterschiedlichen Herstellern entwickelt worden waren. Das CIM-Konzept setzt an diesen Defiziten an. Es verbindet zum einen betriebswirtschaftliche mit technischen Funktionen in einem integrierten EDV-Einsatz, beinhaltet aber auch eine Vorgangsintegration. Anhand einer einheitlichen Datenbasis sowie einer der ganzheitlichen Ablauforganisation angepaßten Prozeßkette soll die Herstellung kundenindividueller Produkte bei gleichzeitig kurzen Durchlaufzeiten ermöglicht werden (Hoitsch 1992b, S. 19).

Die Integration der Produktionsplanung und -steuerung im CIM-Konzept hat ihren Schwerpunkt im operativen Bereich. Sowohl die aus betriebswirtschaftlicher Sicht besonders relevanten Produktionsplanungs- und -steuerungssysteme (PPS-Systeme) als auch die primär ingenieurwissenschaftlich orientierten CAx-Technologien beziehen jedoch Problemstellungen der Programm-, Potential- und Prozeßgestaltung in ihre Überlegungen mit ein. Während etwa CAD-Systeme im Rahmen der Produktgestaltung relevant sind, unterstützen CAM- und CAP-Systeme insbesondere die Prozeßgestaltung und -steuerung (Corsten 1994, S. 13f.). Dabei gestaltet CIM durchgängige Informationsflüsse zwischen dem PPS-System und der computergestützten Konstruktion (CAD), Arbeitsplanung (CAP) sowie Fertigung (CAM). Aufgrund der Informationskopplung zwischen PPS und CAD können beispielsweise automatisch Stücklisten und Arbeitspläne in das PPS-System übertragen werden, während umgekehrt dem Konstrukteur Informationen zu Kosten, Durchlaufzeiten, Kapazitätsbelastungen zur Verfügung gestellt werden (Zäpfel 1994, S. 741). Dazu wird das PPS-System um ein Kosten- und Erlössystem erweitert (Hoitsch 1992b, S. 19).

5. Produktionskontrolle

Die Produktionskontrolle hat die Aufgabe, die Durchführung der Produktion zu überwachen, Abweichungen von den Plänen und Normen aufzudecken und Maßnahmen zu deren Beseitigung einzuleiten. Dieser Aufgabenbereich umfaßt alle oben angeführten Planungsbereiche. Schwerpunkte sind die Qualitätskontrolle, Terminkontrolle, Kontrolle der Übereinstimmung von geplanten und produzierten Mengen sowie Kostenkontrolle.

Das Produktions-Controlling hat das Produktionsmanagement bei diesen Kontrollaufgaben zu unterstützen, indem es Informationen über das erreichte Zielniveau bereitstellt und bei Überschreiten der Zielabweichungen über ein bestimmtes Maß hinaus rechtzeitig Gegensteuerungsmaßnahmen bzw. Plananpassungen anregt. Das Produktions-Controlling hat deshalb Soll-Ist-Abweichungen zu ermitteln und daran anschließend eine Ursachenanalyse der Abweichungen durchzuführen, um so Ansatzpunkte für Gegensteuerungsmaßnahmen zu finden (Reichmann 1993, S. 276).

Für Qualitäts-, Termin- und Mengenkontrolle werden Kennzahlen ermittelt (vgl. Abschnitt 7.5). Die Soll-Werte als Vorgabegrößen für die Kontrolle werden von den Plänen vorgegeben.

Die bereitzustellenden Informationen innerhalb der Kostenkontrolle sind Kosteninformationen für einzelne Kostenstellen. Da die Kostenkontrolle das Basissystem der Produktionskontrolle darstellt, wird auf sie im folgenden näher eingegangen (Kern 1979, Sp. 1525–1539, Reichmann 1993, S. 276ff.).

In der *kostenstellenbezogenen Soll-Ist-Abweichungsanalyse* werden die realisierten Kosten (Ist-Kosten) Soll-Größen (Soll- oder Plan-Kosten) gegenübergestellt. Grundlage hierfür ist somit eine Ist-Kostenerfassung sowie eine Kostenplanung für die einzelnen Kostenstellen.

Zur Ermittlung der Soll-Produktionskosten stehen unterschiedliche Voll- und Teilkostenrechnungssysteme auf der Basis von Plankosten zur Verfügung. So können beispielsweise die flexible Plankostenrechnung auf Vollkostenbasis, die Grenzplankostenrechnung oder die relative Einzelkostenrechnung zur Planung der Produktionskosten verwendet werden (zu den Systemen der Kostenrechnung vgl. Schweitzer/Küpper 1991).

Die Kostenplanung und die Analyse der ermittelten Soll-/Ist-Abweichungen setzt die Kenntnis der Kostenbestimmungsfaktoren voraus, beispielsweise der Beschäftigung (Fertigungszeiten und -intensitäten), der Prozeßbedingungen, Bedienungsrelationen, der Auflegehäufigkeiten, der Losgrößen usw. Die Ausprägung dieser Faktoren wird mit der Kostenplanung festgelegt.

Die *Produktionskostenabweichungen* lassen sich zunächst auf die beiden Grundkomponenten der Kosten zurückführen, die Preis- und Verbrauchsmengenkomponente. Es sind also im ersten Schritt Preis- und Gesamtverbrauchsmengenabweichungen zu unterscheiden. Da eine *Preisabweichung* auf exogenen Faktoren beruht, wie z. B. Preisschwankungen auf Beschaffungsmärkten, ist sie im Rahmen der Produktionskontrolle von untergeordneter Bedeutung und deshalb aus der Gesamtabweichung herauszufiltern. Dies läßt sich dadurch erreichen, daß die Ist-Verbrauchsmengen mit Plan- oder Normalpreisen bewertet werden.

Der verbleibende Abweichungsbetrag *(Gesamtverbrauchsmengenabweichung)* gibt ohne Beeinflussung durch Marktpreisschwankungen an, inwieweit der tatsächliche Verbrauch von Faktoreinsatzmengen von dem von den Plankosten vorgegebenen Verbrauch abweicht. Da die Plankosten die wirtschaftlichen Verbrauchsmengen bei Planbeschäftigung angeben, ist es notwendig, die Vorgabewerte an die realisierte Ist-Beschäftigung anzupassen, das heißt die Abweichung ist zusätzlich um die aufgrund von Beschäftigungsschwankungen auftretende *Beschäftigungsabweichung* zu korrigieren. Die *Beschäftigungsabweichung* gibt die aufgrund ungenutzter Kapazität nicht gedeckten Fixkosten (Leerkosten) an. Anhand einer Nutz- und Leerkostenanalyse läßt sich die Beschäftigungsabweichung näher analysieren. Die resultierende *Verbrauchsabweichung* kann als Indikator für innerbetriebliche Unwirtschaftlichkeiten angesehen werden.

Die *Verbrauchsabweichung* einer Kostenstelle kann nach Kostenarten, nach Kostenkategorien, wie Einzel- und Gemeinkosten, und nach Teilbereichen der Kostenstellen (Kostenplätzen) differenziert ermittelt und ausgewiesen werden.

Zur genaueren Analyse können aus der Verbrauchsabweichung weitere *Teilabweichungen* (Spezialabweichungen) abgespalten werden, für die der Kostenstellenleiter nur zum Teil verantwortlich zu machen ist. Diese werden in Sonderrechnungen nur für die bedeutendsten Kostenbestimmungsfaktoren ermittelt und meist als Kennzahlen dargestellt. Es sind dies z. B.:

- Verfahrensabweichungen (Kostenabweichungen aufgrund außerplanmäßiger Produktionsverfahren, beispielsweise wenn aufgrund von Betriebsstörungen die Fertigung nicht in den geplanten Stellen durchgeführt werden konnte),
- Seriengrößenabweichungen (Kostenabweichungen, die aufgrund nachträglich geänderter Seriengrössen entstanden sind),
- Intensitätsabweichungen (Kostenabweichungen aufgrund außerplanmäßiger intensitätsmäßiger Anpassung von Betriebsmitteln).

Es ist sinnvoll, die festgestellten Abweichungen unterjährig zu kumulieren, um zu sehen, ob übers Jahr gesehen ein Schwankungsausgleich eintritt oder ein Abweichungstrend erkennbar ist.

Um nicht alle Abweichungen detailliert untersuchen zu müssen, ist es Aufgabe des Produktions-Controlling, nach Verantwortungsbereichen differenziert *Toleranzschwellen* zu definieren. Nur wenn diese Grenzwerte unter- bzw. überschritten werden, wird eine detaillierte Ursachenanalyse durchgeführt (zur Festlegung von Toleranzschwellen vgl. Reichmann 1993, S. 280ff.).

6. Produktions-Informationsversorgungssystem

Zu den Aufgaben des Produktions-Controlling zählen der Aufbau und die Abstimmung eines Informationsversorgungssystems. Dieses beinhaltet Informationsbeschaffungs- und -analysesysteme für die Produktionsplanung, -steuerung und -kontrolle.

In der Regel werden im Rahmen der strategischen Analyse keine speziellen Systeme für den Fertigungsbereich eingesetzt, sondern allgemein strategische Informationsbeschaffungs- und -analysetechniken, die einzelfallspezifisch inhaltlich auf produktionsbereichsrelevante Fragestellungen ausgerichtet werden. Beispielsweise sind bei der Umweltanalyse und -prognose besonders rechtliche (vor allem Ökologie- und Arbeitsgesetzgebung) und technologische Entwicklungen von Bedeutung. Weitere für den Produktionsbereich relevante Teilsysteme der strategischen Analyse sind beispielsweise Konkurrentenanalysesysteme, Frühwarnsysteme, Kostensenkungspotential-Analysesysteme sowie Datenbanksysteme wie die PIMS-Datenbank.

Teilsysteme der Informationsbeschaffung und -analyse für die operative Produktionsplanung, -steuerung- und -kontrolle sind vor allem Kosten- und Leistungsrechnungssysteme, Betriebsdatenerfassungssysteme, Datenbanken für Grunddaten (Stücklisten, Arbeitspläne, Betriebsmittel), Prognosesysteme, Auftragsdatenbankensysteme sowie Kennzahlen- und Berichtssysteme (Hoitsch 1992, S. 58).

Dabei läßt sich der Prozeß der Informationsversorgung anhand von Auswertungssystemen und -methoden untergliedern in die Teilschritte der Datenerfassung (z. B. Betriebsdatenerfassungssysteme), der Organisation der Daten in einer Datenbank/Datenbasis (z. B. Datenbanksysteme für Grunddaten, Auftragsdatenbanksysteme) und die Auswertung der Daten (z. B. Kosten- und Leistungsrechnung, Kennzahlen- und Berichtssysteme).

Für den Fertigungsbereich existieren Softwaresysteme, die die Daten der Arbeitsplanung (Stücklisten, Arbeitspläne) pflegen und verwalten. Dazu werden Fertigungssteuerungssysteme programmiert, die diese Datenbasis mit den Bedarfsdateien der Materialwirtschaft verknüpfen und zu einem sukzessiven Steuerungsinstrument erweitern. Die Datenbasis enthält die Zusammensetzung der Baugruppen aus Eigenfertigungs- und Bezugsteilen, Arbeitsgangbeschreibungen mit Zeitbedarf und Fertigungsvorschriften sowie Hinweise auf die Fertigungseinrichtungen

(Arbeitspläne) und die Kapazitäten mit den verschiedenen Ausweichmöglichkeiten. Im einzelnen enthält sie auftragsneutrale Dateien (Teilestammdatei, Teilestrukturdatei, Arbeitsplatzdatei, Arbeitsgangstrukturdatei) sowie auftragsbezogene Dateien (alle Informationen über Mengen und Termine der Kunden- und Fertigungsaufträge sowie der Bestellungen, gekoppelt mit dem entsprechenden Material- und Kapazitätsbedarf). Diese werden mittels Datenauswertungsmethoden zu Planungs- und Kontrollzwecken miteinander verknüpft (Kern 1979, Sp. 775ff.). Die zunehmende Automatisierung der Produktion und der Produktionsplanung und -steuerung anhand von EDV-Programmen führt zu der Forderung nach Verknüpfung dieser Bausteine, was im CIM-Konzept realisiert wird (vgl. Abschnitt 4.5).

Innerhalb des Informationssystems hat das Produktions-Controlling ein Produktions-Berichtssystem aufzubauen. Die Nutzung von im Informationssystem enthaltenen Daten-, Methoden- und Modellbanken soll eine umfassende und auf individuelle Informationsbedürfnisse ausgerichtete Erstellung von Berichten ermöglichen.

7. Methoden und Modelle des Produktions-Controlling

Aufgabe des Produktions-Controlling ist es, dem Produktionsmanagement geeignete Werkzeuge in Form betriebswirtschaftlicher Instrumente zur Verfügung zu stellen und für ihren sachgerechten Einsatz zu sorgen. Dazu gehören der Aufbau und die Pflege von Modell- und Methodenbanken der strategischen und operativen Produktionsplanung, -steuerung und kontrolle sowie von Methoden- und Datenbanken für die Informationsversorgung.

Hier sollen hauptsächlich Methoden des operativen Produktions-Controlling berücksichtigt werden. Zu den strategischen Methoden zur Programmplanung sei auf das Kapitel I »Marketing-Controlling« verwiesen, strategische Methoden zur Produktionsfaktorplanung werden in Kapitel III »Beschaffungs-Controlling« und VI »Investitions-Controlling« erläutert. Auf die Darstellung der in diesen Beiträgen vorgestellten Verfahren wird daher an dieser Stelle verzichtet.

Im folgenden werden schwerpunktmäßig *Entscheidungsmodelle* des Produktionsbereichs vorgestellt. Zu den Prognoseverfahren siehe die entsprechenden Kapitel »Marketing-» bzw. »Beschaffungs-Controlling«.

In Abbildung 8 werden die Methoden und Modelle, welche das Produktions-Controlling zur Produktionsplanung bereitzustellen hat, noch einmal im Überblick zusammengestellt.

	Methoden und Modelle	
	Strategische Produktionsplanung	**Operative Produktionsplanung**
Produktions-Programm-planung	Portfolioanalyse Wertanalyse Lineare Optimierungsmodelle	Lineare Optimierungsmodelle Prognoseverfahren
Produktions-Faktorplanung	Layoutplanungsmodelle Instandhaltungsmodelle Investitionsrechnung Portfoliomodelle des Beschaffungsbereichs	Lagerhaltungsmodelle Prognoseverfahren
Produktions-Prozeßplanung	Netzplantechnik Simulationsmodelle	Simulationsmodelle Ablaufplanungsmodelle Netzplantechnik Prioritätsregelheuristiken Losgrößenmodelle

Abbildung 8: Überblick über die Methoden und Modelle des Produktions-Controlling

7.1 Lineare Optimierungsmodelle

Zur Ermittlung des optimalen Produktionsprogramms ist ein lineares Optimierungsmodell bei folgender Problemstruktur als Entscheidungsmodell einsetzbar:

Ausgehend von festgelegten Erzeugnisstrukturen, Produktionsabläufen, Preisen und bekannten Kosten sollen die Produktionsmengen so festgelegt werden, daß sich bei Beachtung der Kapazitätsbeschränkungen ein Produktionsprogramm mit maximalem Deckungsbeitrag ergibt (Haupt/Planer 1994, S. 90).

Ein Lineares Optimierungsmodell besteht aus einer Zielfunktion sowie Nebenbedingungen. Die Zielfunktion ergibt sich aus:

$D = \sum_{j=1}^{n} c_j x_j \Rightarrow \max!$ mit D = Deckungsbeitrag
c_j = Deckungsbeitrag je Mengeneinheit der Produktart j
x_j = Menge der Produktart j

unter Beachtung der Kapazitätsbeschränkungen als Nebenbedingungen:

$\sum_{j=1}^{n} a_{ij} x_j \leq b_i \quad (i = 1,..,m)$ mit a_{ij} = Produktionskoeffizient von Produktart j bezüglich des Inputfaktors i
b_i = verfügbare Kapazität des Inputfaktors i in der Planungsperiode

und $x_j \geq 0$ $(j = 1,..,n)$ als Nichtnegativitätsbedingungen.

Die Lösung dieses einfachen linearen Optimierungsmodells kann mit Hilfe der Simplexmethode bestimmt werden.

Ein Beispiel soll die Problemstellung verdeutlichen: Eine Unternehmung produziert und verkauft zwei Produktarten, die zu ihrer Herstellung jeweils drei Produktionsstufen (Kostenstellen) durchlaufen. Neben Kapazitätsbeschränkungen in den drei Kostenstellen sind absatzmarktbedingte Beschränkungen (Absatzhöchstgrenzen) zu beachten. Dabei gelten die folgenden Daten: Produktart 1 erwirtschaftet einen Deckungsbeitrag /Stück von DM 5,–; Produktart 2 von DM 10,–. Die Zielfunktion sieht also folgendermaßen aus:

$D = 5\,x_1 + 10\,x_2 \Rightarrow \max!$

Die Kapazitätsbeschränkungen belaufen sich in der Kostenstelle A auf 30 000 Minuten, in der Kostenstelle B auf 67 500 Minuten, in der Kostenstelle C auf 28 000 Minuten. Produktart 1 benötigt in der Kostenstelle A 3 min, in der Kostenstelle B 4,5 min und in Kostenstelle C 3,5 min Bearbeitungszeit pro Stück. Produktart 2 beansprucht Kostenstelle A mit 5 min/Stück, Kostenstelle B mit 15 min/Stück und Kostenstelle C mit 2 min/Stück bei der Herstellung. Die von der Marktforschung ermittelten Absatzhöchstgrenzen lauten 7 500 Stück für Produktart 1, 6 500 Stück für Produktart 2.

Die Nebenbedingungen des Linearen Optimierungsmodells werden mathematisch wie folgt ausgedrückt:

$$3\,x_1 + 5\,x_2 \leq 30\,000 \quad \text{für Kostenstelle A}$$
$$4{,}5\,x_1 + 15\,x_2 \leq 67\,500 \quad \text{für Kostenstelle B}$$
$$3{,}5\,x_1 + 2\,x_2 \leq 28\,000 \quad \text{für Kostenstelle C}$$

$$x_1 \leq 7500 \quad \text{als Absatzhöchstgrenze für Produktart 1}$$
$$x_2 \leq 6500 \quad \text{als Absatzhöchstgrenze für Produktart 2}$$

Weiterhin sind die Negativitätsbedingungen $x_1,x_2 \geq 0$ zu beachten.

Anhand der Ausgangsdaten ist unter der Zielsetzung der Deckungsbeitragsmaximierung die optimale Zusammensetzung des Produktionsprogramms zu bestimmen, welche weder die verfügbaren Kapazitäten noch die von der Marktforschung ermittelten Absatzhöchstgrenzen überschreitet. Als optimale Lösung ergibt sich eine Produktions-/Absatzmenge der Produktart 1 von 5000 Stück, der Produktart 2 von 3000 Stück.

Die restriktiven Prämissen des Modells, so besonders die Konstanz der Fertigungskapazitäten, des Fertigungsverfahrens, der Produktionskoeffizienten, der Produktstrukturen und der Deckungsbeiträge lassen sich in Modellerweiterungen der Realität weiter annähern.

Ein umfassendes, komplexes gemischt-ganzzahliges Modell ist von Zäpfel vorgelegt worden. Es umfaßt folgende Einzelfragen (Schweitzer 1994, S. 663):

- Weiterführung oder Aussonderung von Produkten, wobei jedes Produkt in Varianten produziert werden kann,
- Aufnahme oder Nichtaufnahme von Produkten,
- Eigenfertigung oder Fremdbezug,
- Veränderungen von Kapazitäten,
- Berücksichtigung eines Finanzbudgets.

Es handelt sich somit um eine dynamische, sich über mehrere Perioden erstreckende Betrachtungsweise, welche für die taktische Programmplanung konzipiert ist.

7.2 Modelle der Lagerhaltung und der optimalen Losgröße

Die Lagerhaltung dient der Pufferung zwischen verschiedenen betrieblichen Teilbereichen. Das zwischen Beschaffung und Produktion angesiedelte *Eingangs- oder Rohstofflager* dient dem Ausgleich zwischen der Anlieferung von Gütern in Losen und dem kontinuierlichen Bedarf in der Produktion. Die Lagerhaltung kann durch fertigungssynchrone Anlieferung auf den Lieferanten übertragen werden. Die Höhe des Lagerbestandes wird von der Bestellpolitik determiniert. Man unterscheidet verbrauchs- und programmgesteuerte Verfahren der Bestellpolitik (Kistner/Steven 1993, S. 34ff.; vgl. auch Kapitel III »Beschaffungs-Controlling«).

Verbrauchsgesteuerte Verfahren bauen Bestände auf, indem die in der Vergangenheit beobachteten Bedarfsmengen in die Zukunft projiziert und daraus Bestelltermine und Bestellmengen hergeleitet werden. Je nachdem, ob Bestelltermine und/oder -mengen fest oder variabel gestaltet werden, unterscheidet man die folgenden Verfahren:

- bei der *t,S-Politik* wird der Bestellrhythmus von äquidistanten Zeitpunkten *t* vorgegeben, in denen das Lager auf den ebenfalls vorgegebenen Höchstbestand *S* aufgefüllt wird. Die Bestellmenge ist also variabel.
- bei der *s,q-Politik* liegt die jeweils zu bestellende Menge als optimale Bestellmenge *q* fest, während die Zeitpunkte, zu denen eine Bestellung ausgelöst wird, durch das Erreichen eines kritischen Lagerbestandes *s* gekennzeichnet sind. Der Bestellpunkt *s* kann als Sicherheitsbestand zuzüglich der während der Lieferfrist erwarteten Nachfrage bestimmt werden.
- bei der *s,S-Politik* sind weder Bestelltermine noch -mengen fest vorgegeben. Bei Erreichen oder Unterschreiten eines Bestellpunktes wird jeweils eine Bestellung getätigt, die das Lager bis zur Bestellgrenze auffüllt.

Bei *programmgesteuerten Verfahren* werden – ausgehend vom geplanten Produktionsprogramm – die Bedarfsmengen an Rohstoffen und Zwischenprodukten als Grundlage für die Losbildung auf allen Dispositionsstufen ex ante bestimmt (Kistner/Steven 1993, S. 42f.).

In *Zwischenlagern* werden die Erzeugnisse einer Produktionsstufe vor der Bearbeitung in der nächsten gelagert. Diese Puffer bilden sich, wenn die Kapazitäten und die Produktionsgeschwindigkeiten der Stufen nicht vollständig aufeinander abgestimmt sind. Folglich hängt der optimale Lagerbestand der Zwischenlager von der Bestimmung der optimalen

Losgrößen in den Produktionsstufen ab, welche unter Einbezug der Lagerkosten zu emitteln sind (Kistner/Steven 1993, S. 34ff.).

Die im Produktions- und Lagerbereich anfallenden relevanten Kosten lassen sich in folgende Kategorien einteilen (Kistner/Steven 1993, S. 36ff.):

– *Lagerhaltungskosten:*
Allgemeine Fixkosten des Lagers: Kosten für die Einrichtung und Unterhaltung des Lagers, z. B. Miete und Abschreibung für die Lagerräume, Kosten der Lagerverwaltung, Beleuchtungs- und Heizkosten, sofern sie nicht von der Höhe des Lagerbestandes abhängig sind. Diese Kosten sind für die Optimierung der Losgröße jedoch nicht entscheidungsrelevant, sofern keine Engpässe bestehen.
Variable Lagerhaltungskosten: Kosten, die von der gelagerten Menge und der Lagerdauer abhängig sind, z. B. Verzinsung des gebundenen Kapitals, Versicherungsprämien, Kosten aufgrund von Verderb und Schwund. Sie steigen proportional mit dem Lagerbestand und sind für die Bestimmung der optimalen Losgröße relevant.
Losgrößenfixe Kosten: Kosten, die mit jedem Auflagevorgang anfallen und von der Losgröße unabhängig sind, z. B. Rüstkosten für die Einrichtung oder Umstellung von Maschinen, losgrößenfixe Einlagerungskosten.
Fehlmengenkosten: Fehlmengen sind Bedarfsmengen, die nicht aus dem vorhandenen Lagerbestand gedeckt werden können. Fehlmengenkosten fallen also bei einem negativen Lagerbestand an. Kosten für Fehlmengen entstehen aufgrund entgangener Gewinne aus einem Auftrag (Opportunitätskosten), für Fremdbezug oder für Nachlieferungen. Fehlmengenkosten können bei der Bestimmung des Sicherheitsbestandes des Lagers Berücksichtigung finden.

Hohe auflagenfixe Kosten implizieren eine Tendenz zu größeren Losen, während von hohen variablen Lagerhaltungskosten eine Tendenz zu kleineren Losen ausgeht. Um die Gesamtkosten zu minimieren, müssen die beiden gegenläufigen Tendenzen ausgeglichen werden. Es ist jene Losgröße zu bestimmen, bei der die Senkung der auflagenfixen Kosten je Stück durch eine Erhöhung der Losgröße gerade von den zusätzlich anfallenden Lagerhaltungskosten kompensiert wird. Bei einer linearen Lagerhaltungskostenfunktion ist dies die Losgröße, bei der sich die Funktionen der proportionalen Lagerhaltungskosten und der auflagenfixen Kosten pro Stück schneiden.

Es wurden Ansätze zur Berücksichtigung von Fehlmengen bei der Optimierung der Gesamtkosten entwickelt; aufgrund der Schwierigkeit, diese zu bestimmen, begnügt man sich jedoch vielfach mit Fehlmengenzuschlägen.

Den Zusammenhang zwischen Lagerhaltungskosten, auflagenfixen Kosten und der optimalen Losgröße zeigt Abbildung 9 (vgl. zur mathematischen Herleitung der Formel für die Bestimmung der optimalen Losgröße sowie zu Erweiterungen des Modells Schweitzer 1994, S. 682ff.):

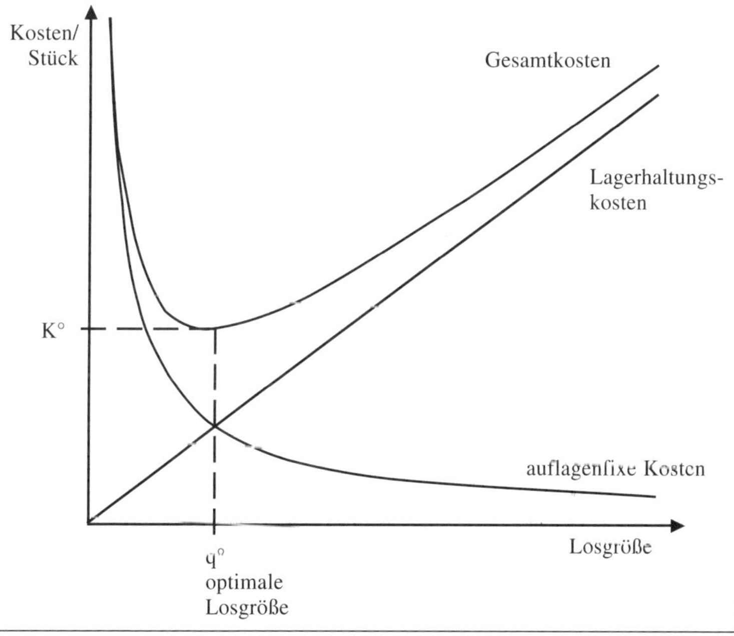

Quelle: Kistner/Steven 1993, S. 39

Abbildung 9: Zusammenhang zwischen Lagerhaltungskosten, auflagenfixen Kosten und optimaler Losgröße

Die vereinfachenden Annahmen dieses Modells, wie beispielsweise die Vernachlässigung von Fehlmengenkosten und Kapazitätsbeschränkungen, die Annahme der Konstanz von Rüst-, Herstell- und Lagerhaltungskosten sowie des Periodenbedarfs, kontinuierliche Lagerentnahme (zu weiteren Prämissen siehe Schweitzer 1994, S. 683f.) können in Modellerweiterungen modifiziert werden.

Im Rahmen der flexiblen Automatisierung ist es ein wichtiges Ziel der rechnergestützten Produktionsplanung- und -steuerung, einen durchgängigen Materialfluß zu gewährleisten und dadurch den Materialbestand im Produktionsprozeß, also insbesondere die Pufferbestände vor und nach den einzelnen Bearbeitungsstationen, zu minimieren. Diese Vorgehensweise muß nicht zu suboptimalen Ergebnissen (Losgrößen) führen, da die Rüstkosten bei solchen Produktionsprozessen eine zunehmend geringere Rolle spielen.

7.3 Methoden der Ablaufplanung

Zu den wichtigsten Methoden der Ablaufplanung zählen die Netzplantechnik und die Prioritätsregelheuristiken.

(1) Netzplantechnik

Die Netzplantechnik ist ein Verfahren zur Analyse, Beschreibung, Planung, Steuerung und Überwachung von Abläufen (vgl. zur Netzplantechnik beispielsweise Franke 1994, S. 135ff., Schweitzer 1994, S. 690ff., Hoitsch 1993, S. 441ff.). Sie dient vor allem der zeitlichen Planung und Überwachung von Projekten in der Einzelproduktion, beispielsweise im Großanlagenbau. Ein Netzplan stellt Abläufe und deren Abhängigkeiten in graphischer oder tabellarischer Form dar, wobei sich unterschiedliche Methoden und Arten von Netzplänen unterscheiden lassen. Die bekanntesten sind CPM (Critical Path Method), PERT (Program Evaluation and Review Technique), MPM (Metra Potential Methode) und GERT (Graphical Evaluation and Review Technique). In der Netzplantechnik lassen sich folgende Planungsabschnitte abgrenzen:

- *Strukturanalyse:* Planung der Ablaufstruktur des Projektes und Abbildung der Projektvorgänge und -ereignisse sowie ihrer wechselseitigen Abhängigkeiten in einem Netzplan.

- *Zeitanalyse:* Planung der Projekttermine und Schätzung von zeitlichen Freiheitsgraden aufgrund geschätzter Vorgangsdauern und der im Netzplan dargestellten Ablaufstruktur.
- *Beschäftigungsplanung:* Planung der Kapazitätsbeanspruchung bei gegebenem Zeitplan sowie Bestimmung einer minimalen Projektdauer bei Kapazitätsbeschränkungen.
- *Kostenplanung:* Prognose der Projektkosten bei gegebenem Zeitplan sowie Bestimmung eines kostenminimalen Projektablaufs.

Bei der Projektüberwachung werden anhand von Plan-Ist-Abweichungen der jeweils aktuelle Projektfortschritt beurteilt und die Planungskorrektur für den noch nicht abgeschlossenen Projektteil aufgrund geänderter Ausgangsdaten und verbesserter Schätzwerte durchgeführt.

(2) Prioritätsregeln

Optimierungsmodelle zur Ablaufplanung, beispielsweise gemischt-ganzzahlige Planungsrechnungen, nichtlineare Planungsrechnungen oder Enumerationsverfahren wie Branch-and-Bound-Verfahren, spielen in der industriellen Praxis keine große Rolle. In der Regel benügt man sich zur Planung der Maschinenbelegungen bzw. der Reihenfolge der Auftragsbearbeitung mit Näherungsmodellen (Modelle ohne Optimierungsanspruch), wozu die Prioritätsregeln zu zählen sind (Schweitzer 1994, S. 699ff.).

Bei der Verwendung von Prioritätsregeln in der Reihenfolgeplanung werden die Zuordnungen von Aufträgen zu Maschinen, von Personal zu Aufträgen oder von Arbeitsgängen zu Personal nach Prioritätskriterien vorgenommen, die im einzelnen unterschiedlich festgelegt werden können.

Prioritätsregeln legen anhand eines Kriteriums für jeden Arbeitsplatz fest, welcher Auftrag als nächster zur Bearbeitung zugelassen wird, sofern mehr als ein Auftrag an diesem Arbeitsplatz auf seine Bearbeitung wartet. Häufig genannte Prioritätsregeln sind z. B.(Kern 1979, Sp. 46):

- *Regel der kürzesten Operationszeit:* Hier wird jeweils derjenige Auftrag vorrangig behandelt, der die betreffende Maschine für die kürzeste Zeit belegt.
- *Regel der höchsten Dringlichkeit:* Hier wird immer derjenige Auf-

trag vorgezogen, bei dem die Differenz zwischen dem Bearbeitungs-Soll-Zeitpunkt und dem aktuellen Kalenderdatum am geringsten ist.
- *Regel der höchsten Kapitalbindung:* Hier wird immer derjenige Auftrag als erster bearbeitet, mit dem die größte Kapitalbindung einhergeht.

Welches Kriterium für ein bestimmtes Unternehmen in einer bestimmten wirtschaftlichen Situation besonders gut geeignet ist, läßt sich nicht allgemein festlegen, sondern muß experimentell, etwa im Rahmen einer Simulation, getestet werden. Im Rahmen eines solchen Tests werden Ablaufprozesse anhand verschiedener Prioritätsregeln wiederholt durchgespielt. Es wird die Prioritätsregel ausgesucht, die den Zielvorstellungen am nächsten kommt. Als Zielvorstellungen, anhand derer Prioritätsregeln getestet werden, kommen in Frage (Schweitzer 1994, S. 700):

- Maximierung der Kapazitätsauslastung,
- Minimierung der Gesamtdurchlaufzeit,
- Minimierung der Lagerkosten,
- Minimierung der Terminabweichungen.

7.4 Simulationsmodelle

Da die Leistungsfähigkeit von Optimierungsalgorithmen bei komplexen Entscheidungssituationen (wie z. B. der Maschinenbelegungsplanung) begrenzt ist, versucht man durch Simulationsmodelle im Rahmen eines systematischen Probierverfahrens zu einer zufriedenstellenden, wenn auch nicht optimalen Lösung zu gelangen. Anhand eines Modells, welches die zu untersuchenden, für die Problemstellung relevanten Ausschnitte der Realität abbildet, kommt man durch gezieltes Experimentieren zu einer Näherungslösung. Ein Simulationsexperiment läßt sich in folgende Schritte gliedern:

- Formulierung des Untersuchungsproblems,
- Formulierung des Simulationsmodells,
- Erstellen eines Computerprogramms des Simulationsmodells,
- Modell- und Programmtests,
- Experimentalläufe (Berechnung von Einzelfällen),
- Analyse und Interpretation der Ergebnisse.

Simulationsexperimente werden in der Fertigungswirtschaft hauptsächlich dazu verwendet, komplexe, interdependente Fragestellungen, die simultan nicht optimiert werden können, zufriedenstellend zu lösen. Vor allem in der *Ablaufplanung* dienen sie zur Lösung von Kapazitäts-, Reihenfolge- und Warteschlangenproblemen und zur Beurteilung von Prioritätsregeln. Aber auch in der *Lagerhaltung* werden sie zunehmend verwendet. Zur Bewertung verschiedener Lagerhaltungspolitiken wird dort untersucht, wie sich die Wahl unterschiedlicher Parameter auf die Kapitalbindung und Lieferbereitschaft auswirkt. Weitere Anwendungsgebiete sind die Festlegung optimaler *Instandhaltungsprogramme,* die Bestimmung eines ergebnisoptimalen *Produktionsprogramms* und Probleme der *Losgrößenplanung* (Kern 1979, Sp. 1858f.).

Der Einsatz von Expertensystemen erlaubt die flexible und unternehmensspezifische Ausrichtung von Simulationsexperimenten.

7.5 Kennzahlensysteme

Kennzahlen sollen komprimiert über einen quantitativ meßbaren Sachverhalt informieren. Über diese Informationsfunktion hinaus übernehmen sie weiterhin Analysefunktionen sowie Vorgabe- und Kontrollfunktionen. Mit geeigneten, ausgewählten Kennzahlen macht das Produktions-Controlling auf die jeweils wichtigsten Entwicklungen aufmerksam und stellt darüber hinaus sicher, daß entsprechende Konsequenzen in der Planung und Steuerung ergriffen werden.

Im Produktions-Controlling werden Kennzahlen als absolute Zahlen (z. B. Bedarf eines Rohstoffs, Bearbeitungszeit eines Auftrags) oder als Verhältniszahlen (z. B. Produktionskoeffizienten, Anteil der Rüstzeit an der Gesamtauftragszeit) verwendet. Inhaltlich unterscheidet man Kennzahlen, die sich auf Mengen-, Zeit- oder Wertgrößen beziehen. Mengengrößen können beispielsweise der Lagerbestand oder die Produktionsmenge sein, zeitgrößenbezogene Kennzahlen z. B. Fertigstellungstermine von Aufträgen oder Durchlaufzeiten, wertbezogene Kennzahlen, z. B. Deckungsbeiträge pro Produktart, Kostenabweichungen oder Lagerhaltungskosten pro Lagereinheit (Troßmann 1994, S. 520ff.).

Im *Planungsprozeß* dienen Kennzahlen zur Problemanalyse, zur Vorstukturierung von Entscheidungsproblemen und zur Vereinfachung der Problemlösung. Indem sie im Rahmen periodischer Betrachtung auf Schwachstellen und unerwünschte Entwicklungen hinweisen, dienen

Kennzahlen als Indikatoren zur Problemerkennung. Die Bildung einer Kennzahlenhierarchie kann die Ursachenanalyse bekannter Probleme unterstützen, in welcher nach Entstehungsgründen für Probleme durch das Aufdeckung von Ursache-Wirkungs-Zusammenhängen gesucht wird. Innerhalb der aufgestellten Hierarchie geht man davon aus, daß die Veränderung untergeordneter Kennzahlen eine Veränderung der übergeordneten Kennzahlen zur Folge hat. Beispielsweise hängt die Arbeitsgang-Durchlaufzeit einerseits von der Arbeitsgang-Übergangszeit (Transportzeit, Vorliege- und Nachliegezeit) und von der Arbeitsgang-Durchführungszeit (Rüstzeit, Bearbeitungszeit) ab. Diese hängen wiederum von untergeordneten Faktoren ab, welche als Erklärung für eine zu hohe Durchlaufzeit herangezogen werden können (Troßmann 1994, S. 527).

Als Kennzahlen zur Vorstrukturierung von Entscheidungsproblemen sind vor allem die innerhalb der ABC-Analyse ermittelten Wert-Mengenanteile zu nennen, welche je nach Ausprägung unterschiedliche Verfahren der Bedarfsprognose sinnvoll erscheinen lassen. Ebenso ist der relative Marktanteil relevant für Produktentscheidungen oder die Umsatzhöhe eines Auftrags für die Entscheidung über die Modalitäten seiner Bearbeitung.

Kennzahlen zur vereinfachten Problemlösung sind beispielsweise Prioritätskennzahlen zur Auftragsreihenfolge- und Maschinenbelegungsplanung, die sich auf Operationszeiten, Engpaßbelastungen, Fristen bis zum zugesagten Liefertermin oder bisherige Herstellkosten stützen. Bei der Bewertung produktionswirtschaftlicher Alternativen dienen Kennzahlen beispielsweise zur (Troßmann 1994, S. 522).

- Beurteilung eines Produktes und einer Produktgruppe, wozu sich beispielsweise produktgruppenbezogene Gesamtkosten oder Deckungsbeiträge eignen,
- Beurteilung von Produktionsverfahren, wofür unter anderem Durchschnittsproduktivitäten, Gesamtkosten-, Deckungsbeitrags- oder Kapitalwertvergleiche in Frage kommen,
- Beurteilung der Leistung von Produktionsbereichen, etwa von erwirtschafteten Gesamtwerten, Kapazitätsauslastungsgraden und Lieferbereitschaftsgraden.

Innerhalb des *Kontrollprozesses* haben Kennzahlen die Funktion einer Vorgabe- und Rückmeldungsinformation zwischen den beteiligten Informationseinheiten. Durch die Vorgabe der Zielgröße in quantitativer Form und die Quantifizierung der Leistung kann mittels eines Soll-Ist-Vergleiches die Zielerreichung beurteilt werden.

Die Kennzahlen des Produktionsbereichs sind Bestandteile des Informationssystems der Produktion. Dieses sollte folgende Kennzahlen, gegliedert nach Kennzahlen auf der Basis von Kosten und Kennzahlen auf der Basis von Mengen und Zeiten, beinhalten:

(1) Kennzahlen auf der Basis von Kosten

Hier sind vor allem Kennzahlen über die einzelnen Komponenten der Gesamtabweichung im Rahmen der Produktionskostenkontrolle anzuführen; sie sind erfaßt für die einzelnen Produktionskostenstellen und Abrechnungsperioden. Diese Kennzahlen sind zweckmäßigerweise kumuliert von Jahresanfang an in absoluten Geldbeträgen sowie in Relativwerten bezogen auf die Soll-Kosten und als Zeitreihen fortgeschrieben auszuweisen:

- Preisabweichung (Produktionsfaktorkontrolle),
- Verbrauchsabweichung,
- Spezialabweichungen: Seriengrößen-, Bedienungsverhältnis-, Intensitäts-, Ausbeutegrad- und Maschinenbelegungsabweichung,
- Kennzahlen zur Beschäftigungsüberwachung (Beschäftigungsabweichung),
- Kennzahlen zur Überwachung ungeplanter Kapazitätsveränderungen (Fixkostenabweichung),
- Kennzahlen zur Auslastungsüberwachung aus der Nutzkosten- und Leerkostenanalyse.

Bei automatisierten und damit kapitalintensiven Produktionsverfahren sind besonders die Kennzahlen zur Beschäftigungsabweichung und zur Auslastungsüberwachung (Nutz- und Leerkostenanalyse) vom Produktions-Controlling laufend zu verfolgen. Da die Fertigungskapazitäten zu einem erheblichen Anteil an Fixkosten führen, die erst mit wachsender Auslastung zu Nutzkosten werden, ist bei einer laufenden Kapazitätsauslastungskontrolle im Rahmen der *Nutz- und Leerkostenanalyse* auf eine möglichst hohe Kapazitätsauslastung zu achten. Ziel ist die Erreichung eines möglichst hohen Nutzkostenanteils und der tendenzielle

Abbau von Leerkosten in Form von Anpassungsentscheidungen im Rahmen eines systematischen Fixkostenmanagement.

Insbesondere bei Anwendung der Grenzplankostenrechnung, die keine fixen Kosten auf die Kostenträger verrechnet und somit auch keine Beschäftigungsabweichung ausweist, ist es erforderlich, die Auslastung der die fixen Kosten verursachenden Potentialfaktoren zu überwachen. Hierzu wird der Unterschied zwischen geplanten fixen Kosten und gedeckten fixen Kosten (fixe Kosten jeder Kostenstelle multipliziert mit dem Ist-Beschäftigungsgrad) ermittelt, welcher der Beschäftigungsabweichung in der Vollkostenrechnung entspricht (Reichmann 1993, S. 274).

(2) Kennzahlen auf der Basis von Mengen und Zeiten

Kostenstellen- und bereichsbezogen werden z. B. folgende mengen- bzw. zeitbezogene Kennzahlen für die Abrechnungsperiode, kumuliert als Zeitreihen fortgeschrieben, ermittelt:

- Arbeitsproduktivität,
- Materialproduktivität,
- Energie-Wirkungsgrad oder -Produktivität,
- Fertigungstiefe,
- Vorratsreichweite,
- Kapitalbindung,
- Lieferzuverlässigkeit,
- Durchlaufzeit,
- Unterhaltsintensität,
- Maschinenstillstand.

Die Erfassung und Bereitstellung von Ist-Mengen- und Zeitdaten erfolgt über die Betriebsdatenerfassung.

7.6 Betriebsunterbrechungs-Risikoanalyse

Der hohe Technisierungs- und Automatisierungsgrad der Fertigungsanlagen erhöht deren Störanfälligkeit. Durch den zunehmenden Produktionsmittel- und Prozeßverbund können Betriebsstörungen bei einem Fertigungsaggregat unter Umständen zu Betriebsunterbrechungen ganzer Betriebsteile führen. Bei einer Betriebsunterbrechnungs-Risikoanalyse sind vom Produktions-Controlling drei Gruppen von Schadensfaktoren zu ermitteln: die von der Betriebsunterbrechung betroffenen Fixkosten, die Unterbrechungskosten und der infolge der Betriebsunterbrechung entgehende Deckungsbeitrag.

Aufgabe des Produktions-Controlling ist es, die Betriebsunterbrechungskosten für unterschiedliche Ausfallwahrscheinlichkeiten einzeln und in ihrer kumulierten Wirkung zu berechnen. Diese sind mit den Kosten der vorbeugenden Strategien wie vorbeugende Instandhaltung, Bildung von Reservelägern, Aufbau von Kapazitäts- und Personalreserven, zur Vermeidung von Betriebsunterbrechungen zu vergleichen (Reichmann 1993, S. 296).

Literatur

Bea, Franz Xaver; Kötzle, Alfred: Grundkonzeptionen der betriebswirtschaftlichen Produktionstheorie. In: WiSt, 4. Jg. (1975), S. 509–513.

Corsten, Hans: Gestaltungsbereiche des Produktionsmanagement. In: Corsten, Hans (Hrsg): Handbuch Produktionsmanagement. Strategie-Führung-Technologie-Schnittstellen. Wiesbaden 1994, S. 5–21.

Franke, Reimund; Zerres, P. Michael: Planungstechniken: Instrumente für zukunftsorientierte Unternehmensführung. 4. Auflage, Frankfurt am Main 1994.

Hahn, Dietger: Ziele des Produktionsmanagement. In: Corsten, Hans (Hrsg): Handbuch Produktionsmanagement. Strategie-Führung-Technologie-Schnittstellen. Wiesbaden 1994, S. 22–49.

Hahn, Dietger; Laßmann, Gert: Produktionswirtschaft – Controlling industrieller Produktion. Band 2: Prozeßplanung, -steuerung und -kontrolle. Heidelberg 1993.

Haupt, Reinhard; Planer, Doris: Aufgaben und Bestimmungsgrößen der Produktionsprogrammgestaltung. In: Corsten, Hans (Hrsg.): Handbuch Produktionsmanagement. Strategie-Führung-Technologie-Schnittstellen. Wiesbaden 1994, S. 75–92.

Hoitsch, Hans-Jörg: Aufgaben und Instrumente des Produktions-Controllings. In: WiSt, 19. Jg. (1990), S. 605–613.

Hoitsch, Hans-Jörg: Produktions-Controlling. Konzepte-Inhalte-Methoden. In: Huch, Burkhard; Behme, Wolfgang; Schimmelpfeng, Katja (Hrsg.): EDV-gestützte Controlling-Praxis. Anwendungen in der Wirtschaft. Frankfurt am Main 1992, S. 52–62.

Hoitsch, Hans-Jörg: Produktions-Controlling im CIM-Konzept. In: CIM-Management, 8. Jg. (1992b), Heft 1, S. 18–25.

Hoitsch, Hans-Jörg: Produktionswirtschaft. 2. Auflage, München 1993.

Hoitsch, Hans-Jörg: Ziele und Aufgaben des Produktions-Controlling. In: Corsten, Hans (Hrsg.): Handbuch Produktionsmanagement. Strategie-Führung-Technologie-Schnittstellen. Wiesbaden 1994, S. 418–437

Kaluza, Bernd: Rahmenentscheidungen zu Kapazität und Flexibilität produktionswirtschaftlicher Systeme. in: Corsten, Hans (Hrsg.): Handbuch Produktionsmagagement. Strategie- Führung- Technologie-Schnittstellen. Wiesbaden 1994, S. 51–72.

Kern, Werner (Hrsg.): Handwörterbuch der Produktionswirtschaft (Enzyklopädie der Betriebswirtschaftslehre; Bd.7). Stuttgart 1979. (Ungekürzte Sonderausgabe 1993).

Kistner, Klaus-Peter; Steven, Marion: Produktionsplanung. 2. Auflage. Heidelberg 1993.

Reichmann, Thomas: Controlling mit Kennzahlen und Managementberichten. 3. Auflage, München 1993.

Schweitzer, Marcell: Industrielle Fertigungswirtschaft. in: Schweitzer, Marcell (Hrsg.): Industriebetriebslehre: das Wirtschaften in Industrieunternehmungen. 2. Auflage, München 1994, S. 569–746.

Schweitzer, Marcell; Küpper, Hans Ulrich: Systeme der Kostenrechnung. 5. Auflage, Landsberg/Lech 1991.

Troßmann, Ernst: Kennzahlen als Instrument des Produktions-Controlling. in: Corsten, Hans (Hrsg.): Handbuch Produktionsmanagement. Strategie – Führung – Technologie-Schnittstellen. Wiesbaden 1994, S. 516–536

Wicharz, Ralf E.: Die Flexibilität industrieller Produktionsplanung und -steuerung. Düsseldorf 1983.

Zäpfel, Günther: Entwicklungsstand und Tendenzen von PPS-Systemen. In: Corsten, Hans (Hrsg.): Handbuch Produktionsmanagement. Strategie – Führung – Technologie-Schnittstellen. Wiesbaden 1994, S. 719–745.

III. Beschaffungs-Controlling

Alfred Kötzle
(unter Mitarbeit von Elisabeth Schwarzburg)

Inhalt

1. Einleitung

In vielen Unternehmen wird die Beschaffung bzw. der Einkauf immer noch als reine Vollzugsaufgabe ohne besonderes Gestaltungspotential gesehen. Da die Beschaffung für die Erreichung der Unternehmensziele jedoch an Bedeutung gewonnen hat, muß der Planung und Kontrolle des Beschaffungsbereichs größere Aufmerksamkeit gewidmet werden.

Zum einen haben der Umfang und die Komplexität der Beschaffungsaufgabe und damit der Koordinationsbedarf zugenommen. Gründe hierfür liegen einerseits in der Entwicklung der Beschaffungsmärkte, welche durch Internationalisierung, Versorgungsengpässe, Umweltschutzauflagen des Staates, Veränderungen bei Produkten und Technologien sowie das Zusammentreffen einer großen Anzahl von Anbietern und Nachfragern gekennzeichnet sind.

Weiterhin ist eine Tendenz zur Verringerung der Eigenfertigungstiefe zu beobachten. Der Anteil der von Lieferanten bezogenen Materialien am Umsatz wächst, es werden in verstärktem Maße nicht nur Rohstoffe, sondern auch Zulieferteile, montagefertige Komponenten und Module von Lieferanten bezogen. Eine Neugestaltung der Beziehung zu Lieferanten in Richtung Kooperation ist die Folge. Lagerlose Logistikkonzepte verstärken die Interdependenzen entlang der Wertschöpfungskette und innerhalb der Unternehmensbereiche und schaffen so weiteren Koodinationsbedarf.

Als Ansatzpunkte für die Gestaltung eines Beschaffungs-Controllingsystems eignen sich alle Schwachpunkte, die in diesem Bereich auftreten. Es sind hier besonders zwei Problembereiche zu nennen: Das erste Problemfeld stellt die Adaption an Veränderungen der Umwelt dar, speziell an Veränderungen des Beschaffungsmarktes. Das zweite Problemfeld betrifft die Koordination zwischen der Beschaffung und anderen Teilbereichen der Unternehmung hinsichtlich Zielen, Aktionen und Ressourcenzuweisungen. In bezug auf die Ziele müssen so etwa abgestimmt werden:

- die Beschaffung mit den materialwirtschaftlichen Gesamtzielen,
- die Beschaffungsziele mit denen anderer Unternehmensbereiche und
- innerhalb des Teilbereichs Beschaffung kostenorientierte Ziele mit den Zielen hinsichtlich des Lieferservice (Flatten 1986, S. 62ff.).

2. Gegenstand und Ziele der Beschaffung

Die Beschaffung ist der Funktionsbereich der Unternehmung, der die Versorgung der Bedarfsträger mit Einsatzgütern sicherstellen soll. Entsprechend der organisatorischen Abgrenzung in der Praxis soll hier eine Eingrenzung der Beschaffungsaufgabe auf die Beschaffung von Material, das heißt von Roh-, Hilfs- und Betriebsstoffen sowie Handelswaren und Halbfabrikaten, vorgenommen werden (Friedl 1990, S. 63f.; Arnolds/ Heege/Tussing 1990, S. 20; Reinschmidt 1989, S. 64ff.).

Die Materialwirtschaft als übergeordneter Funktionsbereich der Beschaffung umfaßt neben dieser auch die Aufgaben der Qualitätssicherung, der Materiallogistik (Materiallagerung und innerbetrieblicher Materialtransport) sowie der Abfallverwertung bzw. -entsorgung. Logistische Tätigkeiten, wie z.B. der Transport zum beschaffenden Unternehmen, die Eingangslagerung und die hierzu notwendigen Umgruppierungen berühren zwar das Aufgabenfeld der Beschaffung, gehören jedoch nicht zum Kernbereich und werden daher nicht ausführlich behandelt.

In zeitlicher Hinsicht läßt sich der Beschaffungsprozeß in folgende Phasen unterteilen (Friedl 1990, S. 64):

- Beschaffungsvorbereitung: Ermittlung und Spezifikation des Beschaffungsbedarfs.
- Beschaffungsanbahnung: Suche nach potentiellen Lieferanten, Einholen von Angeboten, Angebotsanalyse, Lieferantenwahl.
- Beschaffungsabschluß: Vertragsverhandlungen, Vertragsabschluß.
- Beschaffungsrealisation: Überwachung der zeitlichen Vertragserfüllung, Raumüberbrückung zwischen Lieferanten und beschaffender Unternehmung, Warenannahme, Eingangslagerung.

Beschaffungsziele müssen in Zusammenhang mit dem Zielsystem der Materialwirtschaft gesehen werden. Es lassen sich wirtschaftliche, materiale, soziale und ökologische Ziele unterscheiden (Friedl 1990, S. 102ff.; Reinschmidt 1989, S. 73ff.).

Wirtschaftliche Ziele bezeichnen Erfolgs- und Liquiditätsziele. Sie lassen sich spezifizieren in:

- Optimierung der Bezugs-, Bereitstellungs- und Beschaffungsverwaltungskosten,
- Optimierung der Einstandspreise,
- Optimierung der Kapitalbindung im Beschaffungslager,
- Optimierung der Zahlungsbedingungen.

Das oberste *materiale Ziel* ist die Bedarfsdeckung als Sicherstellung der Versorgung der Unternehmung mit Einsatzgütern. Die Sicherung der Lieferbereitschaft und die Sicherung der Materialqualität sind hier als Unterziele zu nennen.

Soziale Ziele knüpfen an den Auswirkungen von Beschaffungsaktivitäten auf Mitarbeiter und Gesellschaft an, etwa bei einer Bevorzugung von Lieferanten aus strukturschwachen Regionen.

Ökologische Ziele können die Schonung knapper Ressourcen oder die Substitution umweltschädlicher Materialien sein.

Zwischen den Zielen der Beschaffung und denen anderer Unternehmensbereiche können Konkurrenzbeziehungen bestehen. So resultieren etwa aus der produktionswirtschaftlichen Forderung nach einem störungsfreien und flexiblen Produktionsprozeß hohe Eingangs- und Zwischenlagerbestände, die absatzwirtschaftliche Forderung nach einer differenzierten Produktpalette führt zu einer Erhöhung der Beschaffungs- und Bereitstellungskosten (Flatten 1986, S. 72).

3. Ziele und Aufgaben des Beschaffungs-Controlling

Ziel des Beschaffungs-Controlling ist, die Entscheidungsträger im Beschaffungsbereich bei der zielorientierten Koordination von Beschaffungsaktivitäten zu unterstützen. Der Schwerpunkt dieser Aufgabe liegt bei der Koordination durch Planung und damit beim Aufbau eines Planungs- und Kontrollsystems für den Beschaffungsbereich, dessen Anpassung an eine sich wandelnde Unternehmensumwelt sowie der laufenden Abstimmung von Aktivitäten im Planungs- und Kontrollprozeß. Verbunden mit diesen Planungs- und Kontrollaufgaben sind Aufgaben der Informationsversorgung.

Innerhalb des Koordinationsziels können bereichsübergreifende und bereichsinterne Koordinationsaufgaben unterschieden werden, wobei die Abstimmung der Beschaffung mit den anderen Unternehmensbereichen Aufgabe des Unternehmens-Controlling ist. Das Beschaffungs-Controlling hat die bereichsinterne Koordination der Beschaffungsentscheidungen sicherzustellen. Einen Überblick über die einzelnen Aufgaben des Beschaffungs-Controlling gibt Abbildung 1.

Das in Abbildung 1 angeführte Aufgabenspektrum umfaßt ausschließlich abgeleitete Planungs- und Kontrollaufgaben. Die ursprünglichen Führungsaufgaben, das heißt die Festlegung der Inhalte der Beschaffungspläne, deren Durchsetzung und Kontrolle, obliegen der Beschaffungsführung. Der Beschaffungs-Controller koordiniert diese Aktivitäten und stellt die erforderlichen Informationen bereit (vgl. Friedl 1990, S. 100f.).

Aufgaben	Teilaufgaben/Methoden/Modelle
1. Aufbau einer Beschaffungs-Controlling-Systemstruktur	
• Erstellen eines Systems für Planung und Kontrolle im Beschaffungsbereich • Erstellen eines Informations-versorgungssystems • Aufbau eines Instrumentenpools für Planung, Kontrolle, Informations-versorgung	– Gestaltung eines Kennzahlen-systems – Gestaltung eines Budgetierungs-systems – Gestaltung einer Kosten- und Leistungsrechnung – Gestaltung eines Berichts-systems
2. Abstimmungstätigkeiten im Rahmen der Beschaffungs-Controlling-System-struktur	
• Unterstützung der Lösung auftretender Probleme unter Anwendung der zur Verfügung stehenden Instrumente • Zurverfügungstellen von Methoden, Modellen und Informationen für auftretende Planungs-, Steuerungs- und Kontrollaufgaben	– Planungsmethoden und -modelle – Kontrollmethoden und -modelle

Abbildung 1: Aufgaben des Beschaffungs-Controlling

Bei den einzelnen Planungs- und Kontrollaufgaben steht neben der Erstellung eines leistungsfähigen Planungs- und Kontrollsystems und der Terminierung der Planungs- und Kontrollarbeiten die Abstimmung der Pläne in zeitlicher und inhaltlicher Sicht im Vordergrund. Zum einen müssen die Beschaffungspläne mit den Plänen anderer Teilbereiche abgestimmt werden (hier besonders dem Produktions- und Absatzbereich; zu beachten sind beispielsweise die kostenmäßigen Auswirkungen von »Make-or-buy«-Entscheidungen oder Qualitätsentscheidungen) und zum anderen den Unternehmenszielen und -strategien entsprechen (Flatten 1986, S. 151f.; Reichmann 1993, S. 257).

Zu den Aufgaben des Beschaffungs-Controlling gehört weiterhin die Bereitstellung von Informationen für den Planungs- und Kontrollprozeß. Der Controller unterstützt die Beschaffungsführung bei der Interpretation und Bewertung der ermittelten Informationen. Zur Verarbeitung der Informationen stellt das Beschaffungs-Controlling geeignete Methoden zur Verfügung.

4. Planungssystem der Beschaffung

Die Beschaffungsplanung ist als Bereichsplanung in die betriebliche Gesamtplanung zu integrieren. Hieraus ergibt sich einerseits die Notwendigkeit zur Berücksichtigung der übergeordneten Unternehmenspolitik, andererseits muß die Beschaffungsplanung wegen wechselseitiger Abhängigkeiten mit den übrigen Teilplänen, insbesondere Absatz-, Produktions- und Finanzplan, abgestimmt werden.

Besonders im Beschaffungsbereich ergibt sich ein Spannungsfeld zwischen betriebsorientierter und marktorientierter Blickrichtung. Die Anforderungen des Produktionsplans sind mit den Möglichkeiten des Beschaffungsmarktes in Einklang zu bringen. Marktliche Erfordernisse, etwa Versorgungsschwierigkeiten, können den Beschaffungsplan zum Engpaßfaktor der Planung machen oder – z. B. zur Erzielung von Mengenrabatten – eine Unabhängigkeit vom Produktionsplan erfordern (Koppelmann 1993, S. 125ff.).

Darüber hinaus beeinflußt das Einkaufsbudget als bewerteter Einkaufsplan die Ausgabenseite des Finanzplans, und zwar um so stärker, je höher der Materialanteil am Umsatz ist. Die Versorgungsleistung ist daher mit den finanziellen Belangen abzustimmen. Bei hohen Zinsen und Liquiditätsbelastungen kann der Finanzplan zum Engpaßplan werden und das Einkaufsbudget beschneiden (Arnolds/Heege/Tussing 1990, S. 43).

Durchgesetzt hat sich die Unterteilung der Planung nach zeitlichem Bezug und Detailliertheit in strategische, taktische und operative Problemfelder.

Besonders die strategische Beschaffungsplanung hat in letzter Zeit an Aufmerksamkeit gewonnen. Sie wird innerhalb der taktisch-/operativen Beschaffungsplanung konkretisiert. Im Vordergrund stehen im folgenden kurz- und mittelfristige Beschaffungsentscheidungen; auf strategische Beschaffungsentscheidungen wird in Abschnitt 8 dieses Beitrages eingegangen.

In der taktisch-operativen Beschaffungsplanung muß hauptsächlich über die Gestaltung der Beschaffungspolitik entschieden werden. Zu planen sind das Beschaffungsprogramm (Programmpolitik), die Art des Bezugs (Bezugspolitik), die Preise und Konditionen (Preis- und Konditionspolitik) und die Kommunikation zu den Beschaffungsmärkten (Kommunikationspolitik).

4.1 Programmpolitik

Die Zusammensetzung des Beschaffungsprogramms muß hinsichtlich Art, Qualität und Quantität termingerecht festgelegt werden. Dementsprechend läßt sich die Programmpolitik in die Produktpolitik (Art der Beschaffungsprodukte), die Qualitätspolitik (Qualität der Beschaffungsprodukte), die Mengenpolitik (Beschaffungsmengen) und die Terminpolitik (Beschaffungszeitpunkte) unterteilen.

(1) Produktpolitik

Die Produktpolitik legt die Zusammensetzung der Art des Beschaffungsprogramms fest. Im Vordergrund stehen hier Entscheidungen über die Wahl zwischen Eigenfertigung und Fremdbezug und über Materialsubstitutionen (Friedl 1990, S. 237ff.).

Planungsgegenstand	**Unterstützende Methoden**	**Notwendige Informationen**
Wahl zwischen Eigenfertigung und Fremdbezug Entscheidung über Materialsubstitutionen	Wertanalyse Kostenvergleichsrechnungen/ Kostenanalysen Nutzwertanalyse	Vorgaben der Produktions-/Absatzabteilung Produktinformationen: technologische, chemische, physikalische Eigenschaften des Produktes Produktänderungen Substitutionsprodukte Verwendung des Produktes Vorstufen des Produktes Informationen über Kapazitäten der Fertigung Kosteninformationen

Abbildung 2: Planungsgegenstände der Produktpolitik

Neben Kostenaspekten geht es bei diesen Entscheidungen auch um die Qualitätssicherung, die Versorgungssicherung, die Liquiditätssicherung und den Ausgleich von Beschäftigungsschwankungen. Einen Überblick über Planungsgegenstände, Methoden sowie die zu beschaffenden Informationen in der Produktpolitik gibt Abbildung 2, S. 97.

Kosteninformationen für den Vergleich zwischen den Alternativen Eigenfertigung und Fremdbezug beziehen sich nur auf die entscheidungsrelevanten Kosten. Dabei ermitteln Kostenanalysen jeweils die Kosten, welche für jede der beiden Alternativen zusätzlich anfallen. Für den Fremdbezug sind dies zu Einstandspreisen bewertete Einzelkosten sowie bereitstellungsvariable Gemeinkosten des Beschaffungsvorgangs, für die Eigenfertigung die variablen Fertigungskosten.

Zu beachten ist, daß bei Vollbeschäftigung eine Entscheidung zugunsten der Eigenfertigung eine Verdrängung anderer Produkte oder Anpassungsmaßnahmen im Sinne von Kapazitätserweiterungen zur Folge haben kann, deren kostenbezogene Wirkungen in die Entscheidung miteinbezogen werden müssen. Da es sich hierbei um Planungen mit längerfristigen Auswirkungen handelt, sind diese in Übereinstimmung mit strategischen Gesichtspunkten bezüglich der Optimierung der Fertigungstiefe zu behandeln.

(2) Qualitätspolitik

Die Entscheidungen über die Materialqualität und über Maßnahmen zur Sicherung der Materialqualität (vgl. Abbildung 3) hängen vor allem von den Qualitätsanforderungen der Absatzprodukte ab. Zur Qualitätsplanung ist somit eine Zusammenarbeit mit der Produktions- und Absatzabteilung notwendig. (Zum Qualitätsaspekt vgl. ausführlicher Teil 2, Kapitel I: »Qualitäts-Controlling«; dort wird auch auf die Methoden der Qualitätsplanung und -sicherung eingegangen.)

(3) Mengen- und Terminpolitik

Im Vordergrund stehen hier die Prognose des zeitlichen und mengenmäßigen Materialbedarfs (vgl Abbildung 4). Durch eine vorgeschaltete ABC-Analyse und die Analyse des Bedarfsverlaufs (XYZ-Analyse) sind die Materialien auszuwählen, für die eine detaillierte Mengen- und Terminplanung zweckmäßig ist (Friedl 1990, S. 254ff.). Meist kommen hierfür nur A-, eventuell aber auch B-Güter in Frage. (Die ABC-/XYZ-Analyse sowie die Prognoseverfahren werden in Abschnitt 7.1 bzw. 7.3 beschrieben.)

Planungs-gegenstand	**Unterstützende Methoden**	**Notwendige Informationen**
Materialqualität Maßnahmen zur Sicherung der Materialqualität	Suche und Auswahl geeigneter Lieferanten Lieferantenbewertung Formulierung zielorientierter Prüf- und Abnahmebedingungen Reklamationen bei Nichterfüllung	Qualität der auf dem Beschaffungsmarkt erhältlichen Materialien Qualitätszuverlässigkeit der Lieferanten Bedeutung der Qualität einzelner Materialarten für die Qualität der Endprodukte Qualitätskosteninformationen

Abbildung 3: Planungsgegenstände der Qualitätspolitik

Planungs-gegenstand	**Unterstützende Methoden**	**Notwendige Informationen**
Bedarfsmengen/ Bedarfstermine	Prognose des Materialbedarfs: – verbrauchsorientierte Prognoseverfahren (mathematisch-statistische Verfahren) – programmorientierte Prognoseverfahren (Ableitung des Bedarfs aus dem Produktions programm)	Verbräuche in der Vergangenheit Produktionsprogramm (Stücklisten, Rezepturen, Teileverwendungsnachweise) Durchlaufzeiten
Bestellmengen/ Bestelltermine	Bestellmengenkalküle Lagerhaltungsmodelle	Lager und Werkstattbestand Bestellobligo Vornotierungen Zusatzbedarf durch Ausschuß Sicherheitsbestand im Lager Kosteninformationen

Abbildung 4: Planungsgegenstände der Mengen- und Terminpolitik

Besonders für A-Güter sind die Bedarfsmengen und -termine regelmäßig zu planen. Wenn der Bedarf über einen längeren Zeitraum und in größeren Mengen auftritt (bei Massen-, Sorten-, Großserienfertigung), ist es sinnvoll, anhand eines Bestellmengenkalküls die Bedarfsmengen in mehrere Bestellmengen aufzuteilen (vgl. zur optimalen Bestellmenge Abschnitt 7.6). Sie werden entweder gemäß den Lagerhaltungsmodellen (vgl. Kapitel II »Produktions-Controlling«) auf Vorrat oder anhand von Sukzessivlieferungsverträgen bedarfssynchron (Just-in-time) beschafft. Für Materialien, die nur unregelmäßig und in kleineren Mengen erforderlich sind, bietet sich eine Einzelbeschaffung im Bedarfsfall an.

4.2 Bezugspolitik

Bei der Entscheidung über den Beschaffungspartner sind vor allem der Beschaffungsweg, die Lieferantenstruktur und die Lieferantenwahl festzulegen. Weiterhin muß über die Bezugsmodalitäten (Vertragsgestaltung) und die Beschaffungslogistik (Transportmodalitäten, Erfüllungsort) entschieden werden (Friedl 1990, S. 264ff.). Abbildung 5 gibt einen Überblick über Planungsgegenstände, Methoden und notwendige Informationen der Bezugspolitik.

Die Entscheidung über die Bezugspolitik ist für jede Materialart zu treffen. Wichtig ist die laufende Überprüfung der Entscheidungen, welche unter Umständen Maßnahmen zur Optimierung der Lieferantenbeziehung notwendig machen kann.

Grundlegend für die Lieferantenwahl und -kontrolle ist ein Lieferantenbewertungssystem , das vom Beschaffungs-Controlling zu erarbeiten ist, sowie ein Entscheidungsmodell. (In Abschnitt 7.6 wird exemplarisch auf ein solches eingegangen.) Die Intensität der Lieferantenauswahl und -kontrollaktivitäten wird je nach Beschaffungssituation sowie Bedeutung von Materialart und Lieferant für die Erreichung der Beschaffungsziele abgestuft. Vorab ist somit zu klären, ob das Material

- einmalig oder längerfristig benötigt wird,
- es sich um ein Spezial- oder Standardprodukt handelt und
- es sich je nach Beschaffungswert um ein A-, B-, oder C-Gut handelt.

Planungsgegenstand	Unterstützende Methoden	Notwendige Informationen
Beschaffungsweg z. B. direkter Bezug vom Hersteller; indirekter Bezug über Marktveranstaltungen oder Beschaffungsmittler *Lieferantenstruktur* Zahl der Lieferanten/ Auftragsspaltung (oder -splitting); räumliche Verteilung der Lieferanten *Lieferantenwahl* Entscheidung für einen Lieferanten *Lieferantenbeziehungen* Dauerhaftigkeit (Stammlieferant, häufiger Lieferantenwechsel); Zusammenarbeit mit dem Lieferanten *Bezugsmodalitäten* Vertragsgestaltung *Beschaffungslogistik* Transportmodalitäten	Kostenvergleichsrechnungen/ Kostenanalysen Lieferantenbewertungssystem Lieferantenkontrollrichtlinien Profilanalyse/ Nutzwertanalyse	Kosteninformationen Lieferantenbeurteilungskriterien sowie Ausprägungen der einzelnen Kriterien bei jedem Lieferanten Informationen über potentielle Lieferanten Bedeutung von Materialart und Lieferant für Beschaffungsziele

Abbildung 5: Planungsgegenstände der Bezugspolitik

Für die Analyse der Bedeutung eines Lieferanten werden Informationen benötigt über

- den Anteil des Lieferanten am Jahresbeschaffungswert,
- Fehlmengenkosten des betreffenden Produktes,
- die Bedeutung der vom Lieferanten zu liefernden Materialart für die Qualität des Endproduktes sowie
- bisherige Erfahrungen mit dem Lieferanten.

4.3 Preis- und Konditionenpolitik

Bei der Preis- und Konditionenpolitik ist über die Art des zu entrichtenden Entgelts, die Höhe des zu zahlenden Preises (Preisobergrenzen für die Beschaffung) und die Beschaffungskonditionen zu entscheiden.

Nicht-monetäre Entgeltleistungen sind vor allem bei Unternehmensverflechtungen (Rückwärtsintegration) sowie Kompensationsgeschäften zu finden. Im Mittelpunkt steht die Festlegung von Richtlinien über die Preishöhe bzw. die Optimierung der Einstandspreise (Friedl 1990, S. 272ff.).

Einen Überblick über Planungsgegenstände, Verfahren und die dazu notwendigen Informationen gibt Abbildung 6.

Planungs-gegenstand	**Unterstützende Methoden**	**Notwendige Informationen**
Art des zu entrichtenden Entgelts Höhe des zu zahlenden Preises Beschaffungs-konditionen	Preisstrukturanalysen Analyse der Lernkurve von Lieferanten Analyse offengelegter Kalkulationen Ermittlung von Preisgrenzen (Festlegung einer Preisobergrenze für die Beschaffung) Analyse des preispolitischen Verhaltens der Anbieter Analyse der Zielwirkungen von Beschaffungskonditionen Kostenanalysen	Preiskalkulationen des Lieferanten Informationen über Kosten und Gewinnbestandteile des Lieferantenpreises Lernkurve des Lieferanten prognostizierte Preisentwicklung beim Lieferanten mögliche Alternativen zur Beschaffung Kosteninformationen Nebenleistungen des Lieferanten und deren Liquiditätswirkungen

Abbildung 6: Planungsgegenstände der Preis- und Konditionenpolitik

Preisobergrenzen lassen sich nur anhand eines Vergleichs mit relevanten Alternativen zur Beschaffung des Einsatzgutes ermitteln. Sie sind vom Beschaffungs-Controlling besonders für A-Artikel zu bestimmen. Hierbei lassen sich kurzfristige und mittelfristige (unter Einbezug der abbaufähigen Fixkosten) Preisgrenzen unterscheiden. Übersteigt der Beschaffungspreis die ermittelte Preisobergrenze, sind eine Faktorsubstitution oder Eigenfertigung zu prüfen, gegebenenfalls auch Maßnahmen der Absatzabteilung (Absatzpreiserhöhung, Herausnahme des Produktes, für welches das Einsatzgut benötigt wird, aus dem Absatz- und Produktionsprogramm) (Reichmann 1993, S. 269).

4.4 Kommunikationspolitik

In der Beschaffungskommunikationspolitik geht es um den Informationsfluß zu/von Beschaffungsmärkten (vgl. Abbildung 7). Informationen zu Struktur und Angebot des Anbietermarktes kommen aus der Beschaffungsmarktforschung, welche die Suche, Sammlung, Aufbereitung und Analyse von Informationen über Beschaffungsmärkte, -güter und -leistungen zur Aufgabe hat. Entsprechende Hinweise können auf Messen und Ausstellungen, durch Anfragen bei Lieferanten, anhand von Auskünften staatlicher und anderer Institutionen sowie von Marktforschungsinstituten, durch Probelieferungen und Erfahrungsaustausch gesammelt werden (Eschenbach 1990, S. 128).

Ebenfalls gehören allgemeine Aspekte der Lieferantenpflege, welche in der Bezugspolitik konkretisiert werden, in den Bereich der Beschaffungskommunikationspolitik.

Planungs-gegenstand	**Unterstützende Methoden**	**Notwendige Informationen**
Gestaltung und Koordination des Informationsflusses zu den Beschaffungs-partnern und den Beschaffungsmärkten	Beschaffungswerbung Beschaffungsförderung Lieferantenpflege	Lieferantendatei mit tatsächlichen und potentiellen Anbietern Struktur des Anbietermarktes Informationen über das Produktangebot des Anbietermarktes

Abbildung 7: Planungsgegenstände der Beschaffungs-Kommunikationspolitik

5. Beschaffungskontrolle

Zweck der Beschaffungskontrolle ist die Überprüfung der Aktivitäten im Beschaffungsbereich, um die Erreichung der Beschaffungsziele sicherzustellen. Durch die Gegenüberstellung von zu prüfenden Größen mit Vergleichsgrößen lassen sich eingetretene bzw. zu erwartende Abweichungen ermitteln. Es lassen sich folgende Arten der Beschaffungskontrolle unterscheiden:

- Ergebniskontrolle: Es handelt sich um eine Gegenüberstellung von Soll- und Ist-Größen zur Ermittlung des realisierten Planerfüllungs- bzw. Zielerreichungsgrades.
- Planfortschrittskontrolle: Hier wird bereits während der Laufzeit des Plans die prognostizierte Zielerreichung mit den Vorgabegrößen verglichen.
- Prämissenkontrolle: Geprüft wird, ob die den Plänen zugrundeliegenden Prämissen noch gelten.
- Meta-Kontrolle: Die Leistungsfähigkeit des Planungs- und Kontrollsystems und der Informationsversorgung wird kontrolliert.

Die Aufgaben des Beschaffungs-Controlling beziehen sich auf die Unterstützung der Beschaffungsführung bei Kontrollaufgaben. Um die koordinierende Wirkung der Beschaffungspläne auf die Beschaffungsaktivitäten sicherzustellen, muß eine ständige Kontrolle der Beschaffungspläne gewährleistet werden. Zudem ist die Bereitstellung von Kontrollinformationen wichtig für die Reaktionsfähigkeit der Beschaffungsführung, so daß rechtzeitig und gezielt Anpassungsmaßnahmen in die Wege geleitet werden können.

Die Komplexität und der Umfang von Kontrollaufgaben hängen stark von der Komplexität der Pläne und damit von der Anzahl der zu kontrollierenden Planbestandteile ab. Diese wird wiederum beeinflußt von der Zahl der Beschaffungsmärkte, der Homogenität des Produktions- und Beschaffungsprogramms und der beschaffungsrelevanten Umweltsituation. Besonders bei dynamischen Beschaffungsmärkten müssen in regelmäßigen, nicht zu langen Abständen Kontrollen durchgeführt werden.

Das Beschaffungs-Controlling ermittelt und präzisiert den für den Kontrollprozeß notwendigen Informationsbedarf und stellt die Informationen zusammen. Der Prozeß der Beschaffungskontrolle läßt sich in folgende Phasen gliedern: (Friedl 1990, S. 180ff.)

- Festlegung des Kontrollproblems:
  - Auswahl der Kontrollobjekte,
  - Festlegung der Kontrollstandards,
  - Bestimmung von Abweichungstoleranzen.
- Feststellung der Abweichungen.
- Abweichungsanalyse.

Zur Auswahl der Kontrollobjekte sind die Ergebnisse der ABC-Analyse hilfreich (vgl. Abschnitt 7.1). Kontrollstandards, wie etwa die Häufigkeit, mit der Lieferverzögerungen von mehr als einem Tag auftreten, bestimmen als Maßeinheit die Basis für die Durchführung des Vergleichs. Bereits während der Beschaffungsplanung muß auf die Festlegung der zugehörigen Kontrollgrößen geachtet werden, um die formale Koordination zwischen Planung und Kontrolle sicherzustellen.

Bei der Bestimmung von Toleranzbereichen muß die Bedeutung der Kontrollobjekte für die Erreichung der Beschaffungsziele zum Ausdruck kommen. Je wichtiger das Kontrollobjekt in bezug auf die Beschaffungsziele ist, desto schmaler sollte der Toleranzbereich ausfallen. Hier sind somit die Ergebnisse der Materialstrukturanalyse (ABC/XYZ-Analyse) miteinzubeziehen.

Wenn die ermittelten Abweichungen außerhalb des Toleranzbereichs liegen, ist eine Abweichungsanalyse durchzuführen. Sie sollte eine detaillierte Aufgliederung der beeinflußbaren Abweichungsursachen und der Wirkungen der analysierten Abweichungen auf die Beschaffungsziele als Voraussetzung für die Erarbeitung gezielter Anpassungsmaßnahmen liefern. Das Beschaffungs-Controlling nimmt die Auflistung denkbarer Anpassungsmaßnahmen vor und schlägt der Beschaffungsführung zweckmäßige Maßnahmen vor. Die Auswahl und Durchführung der Anpassungsmaßnahmen obliegt der Beschaffungsführung (Friedl 1990, S. 183).

6. Beschaffungsinformationssystem

Das Informationssystem der Beschaffung muß auf der einen Seite unternehmensbezogene Daten, auf der anderen Seite Informationen über die Beschaffungsmärkte und Lieferanten beinhalten, wie Abbildung 8 verdeutlicht. Dazu werden zum einen Methoden der Beschaffungsmarktforschung hinzugezogen, zum anderen wird auf eine Lieferantendatei zurückgegriffen, welche das Beschaffungs-Controlling zu entwerfen und aufzubauen hat. Die unternehmensbezogenen Daten kommen aus den anderen Teilbereichen der Unternehmung, besonders aus dem Produktions- und Absatzbereich. Zum Teil findet eine Datenintegration von Produktions- und Beschaffungsinformationen in PPS- (Produktionsplanungs- und -steuerungs-) Systemen statt.

Informationssystem der Beschaffung	
Informationsobjekte	**Informationsquellen**
Unternehmensinformationen Lieferanteninformationen Beschaffungsmarktinformationen	Produktions-, Absatz-, Finanzabteilung Lieferantendatei Beschaffungsmarktforschung

Abbildung 8: Bestandteile eines Informationssystems der Beschaffung

Das Basiskonzept eines computergestützten PPS-Systems besteht aus den in Abbildung 9 aufgeführten Komponenten (Glaser et. al. 1992, S. 2ff.; vgl. auch Kapitel II »Produktions-Controlling«).

1. Grunddatenverwaltung	Kundenstammdaten Lieferantenstammdaten Teilestammdaten Erzeugnisstrukturdaten Arbeitsplatzstammdaten Arbeitsgangstrukturdaten
2. Primärbedarfsplanung	Absatz- und Produktionsprogramm
3. Materialdisposition	Programmgebundene Materialdisposition Verbrauchsgesteuerte Materialdisposition
4. Termindisposition	Durchlaufterminierung Kapazitätsabgleich Verfügbarkeitsprüfung Feinterminierung

Abbildung 9: Komponenten eines PPS-Systems

Kosteninformationen werden aus der betrieblichen Kosten- und Leistungsrechnung abgeleitet.

Die im Planungs- und Kontrollprozeß benötigten Informationen sind mit dem erforderlichen Aktualitäts-, Genauigkeits- und Vollständigkeitsgrad bereitzustellen. Dabei müssen der objektive Informationsbedarf, der aus dem Planungs- und Steuerungprozeß ableitbar ist, der subjektive Informationsbedarf der Beschaffungsführung sowie das Informationsangebot aufeinander abgestimmt werden.

Innerhalb des Planungsprozesses sind Informationen über die Zielwirkungen der Alternativen notwendig. Für den Kontrollprozeß benötigt man die laufende Bereitstellung von Kontrollinformationen und Informationen über die Wirkungen festgestellter Abweichungen auf die Zielerreichung. Zur Sicherung der Reaktionsfähigkeit sind Informationen über erwartete bzw. bereits eingetretene Umweltveränderungen wichtig (Schweitzer/Friedl 1992, S. 149f.).

Da Planung zukunftsgerichtet ist, sind hier besonders Prognoseinformationen relevant. Diese Informationen können auch über Servicestellen wie Beschaffungsmarktforschung, Beschaffungsstatistik, OR-Abteilung bezogen werden, falls diese im Unternehmen vorhanden sind. Der Controller hat jedoch immer noch den Informationsbedarf zu präzisieren, die Service-Stellen zur Deckung des konkretisierten Informationsbedarfs zu veranlassen und die Informationen in adäquater Form der Beschaffungsführung zu übermitteln (Friedl 1990, S. 158).

7. Methoden und Modelle des Beschaffungs-Controlling

Methoden und Modelle stellen das Handwerkszeug dar, anhand dessen die innerhalb der skizzierten Entscheidungsfelder anfallenden Aufgaben zielgemäß erledigt werden können. In Abbildung 10 werden einige der wichtigsten Methoden und Modelle anhand ihrer Bedeutung für die beschriebenen Entscheidungsfelder überblicksartig dargestellt, bevor sie im folgenden kurz charakterisiert werden. Zu beachten ist, daß sich je nach unternehmensspezifischen Gegebenheiten auch ein anderer Stellenwert ergeben kann. Dieses hat das Beschaffungs-Controlling innerhalb seiner Aufgabe der Gestaltung einer Systemstruktur festzustellen und entsprechend geeignete Methoden und Modelle zur Datenauswertung auszuwählen.

7.1 Materialstrukturanalyse

(1) ABC-Analyse

Die ABC-Analyse ist eine Technik zur Erkennung von Schwerpunkten in der Beschaffungsplanung und -kontrolle (vgl. zur ABC-Analyse u. a. Reichmann 1993, S. 261). Indem man die Beschaffungselemente mit

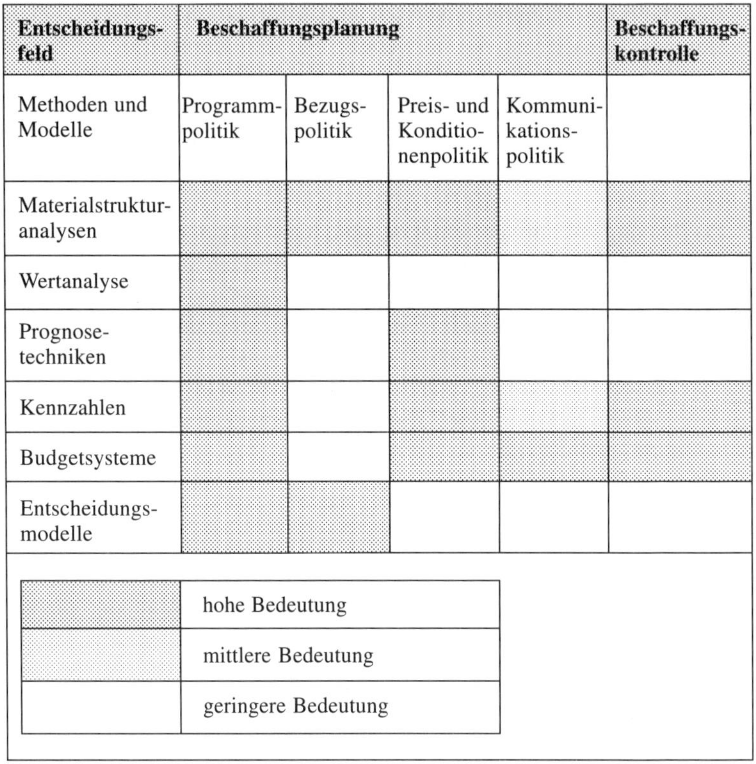

Abbildung 10: Methoden und Modelle des Beschaffungs-Controlling

dem höchsten Wertanteil ermittelt, können Prioritäten für die Planung und Kontrolle gesetzt und dadurch der Planungs- und Kontrollumfang auf ein notwendiges Maß reduziert werden.

Basis des Verfahrens sind empirische Untersuchungen des Mengen-/Wert-Verhältnisses von Materialien. Es zeigt sich häufig, daß auf einen mengenmäßig geringfügigen Anteil der Materialpositionen ein hoher Wertanteil entfällt. Auf diese Materialien ist in der Planung und Kontrolle ein besonderes Augenmerk zu legen. Entsprechend dem Wert-Mengen-Anteil erfolgt eine Gruppenbildung. A-Teile sind die Teile mit hohem Wert- und geringem Mengenanteil, B-Teile weisen dementsprechend mittlere Wert- und Mengenanteile auf und C-Teile verkörpern einen niedrigen Wert-, jedoch einen hohen Mengenanteil (Arnolds/Heege/Tussing 1990, S. 35ff.; Hartmann 1993, S. 142ff.).

Darstellbar ist dieser Sachverhalt in Form eines Balkendiagramms oder in Form einer Summenkurve (Lorenz-Kurve). Eine Materialklassifikation anhand eines Balkendiagramms zeigt Abbildung 11, während eine exemplarische Lorenzkurve in Abbildung 12 dargestellt ist.

Bei den A-Teilen kann wegen ihres hohen Wertanteils eine besonders große Wirkung des Einsatzes beschaffungspolitischer Instrumente erwartet werden. Daher empfiehlt sich eine Konzentration des Aktionspotentials der Beschaffung auf diese Materialien. Beispielsweise sind die Bedarfsanforderungen, die von Lieferanten geforderten Preise und die auf sie entfallende Kapitalbindung besonders aufmerksam zu verfolgen. Eine genaue Bedarfsermittlung mittels programmgesteuerter Verfahren lohnt sich wegen des hohen Aufwandes dementsprechend nur für A-Teile. Auch die Kostenplanung muß für A-Teile besonders sorgfältig erfolgen. C-Teile werden nur pauschal berücksichtigt, bei B-Teilen muß eventuell differenziert werden.

Zu beachten ist jedoch, daß die ABC-Analyse in der hier vorgestellten gängigen Form nur die Teile auswählt, für die Kostenaspekte bedeutsam sind. Aspekte wie z. B. der Kundennutzen oder die Wichtigkeit eines Teils für den reibungslosen Ablauf der Produktion werden hier vernachlässigt und müssen in anderen Analysen ermittelt werden. Es kann sich daraus ergeben, daß auch andere als die A-Teile besonders sorgfältig geplant werden müssen.

(2) XYZ-Analyse

Die XYZ-Analyse erfaßt den Bedarfsverlauf und seine Prognostizierbarkeit. Man unterscheidet folgende Bedarfsverläufe:

- konstanter Verbrauch,
- trendförmiger Verbrauch,
- saisonal schwankender Verbrauch,
- unregelmäßiger Verbrauch.

Dabei weisen die X-Teile einen weitgehend konstanten Verbrauch auf, Y-Teile zeichnen sich durch einen tendenziell steigenden bzw. fallenden oder saisonal schwankenden Verbrauch aus, und Z-Teile lassen kei-

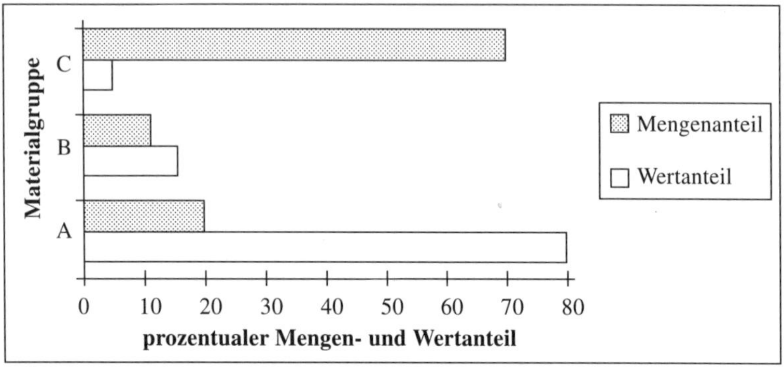

Abbildung 11: Beispielhafte Darstellung der Materialstruktur anhand eines Balkendiagramms

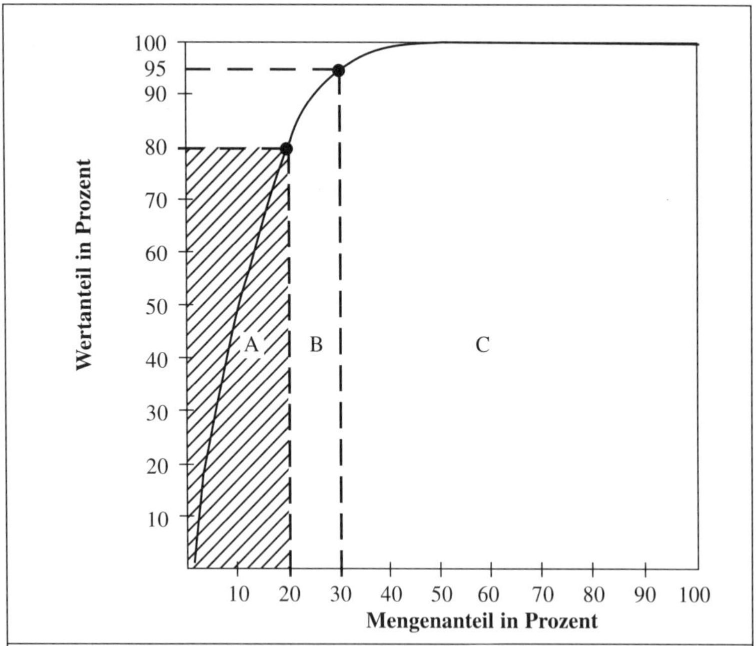

Quelle: Arnolds/Heege/Tussing 1990, S. 37

Abbildung 12: Materialklassifikation anhand der Lorenzkurve

ne Regelmäßigkeiten im Verbrauch erkennen (Hartmann 1993, S. 154ff.). Dies bedeutet, daß die Schwierigkeit der Bedarfsprognose von den X- bis zu den Z-Teilen steigt.

Die Prognosegenauigkeit hängt jedoch nicht nur vom Verbrauchsverlauf, sondern auch vom jeweils verwendeten Prognoseverfahren ab. Da komplexe Prognoseverfahren wie prognoseorientierte Verfahren einen hohen Aufwand in bezug auf Datenbasis, Rechenkapazität und Know-how erfordern, werden sie hauptsächlich bei A-Teilen eingesetzt (vgl. Abschnitt 7.3).

Durch eine Kombination der ABC-Analyse mit der XYZ-Analyse erhält man eine Übersicht über die sinnvollerweise zu verwendenden Prognoseverfahren (Friedl 1990, S. 257):

	X	Y	Z
A	Verbr.	Progr.	Progr.
B	Verbr.	Verbr.	Progr.
C	Verbr.	Verbr.	Verbr.

Verbr.	verbrauchsorientierte Prognose
Progr.	programmorientierte Prognose

Je dunkler das Feld, desto sorgfältiger ist der Bedarf zu planen. Besonders problematisch sind die A/Z-Teile, da bei ihnen ein hoher Verbrauchswert mit hohen Verbrauchsschwankungen zusammenkommt.

7.2 Wertanalyse

Die Wertanalyse wird in der Beschaffung in Zusammenarbeit mit der Fertigung eingesetzt, um Materialien durch andere mit besseren Eigenschaften und/oder günstigeren Preisen zu ersetzen (vgl. zur Wertanalyse z. B. Franke/Zerres 1994, S. 117ff.).

Nicht oder nicht unbedingt erforderliche Funktionen bzw. Teile sollen eliminiert und für die verbleibenden Funktionen nach Möglichkeit kostengünstigere Lösungen gefunden werden, ohne jedoch die Funktionstüchtigkeit des Endproduktes zu beeinträchtigen. Bezogen auf die Beschaffung bedeutet dies, daß nicht mehr die technisch beste (und teuerste) Materialvariante beschafft wird, sondern zu den Funktionen, die erfüllt werden müssen, die preisgünstigsten Beschaffungsmöglichkeiten gesucht werden. Der strenge Zusammenhang zwischen dem Material und der Funktion des Materials wird somit aufgehoben, es stehen nicht mehr bestimmte Materialien oder Teile im Vordergrund, sondern die Aufgaben und Funktionen, die diese zu erfüllen haben und die bereitgestellt werden sollen (vgl. Hartmann 1993, S. 173ff.; zur Vorgehensweise vgl. auch Eschenbach 1990, S. 148ff.).

Wichtig ist die Zusammenarbeit des Beschaffungsbereiches mit der Fertigung, Konstruktion und Entwicklung sowie dem Marketing durch Bildung von Wertanalyse-Teams (Hartmann 1993, S. 175). Auch die Einbeziehung von Lieferanten sollte erwogen werden.

7.3 Prognosetechniken

Quantitative Prognoseverfahren kommen bei der verbrauchsgesteuerten Bedarfsermittlung zum Einsatz, auf die insbesondere zurückzugreifen ist, wenn sich deterministische (programmgesteuerte) Verfahren als nicht sinnvoll erweisen. Dies ist zum Beispiel bei fehlenden Stücklisten oder aufgrund des zu großen Aufwandes (bei C-Teilen) der Fall. Den verbrauchsgesteuerten Verfahren ist gemeinsam, daß der zukünftige Bedarf aus den Verbräuchen der vorangegangenen Perioden ermittelt wird. Grundlegend ist also die Annahme, daß sich der zukünftige Bedarf wie der Verbrauch in der Vergangenheit entwickelt. Voraussetzung für den Einsatz dieses Prognoseverfahrens ist ausreichendes Datenmaterial, das heißt Aufzeichnungen über Verbräuche, welche in der Materialrechnung oder einer Verbrauchsstatistik erfaßt sind.

Abbildung 13 zeigt die üblicherweise verwendeten quantitativen Prognoseverfahren, um den Primärbedarf (Produktionsprogramm, hier besonders die C-Teile) und den Tertiärbedarf (Bedarf an Hilfs- und Betriebsstoffen) zu prognostizieren (Hartmann 1993, S. 258ff.).

Der Sekundärbedarf (Bedarf an Rohstoffen, Einzelteilen und Baugruppen) wird meist mit programmgesteuerten Verfahren errechnet. Eine Ausnahme bilden die C-Teile, deren Bedarf der Einfachheit halber mit verbrauchsgesteuerten Verfahren ermittelt werden kann.

Generell gilt, daß einfachere Verfahren vorzuziehen sind. Sie liefern im Verhältnis zu ihrem doch erheblich geringeren Rechen- und Datenerfassungsaufwand meist nur unwesentlich schlechtere Prognoseergeb-

Mittelwert-bildungen	arithmetischer Mittelwert gleitender Mittelwert gewogener gleitender Mittelwert	bei konstantem Verbrauchs-verlauf
Exponentielle Glättungen	exponentielle Glättung erster Ordnung exponentielle Glättung zweiter Ordnung	bei konstantem Verbrauchs-verlauf bei trendförmigen Verbrauchs-verlauf
Trendexploration		bei trendförmigen Verbrauchs-verlauf

Abbildung 13: Quantitative Prognoseverfahren

nisse. Eine zweckmäßige Vorhersagemethode soll auf Änderungen in der Verbrauchsentwicklung reagieren, gleichzeitig jedoch gegenüber zufälligen Schwankungen eine gewisse Stabilität aufweisen (Hartmann 1993, S. 268).

Bei der Festlegung des Vorhersagezeitraums ist zu beachten, daß der Vorhersagefehler um so größer wird, je weiter sich die Vorhersage in die Zukunft erstreckt. Trends zu weit in die Zukunft zu projizieren ist daher mit gewissen Risiken verbunden. Andererseits darf der Prognosezeitraum (außer im Fall der Auftragsfertigung) nicht zu kurz sein, er sollte wenigstens die Wiederbeschaffungs und Überprüfungszeit beinhalten. Zumindest die gesamte Durchlaufzeit für das Erzeugnis sollte abgedeckt sein.

Auf *subjektive Schätzungen* ist zurückzugreifen, wenn sich statistische Prognoseverfahren als zu aufwendig erweisen (bei Artikeln von geringem Wert und geringen Lagerhaltungskosten) oder diese generell nicht sinnvoll sind (Mode- und Liebhaberartikel) (Hartmann 1993, S. 288f.).

Einen zusammenfassenden Überblick über die Prognoseverfahren und ihre Anwendung gibt Abbildung 14, S. 114.

Qualitative Prognoseverfahren kommen hauptsächlich bei der strategischen Beschaffung zum Einsatz, wenn es gilt, Szenarien oder zukünftige Umweltzustände zu entwickeln. Zu nennen sind z. B. Intuitive Verfahren, Systematisch-analytische Verfahren, Indikatorverfahren, Analogieverfahren, Delphi-Verfahren und Szenario-Verfahren (vgl. zu Planungstechniken Franke/Zerres 1994).

	Mittelwert-bildung	**exponentielle Glättung**	**Trend- bzw. Regressions-analyse**	**Schätzung**
konstanter Verbrauch	+ + +	+ +	- - -	+
trendförmiger oder saisonaler Verbrauch	- - -	+ + +	+ + +	+
unregelmäßiger Verbrauch	- - -	+	- - -	+ +

Abbildung 14: Eignung der Prognoseverfahren für die Verbrauchsverläufe

7.4 Budgetierung

Budgets geben verbindliche und in der Regel in monetären Größen formulierte Plangrößen und Sollergebnisse für einen bestimmten Planungszeitraum und einen bestimmten Verantwortungsbereich vor. Dadurch werden die durch die Planung festgelegten Ziele (als erster Schritt einer Planumsetzung) in Teilzielen konkretisiert. Die verbindlichen Kosten- oder Leistungsvorgaben eines Budgets geben einen einzuhaltenden Handlungsrahmen vor und bilden daher die Grundlage für die Kontrolle der Planumsetzung, für Erfolgsrechnungen und Wirtschaftlichkeitsanalysen. Werden Budgets in Teilbudgets aufgespalten, ergeben sich anhand der spezifizierten Verantwortlichkeiten verbesserte Kontrollmöglichkeiten.

Bei der Festlegung der zeitlichen Reichweite von Budgets wird eine hohe Flexibilität, das heißt eine kurze Geltungsdauer gefordert, da bei häufigen Kontrollen Abweichungen früher erkannt und korrigiert werden können. Wegen des hohen Aufwandes wird jedoch meist ein Jahr veranschlagt.

Funktionen des Beschaffungsbudgets sind somit (Friedl 1990, S. 74):

- Koordination der Beschaffungspläne und -aktivitäten durch Teilzielsetzung,
- Durchsetzung der Beschaffungspläne,
- Beschaffungskontrolle und -steuerung durch Vergleich der Vorgabewerte mit den realisierten Ergebnissen.

Das Beschaffungsbudget wird in der Regel in mehrere Teilbudgets aufgespalten. Dabei beinhaltet das Einkaufsbudget die mit Prognose- oder Standardpreisen bewerteten geplanten Beschaffungsmengen der Periode. Das Beschaffungskostenbudget läßt sich aufteilen in Budgets der Bezugs-, Bereitstellungs-, Beschaffungsverwaltungs- und Beschaffungspersonalkosten (Friedl 1990, S. 78).

- *Bezugskosten* sind Kosten, die bis zur Übernahme des Materials im Eingangslager anfallen, das heißt Kaufkosten (z. B. Kosten für Porto, Telefongebühren, Provisionen etc), Kosten für Transport und Umschlag (Beschaffungs-Logistikkosten) und Kosten der Zahlung.
- *Bereitstellungskosten* sind Kosten, die mit und nach Übernahme der bezogenen Materialien in das Lager bis zu ihrer Verwertung entstehen (Lager- und Kapitalbindungskosten, Kosten der Warenannahme).
- Kosten der *Beschaffungsverwaltung* sind Kosten, welche nicht als Bezugs- oder Bereitstellungskosten anfallen, z. B. anteilige Kosten der vom Beschaffungsbereich genutzten Datenverarbeitungsanlagen.
- *Beschaffungspersonalkosten* können auch als eigenständiges Teilbudget aus dem Beschaffungsbudget ausgegliedert sein.

Die Beschaffungskosten lassen sich weiter untergliedern, z. B. anhand der Zurechenbarkeit auf einzelne Beschaffungsvorgänge oder anhand der Abhängigkeit von der Bestellmenge. Dadurch verbessern sich die Auswertungsmöglichkeiten des Beschaffungsbudgets.

Auch die angeführten Budgets – und hier insbesondere das Budget der Beschaffungsverwaltungskosten – lassen sich weiter differenzieren. Denkbar wäre beispielsweise eine Aufteilung der Kosten auf Teilaktivitäten innerhalb des Beschaffungsbereichs, z. B. auf Bestellungen oder Lieferantenbesuche pro Einkäufer.

Da der Einkauf von Material im Beschaffungsbereich nicht unmittelbar zu Kosten führt, jedoch erheblichen Einfluß auf die Liquiditätslage hat, empfiehlt es sich, zur Liquiditätsplanung neben dem Beschaffungskostenbudget ein Beschaffungsfinanzbudget auf der Basis von Ausgaben aufzustellen. Dieses sollte neben den zu erwartenden Ausgaben für die zu beschaffenden Materialien auch die ausgabenwirksamen Beschaffungskosten enthalten (Friedl 1990, S. 75).

7.5 Kennzahlensysteme

Kennzahlen sind Größen, die einen quantitativ meßbaren Sachverhalt in konzentrierter Form wiedergeben. Sie sollen über relevante Tatbestände und Zusammenhänge in einfacher, verdichteter Form informieren. Kennzahlen treten als Verhältniszahlen oder als absolute Zahlen auf.

Aufgrund der Prägnanz der Repräsentationsform und der Verdichtung von Informationen erlauben Kennzahlen eine Vorstrukturierung der Entscheidungssituation und damit eine Verkürzung des Entscheidungsprozesses, indem sie Führungskräften einen schnellen und umfassenden Überblick über die Lage vermitteln.

Kennzahlen sind in allen Phasen des Planungsprozesses einsetzbar. Besonders hilfreich sind sie für die Kontrolle und Problemerkennung. Durch die Gegenüberstellung von einzelnen Zuständen im Zeitablauf können sie Aufschluß über eine unerwünschte Entwicklung geben. Wenn Planergebnisse in Kennzahlen dokumentiert und somit als Soll-Größen vorgeben sind, kann ein Vergleich der aktuellen Zustände mit den Planvorgaben auf einen Problembereich hinweisen. Kennzahlen erlauben somit eine systematische Überwachung einzelner für die Zielerreichung besonders bedeutsamer Bereiche.

In der Kontrollphase dokumentieren Kennzahlen mögliche Abweichungen. Der Vergleich der quantitativen Ergebnisse von Maßnahmen mit den aus den Plänen abgeleiteten Soll-Werten gibt Aufschluß über den Grad der Zielerreichung. Kennzahlen in der Beschaffung beziehen sich vor allem auf folgende Aufgabenbereiche:

- Verfolgung der Kostenentwicklung besonders der A-Teile,
- Planung und Analyse der Gemeinkosten der Beschaffung,
- Beurteilung und Analyse der Einkaufsleistung,
- Messung der Versorgungsleistung und -sicherung,
- Analyse der Lieferantenstruktur und Lieferantenbewertung,
- Kennzahlen zur Beschaffungslogistik.

Weiterhin lassen sich Kennzahlen zum Einkaufs-Marketing bilden. Ein Kennzahlensystem muß für jedes Unternehmen spezifisch aufgebaut werden. Die Kennzahlen beziehen sich meist auf wirtschaftliche Zielsetzungen (insbesondere im Kosten- und Leistungsbereich), es lassen sich jedoch auch Kennzahlen in bezug auf soziale und ökologische Ziele bilden (entsprechend der Beschaffungsziele in Abschnitt 2). In Abbildung 15 sind einige der gebräuchlichsten Kennzahlen für den Beschaffungsbereich aufgeführt, wobei diese Liste nicht vollständig sein kann, sondern je nach unternehmensspezifischen Gegebenheiten zu modifizieren ist. Die einzelnen Kennzahlen sind im Anhang näher definiert (Grochla et.al. 1983, S. 65ff.; Reinschmidt 1989, S. 220ff.; Arnolds/ Heege/Tussing 1990, S. 335ff.; Koppelmann 1993, S. 344ff.).

Da die Messung der Intensität von Einkaufs-Marketingaktivitäten problematisch ist, sind Kennzahlen für diesen Bereich, wie z. B.

Aufgabenbereich	**Kennzahlen**
Anschaffungskosten	Preise im Zeitvergleich Durchschnittsmarktpreise Einkaufsstandardwerte
Gemeinkosten im Einkauf (vgl. Anhang: Tab. 1)	Kosten des Einkaufs Kosten einer Bestellung Durchschnittlicher Wert einer Bestellung Bestellwert pro 1,– DM Kosten
Versorgungsleistung und -sicherung (vgl. Anhang: Tab. 2)	Beanstandungsquote Terminüberschreitungsquote Nachbearbeitungsquote
Lieferantenstruktur und Lieferantenbewertung (vgl. Anhang: Tab. 3)	durchschnittliche Anzahl der Güterarten pro Lieferant durchschnittliche Lieferzeitabweichungen pro Lieferant Anzahl der Lieferterminüberschreitungen pro Lieferant Rate Einstandspreis Qualitätszuverlässigkeit pro Lieferant Serviceleistungen pro Lieferant
Beschaffungslogistik (vgl. Anhang: Tab. 4)	Lieferbereitschaft (Servicegrad) Reichweite des Lagerbestandes bei durchschnittlichem Verbrauch Lagerhaltungskostensatz Umschlagshäufigkeit

Abbildung 15: Kennzahlen im Beschaffungsbereich

- Preisnachlaßquote,
- Rabattquote,
- Anfragen je Einkäufer,
- Anzahl der Lieferantenbesuche pro Einkäufer

sehr sorgfältig zu interpretieren. Die Kennzahlen in Tabelle 3 (s. Anhang) sind grundlegend für den Aufbau eines Lieferantenbewertungs- und -kontrollsystems.

Ergänzend zu den Kennzahlen in Tabelle 2 (s. Anhang, S. l) können genannt werden:

- Maschinenstillstandszeiten wegen fehlender Teile,
- Produktionsplanänderungen wegen fehlender Teile,
- Anzahl und Höhe der Sonderfrachten, um rechtzeitige Lieferungen zu gewährleisten,
- Anzahl der Eilbestellungen bezogen auf die Gesamtzahl der Bestellungen,
- Anzahl der Bestelländerungen,
- Anzahl überfälliger Bestellungen.

7.6 Entscheidungsmodelle

Hier sollen exemplarisch zwei der wichtigsten Entscheidungsmodelle im Beschaffungsbereich vorgestellt werden, ein Modell zur Bestimmung der optimalen Bestellmenge und ein Modell zur Lieferantenwahl. Diese Auswahl ist jedoch bei weitem nicht vollständig. Besonders die Vorgehensweise bei der Lieferantenwahl läßt sich analog auch auf andere Entscheidungen im Beschaffungsbereich anwenden, beispielsweise zur Bezugswegewahl. Die entsprechenden Vorgehensweisen zur Programmpolitik finden sich in den Beiträgen zum Produktions- und besonders zum Marketing-Controlling (vgl. Kapitel I: Marketing-Controlling und Kapitel II: Produktions-Controlling).

(1) Modell zur Bestimmung der optimalen Bestellmenge

Bei der Bestimmung der optimalen Bestellmenge handelt es sich um ein Losgrößenproblem, da der Bedarf einer Periode auf einzelne Bestellmengen (Losgrößen) aufzuteilen ist. Das Ziel besteht darin, die relevanten Kosten einer Planperiode (z. B. ein Jahr) zu minimieren. Zielfunktion ist somit Kostenminimierung (Arnolds/Heege/Tussing 1990, S. 55ff.). Es gilt jene Bestellmenge als optimal, bei der die Summe aus den fixen und variablen Beschaffungs- sowie Lagerhaltungskosten pro Stück ein Minimum aufweist; gleichzeitig werden somit die Gesamtkosten im Planungszeitraum minimiert. Die wichtigsten fixen und variablen Kosten sind (Grün 1994, S. 492):

- fixe Kosten:
  - Kosten der Bestellung,
  - Kosten der Vertragserfüllung,
  - Kosten der Lagerkapazität,
- variable Kosten:
  - Einstandspreis je Mengeneinheit,
  - Lagerbestandskosten,
  - Lagerdurchlaufkosten.

Graphisch läßt sich der Zusammenhang zwischen fixen und variablen Kosten pro Stück wie in Abbildung 16 aufgeführt darstellen (Arnolds/Heege/Tussing 1990, S. 58).

Die optimale Bestellmenge liegt im Minimum der (aggregierten) Gesamtkostenkurve pro Stück. Dieser Punkt ist gleichzeitig der Schnittpunkt von Lagerhaltungs- und Bestellkostenkurve. Mathematisch erhält man als optimale Bestellmenge x_{opt} (Arnolds/Heege/Tussing 1990, S. 57f.; Grün 1994, S. 492):

$$x_{opt} = \sqrt{\frac{200 \cdot \text{Periodenbedarf} \cdot \text{Bestellfixe Kosten}}{\text{Einstandspreis} \cdot \text{Zins- und Lagerhaltungskostensatz}}}$$

Die optimale Bestellmenge hängt somit von den bestellfixen Kosten, dem Periodenbedarf, dem Einstandspreis sowie den Zins- und Lagerhaltungskosten ab. Dabei läßt sich feststellen, daß die optimale Bestellmenge hoch ist bei:

- hohen bestellfixen Kosten,
- hohem Periodenbedarf,
- niedrigen Lagerhaltungskosten,
- niedrigen Einstandspreisen.

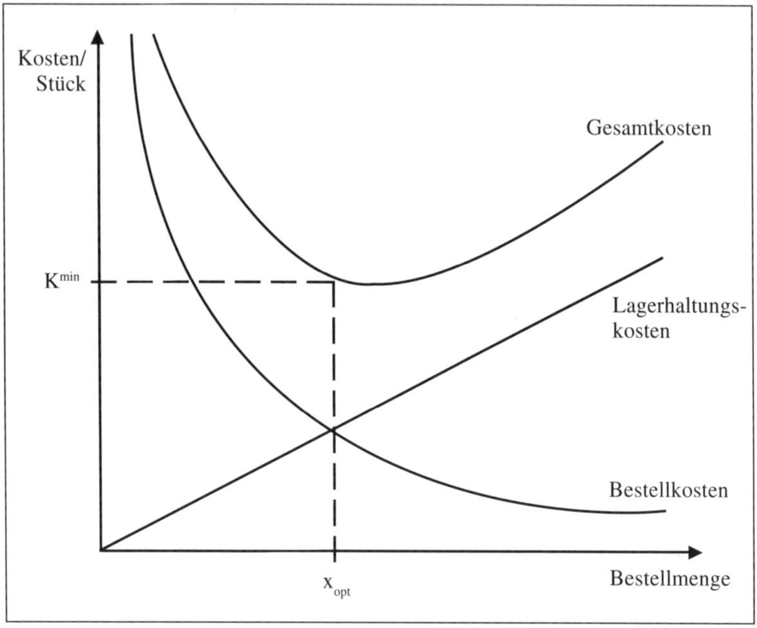

Abbildung 16: Zusammenhang zwischen Lagerhaltungskosten, Bestellkosten und der optimalen Bestellmenge

Die restriktiven Voraussetzungen, unter denen die Formel angewendet werden kann (z. B. Kenntnis des Periodenbedarfs, keine Berücksichtigung von Fehlmengen und Lagerkapazitäten, Konstanz des Bedarfsverlaufs und der Einstandspreise (keine Rabattstaffelung der Preise)) haben zu vielen Modellerweiterungen und Modifikationen geführt (Grün 1994, S. 494).

(2) Entscheidungsmodell zur Lieferantenwahl

Zielkriterien zur Lieferantenwahl beziehen sich auf folgende Faktoren (Eschenbach 1990, S. 179):

- Qualitätszuverlässigkeit/technischer Standard,
- Preise und Konditionen,
- Lieferzuverlässigkeit,

- Liefertreue,
- Nebenleistungen,
- Standort,
- Kooperationsbereitschaft/Entwicklungsmöglichkeiten.

Bei wenigen Lieferanten und wenigen zu berücksichtigenden Kriterien kann man anhand einer Profilanalyse den geeignetsten Lieferanten auswählen (vgl. zur Profilanalyse z.B. Reichmann 1993, S. 260f.). Da jedoch bei einer größeren Kriterien- und Lieferantenanzahl dieses Verfahren zu unübersichtlich wird und somit keine zweckmäßige Entscheidungsgrundlage bietet, empfiehlt sich hier das Modell der Nutzwertanalyse. Mittels dieser Methode lassen sich auch schlecht quantifizierbare Kriterien, wie z.B. Zuverlässigkeit oder Kooperationswilligkeit, in die Entscheidung einbeziehen.

Die einzelnen Lieferanten werden bei dieser Vorgehensweise anhand der vorgegebenen Kriterien mit Punkten oder Noten beurteilt. Zur Operationalisierung dieser Kriterien kann man auf Kennzahlen zurückgreifen (vgl. Abschnitt 7.5 sowie Tabelle 3 im Anhang). Wenn den Kriterien eine unterschiedliche Relevanz zukommt, können sie dementsprechend gewichtet werden. Die gewichteten Punktzahlen werden nun zu einer Gesamtnote des Lieferanten additiv verknüpft, anhand derer sich die Lieferanten vergleichen lassen. Der Lieferant mit der höchsten Gesamtnote ist als der geeignetste auszuwählen (vgl. zur Nutzwertanalyse z.B. Zangemeister 1976, Franke/Zerres 1994).

8. Strategische Beschaffung

Die Dynamik des strategischen Umfeldes und insbesondere auch der Beschaffungsmärkte sowie die zunehmende Bedeutung der Beschaffung als strategischer Erfolgsfaktor erfordern eine strategisch ausgerichtete Beschaffungsplanung. Diese ist in zwei Stufen vorzunehmen.

Zunächst ist zu bestimmen, in welchen strategischen Geschäftsfeldern die Beschaffung von strategischer Bedeutung ist, das heißt strategische Gefährdungen bzw. Chancen für die Unternehmung in sich birgt. In einem zweiten Schritt ist zu überlegen, inwiefern die Unternehmung durch den Aufbau eines spezifischen Kompetenzprofils solche strategischen Gefährdungen abbauen bzw. strategische Chancen nutzen und damit

Erfolgspotentiale in der Beschaffung sichern und aufbauen kann. Erfolgspotentiale können in der Beschaffung beispielsweise aufgebaut werden durch

- den Aufbau von Beschaffungs-Know-how, insbesondere Beschaffungsmarktkenntnissen,
- den Ausbau des Aktionspotentials der Beschaffung (Emanzipation der Beschaffungsabteilung von anderen Unternehmensbereichen),
- die Motivierung und Ausbildung der Mitarbeiter in der Beschaffung,
- die Erhöhung von Marktvolumen und Marktmacht,
- die Förderung des Unternehmensimages im Beschaffungsmarkt und der Beschaffungsabteilung im eigenen Unternehmen sowie
- den Aufbau eines leistungsfähigen Lieferantenstamms.

Auf dieser Grundlage können Strategien herausgefiltert werden, mit deren Hilfe sich die relativen Kompetenzvorteile (= Stärken) der Unternehmung gegenüber ihren Wettbewerbern ausbauen bzw. die relativen Kompetenznachteile abbauen lassen. Diese Strategien beziehen sich vor allem auf die Gestaltung des strategischen Beschaffungsprogramms, die Gestaltung der Interaktionsverhältnisse zwischen Unternehmen und Beschaffungsmarkt und die Qualitätssicherung.

Die Aufgabe des Beschaffungs-Controlling besteht in der Unterstützung der Beschaffungsführung bei der Formulierung und Operationalisierung strategischer Ziele, der Formulierung und Auswahl von Strategien und bei der Kontrolle der Zielerreichung. Hierzu sind Planungs- und Kontrollprozesse zu veranlassen, zu terminieren, formell und terminlich abzustimmen und methodisch zu unterstützen.

Was die methodische Unterstützung betrifft, sind als wichtige Instrumente des strategischen Beschaffungs-Controlling neben der schon angesprochenen Potentialanalyse die ABC-Analyse und vor allem (Beschaffungs-)Portfolio-Analysen anzuführen. Die ABC-Analyse liefert erste Anhaltspunkte über die Materialien, auf die bei der strategischen Planung das Hauptaugenmerk zu legen ist. Als Ergänzung lassen sich hierzu das Material-Klassifikationsportfolio und das Versorgungsrisiko-ABC-Portfolio einsetzen.

Einen Überblick über die bekanntesten Ansätze von Beschaffungs-Portfolios gibt Abbildung 17. Mit ihrer Hilfe sollen die Chancen und Risiken auf den Beschaffungsmärkten analysiert sowie kritische Beschaffungsobjekte, auf die die planerischen Überlegungen zu konzentrieren sind, identifiziert werden.

Typ	**Titel**	**Achsenbezeichnungen**	**zugrundeliegende Ziele**
Klassifikation	Material-Klassifikationsportfolio	Erfolgsbeitrag/ Beschaffungsrisiko	Auswahl strategisch relevanter Materialien, die umfangreich analysiert und geplant werden sollen
Marktstellungsportfolios	Marktmachtportfolio	Stärke des Abnehmers/Stärke des Lieferanten	Abwägen zwischen wirtschaftlicher Versorgung (minimale Kosten) und Versorgungssicherheit
	Einkaufsportfolio	Lieferantenmacht/ Nachfragemacht	Nicht die Ausgewogenheit des Portfolios, sondern Gleichgewicht der Marktpartner ist das Ziel
Risiko-Portfolios	Versorgungsrisiko-Anfälligkeitsmatrix	Anfälligkeit gegenüber Versorgungsstörungen/Gefahr von Versorgungsstörungen	Verfügbarkeit der wichtigsten Materialien soll gesichert werden
	Versorgungsrisiko-ABC-Portfolio	Versorgungsrisiko/ ABC-Ausprägung	Kombination bekannter Ausprägungen der ABC-Analyse
Material-Attraktivitätsportfolio	Beschaffungsportfolio	Beschaffungsmarktattraktivität/ relativer Wettbewerbsvorteil	Gezieltes Verbessern bzw. Nutzen der Wettbewerbsstärke je nach der Entwicklung des Beschaffungsmarktes
Quelle Kunesch 1993, S. 61			

Abbildung 17: Beschaffungs-Portfolio-Ansätze

Beispielhaft herausgegriffen werden soll das Marktmachtportfolio, das auf der Branchenstruktur-Wettbewerbsanalyse von Porter aufbaut.

In einem Marktmachtportfolio werden Normstrategien für alternative Konstellationen der Verteilung von Marktmacht zwischen Lieferanten und (abnehmenden) Unternehmen vorgestellt. Ein Marktmachtportfolio zeigt Abbildung 18 (Eschenbach 1990, S. 40).

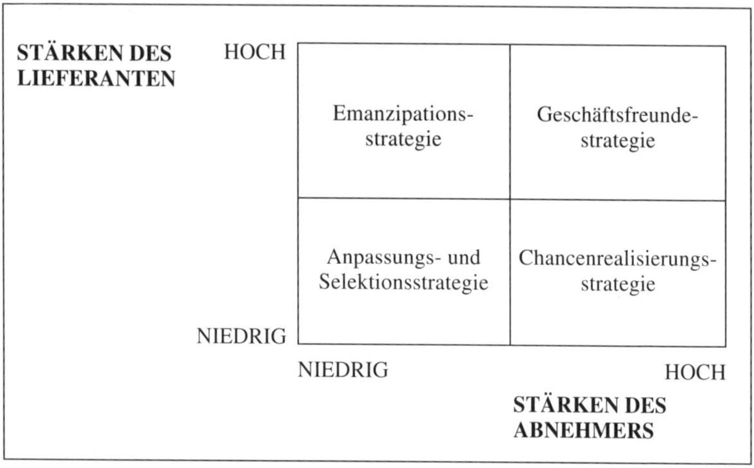

Abbildung 18: Marktmachtportfolio

Gegenüber einem zu starken Lieferanten (in Relation zum Abnehmer) ist beispielsweise eine Emanzipationsstrategie zu verfolgen, welche zum Ziel hat, die Marktmacht des Lieferanten abzubauen und die Position des Abnehmers zu verbessern. Hierbei steht nicht die kurzfristige Kostenminimierung im Mittelpunkt, sondern die langfristige Vergrößerung des Handlungsspielraums gegenüber dem Lieferanten. Diese Strategie könnte etwa umgesetzt werden durch (Eschenbach 1990, S. 41):

- Verstärkung des Wettbewerbs auf dem Beschaffungsmarkt durch Lieferantenentwicklung (z. B. Erleichterung des Markteintritts für kleinere und junge Unternehmen),
- Übergang zur Eigenfertigung,
- Materialsubstitution,
- Stärkung der Marktmacht durch Konzentration der Nachfrage (beispielsweise durch Kooperation mit anderen Abnehmern oder durch

gezielte Normung und Typisierung zum Zwecke der Zusammenfassung bisher zersplitterter Bedarfsmengen),
- Haltung hoher Lagerbestände, um kurzfristige Abhängigkeiten zu vermeiden.

Literatur

Arnolds, Hans; Heege, Franz; Tussing, Werner: Materialwirtschaft und Einkauf. 7. Auflage, Wiesbaden 1990.

Eschenbach, Rolf: Erfolgspotential Materialwirtschaft. München 1990.

Flatten, Ulrich: Controlling in der Materialwirtschaft. Eine explorative Studie in der deutschen Automobilindustrie. Köln 1986.

Franke, Reimund; Zerres, P. Michael: Planungstechniken: Instrumente für zukunftsorientierte Unternehmensführung. 4. Auflage, Frankfurt am Main 1994.

Friedl, Birgit: Grundlagen des Beschaffungscontrolling. Berlin 1990.

Glaser, Horst; Geiger, Werner; Rohde, Volker: PPS – Produktionsplanung und -steuerung. Grundlagen – Konzepte – Anwendungen. 2. Auflage, Wiesbaden 1992.

Grochla, Erwin; Fieten, Robert; Puhlmann, Manfred; Vahle, Manfred: Erfolgsorientierte Materialwirtschaft durch Kennzahlen. Baden-Baden 1983.

Grün, Oskar: Industrielle Materialwirtschaft. In: Schweitzer, Marcell (Hrsg): Industriebetriebslehre. Das Wirtschaften in Industrieunternehmungen. 2. Auflage, München 1994, S. 447–568.

Hartmann, Horst: Materialwirtschaft. 6. Auflage, Stuttgart 1993.

Koppelmann, Udo: Beschaffungsmarketing. Heidelberg 1993.

Kunesch, Hermann: Materialwirtschaftlicher Erfolgsnachweis. Ein Controllingkonzept. Wiesbaden 1993.

Reichmann, Thomas: Controlling mit Kennzahlen und Managementberichten. 3. Auflage, München 1993.

Reinschmidt, Jörg: Beschaffungscontrolling mit Kennzahlensystemen. Bergisch Gladbach 1989.

Schweitzer, Marcell; Friedl, Birgit: Beitrag zu einer umfassenden Controlling-Konzeption. In: Spremann, Klaus; Zur, Eberhard (Hrsg.): Controlling. Wiesbaden 1992, S. 141–167.

Zangemeister, Christof: Nutzwertanalyse in der Systemtechnik. 4. Auflage, München 1976.

Anhang: Ausgewählte Kennzahlen des Beschaffungs-Controlling

Tabelle 1: Kennzahlen zur Analyse der Gemeinkosten im Einkauf

$$\text{Kosten eines Einkaufsvorgangs} = \frac{\text{Kosten des Einkaufs}}{\text{Beschaffungsvolumen}} \quad \text{oder}$$

$$\frac{\text{Kosten des Einkaufs}}{\text{Umsatz}}$$

$$\text{Kosten einer Bestellung} = \frac{\text{Kosten der Beschaffungsabteilung}}{\text{Anzahl der Bestellungen}}$$

$$\text{Durchschnittlicher Wert einer Bestellung} = \frac{\text{Gesamtbestellwert}}{\text{Anzahl der Bestellungen}}$$

$$\text{Bestellwert pro 1,- DM Kosten} = \frac{\text{Gesamtbestellwert}}{\text{Gesamtkosten}}$$

Tabelle 2: Kennzahlen zur Messung der Versorgungsleistung und -sicherung

$$\text{Beanstandungsquote} = \frac{\text{Mängel oder Beanstandungen}}{\text{Anzahl der Wareneingänge}}$$

$$\text{Terminüberschreitungsquote} = \frac{\text{Terminüberschreitungen}}{\text{Anzahl der Eingangspositionen}}$$

$$\text{Nachbearbeitungsquote} = \frac{\text{Nachbearbeitungen}}{\text{Einkaufsvolumen}}$$

Tabelle 3: Kennzahlen zur Analyse der Lieferantenstruktur und zur Lieferantenbewertung

$$\text{durchschnittliche Anzahl der Güterarten je Lieferant} = \frac{\text{Anzahl der Güterarten}}{\text{Anzahl der Lieferanten}}$$

$$\text{durchschnittliche Lieferzeitabweichungen} = \frac{\text{durchschnittliche tatsächliche Lieferzeit}}{\text{durchschnittlich vereinbarte Lieferzeit}}$$

$$\text{Anzahl der Lieferterminüberschreitungen} = \frac{\text{Anzahl der Terminüberschreitungen}}{\text{Anzahl der Lieferungen}}$$

$$\text{Rate Einstandspreis} = \frac{\text{niedrigster Einstandspreis aller Angebote}}{\text{jeweiliger Einstandspreis des einzelnen Angebotes}}$$

$$\text{Qualitätszuverlässigkeit} = \frac{\text{Anzahl der Beanstandungen}}{\text{Anzahl der Lieferungen}}$$

$$\text{Serviceleistungen} = \frac{\text{Zahl fehlender Serviceleistungen}}{\text{Anzahl der angebotenen Serviceleistungen}}$$

Tabelle 4: Kennzahlen zur Beschaffungslogistik

$$\text{Lieferbereitschaft (Servicegrad)} = \frac{\text{Anzahl sofort bedienter Anforderungen}}{\text{Anzahl der Anforderungen}}$$

$$\text{Reichweite des Lagerbestandes bei durchschnittlichem Verbrauch} = \frac{\text{Lagerbestand am Stichtag}}{\text{Verbrauch pro Tag (Woche, Monat)}}$$

$$\text{Lagerhaltungskostensatz} = \frac{\text{Lagerkosten der Periode}}{\text{Lagerbestandswert}} \cdot 100 + \text{kalkulatorischer Zinssatz in \%}$$

$$\text{Umschlagshäufigkeit} = \frac{\text{Verbrauch in der Periode}}{\text{Lagerbestand}}$$

IV. Forschungs- und Entwicklungs-Controlling

Reimund Franke

Inhalt

1. Einführung

Wachstum und Ertragskraft von Unternehmen werden in starkem Umfang geprägt von der Fähigkeit, Innovationen schnell und effizient in marktreife Konzepte umzusetzen. Erfolgreiche Forschungs- und Entwicklungstätigkeit stärkt die Wettbewerbsfähigkeit.

Diese Erkenntnis hat für die Unternehmen schon immer einen hohen Stellenwert gehabt. Angesichts der Globaliserung und Liberalisierung der Märkte haben sich jedoch bedeutsame Veränderungen ergeben, die das Forschungsmanagement vor neue Herausforderungen stellen. Diese Veränderungen können wie folgt gekennzeichnet werden:

- Technologiesprünge finden in immer kürzer werdenden Zeitintervallen statt.
- Produktlebenszyklen verkürzen sich, damit verbunden muß die Produktentwicklung beschleunigt werden.
- Es bestehen hohe Kundenanforderungen hinsichtlich Preis, Qualität und Service.
- Das Umweltbewußtsein wächst stetig.

Insgesamt hat der einschneidende Wandel zu einem hohen Kostendruck selbst bei innovativen Produkten geführt. Die Unternehmen reagieren in der Weise, daß das Geschehen noch konsequenter als bisher am Markt orientiert wird. Die Kundenorientierung erfaßt alle Funktionsbereiche eines Unternehmens, also auch die Forschung und Entwicklung (F&E). Die Aufgabe besteht darin, Produkte effizient zu entwickeln, die in bezug auf Preis und Qualität wettbewerbsfähig sind. Zu diesem Zweck ist es erforderlich, die gesamte Wertschöpfungskette der neuen Produkte von den Lieferanten über die Produktion bis zum Endverbraucher in die Betrachtung einzubeziehen. Dies wird nur gelingen, wenn der F&E-Bereich mit der Beschaffung, der Produktion und dem Marketing eng kooperiert.

Diesen interdisziplinaren, bereichsübergreifenden Prozeß muß das F&E-Controlling koordinierend unterstützen. Es muß die bestehenden Schnittstellen ausfüllen und Synergieeffekte initiieren. Dies geschieht auf der Grundlage eines umfassenden Planungs-, Überwachungs-, Steuerungs- und Informationssystems.

2. Zielvorgaben für den F&E-Bereich

Die Aufgabe von F&E-Abteilungen besteht darin, neue Produkte, Verfahren und Technologien zu entwickeln. Bis zur Vermarktung von neuen Produkten durchläuft der Innovationsprozeß mehrere Stufen. In Abhängigkeit von der Marktnähe der neuen Produkte handelt es sich entweder um Forschungs- oder Entwicklungstätigkeiten. Forschungsaufgaben sind langfristig ausgerichtet, wie z. B. die Suche nach einem neuen Herz-Kreislaufmittel in der pharmazeutischen Industrie. In diesem Sinne ist Forschung ein in hohem Maß innovativer Prozeß mit ungewissem Ausgang. Andererseits sind Entwicklungsaufgaben mittelfristiger bzw. auch kurzfristiger Natur. So ist beispielsweise die Entwicklung eines neuen Automobils eine mittelfristige Aufgabe, während die Entwicklung einer neuen Variante eines Kaffeeautomaten kurzfristig erfolgen kann. Allein schon unter Fristigkeitsgesichtspunkten ist die Entwicklung näher am Marktgeschehen als die Forschung. Darüber hinaus ist Entwicklungstätigkeit besser strukturierbar und tendenziell weniger risikobehaftet als Forschungstätigkeit. Welche Konsequenzen ergeben sich daraus für das Controlling?

Prinzipiell sind F&E-Tätigkeiten vergleichbar mit Investitionen. Der F&E-Bereich konkurriert mit anderen Bereichen um die insgesamt knappen finanziellen Ressourcen. Häufig wird sogar die Frage nach dem

»Make or Buy« von F&E-Leistungen gestellt. Dies alles geschieht vor dem Hintergrund einer konsequenten marktorientierten Ausrichtung aller Unternehmensfunktionen. Es werden gleichsam wettbewerbsähnliche Strukturen in die Unternehmen hineingetragen. Auch der F&E-Bereich kann sich dieser Entwicklung nicht entziehen. In diesem Sinne sind Zielvorgaben für alle F&E-Tätigkeiten erforderlich. Zweckfreie Grundlagenforschung kann dabei unberücksichtigt bleiben, da diese in aller Regel von Unternehmen nicht betrieben wird. Bei genauerer Betrachtung ist jedoch bei der Formulierung der Ziele eine Unterscheidung zwischen »Forschung« und »Entwicklung« erforderlich.

Im betriebwirtschaftlichen Sinn sind exakte, quantifizierbare Zielvorgaben für die Forschung in Form eines strengen Investitionskalküls nicht ableitbar. Üblicherweise wird der Forschung, differenziert nach Tätigkeiten, jährlich ein limitierter Budgetbetrag zur Verfügung gestellt. In welchem Umfang bzw. ob überhaupt Forschung betrieben wird, ist eine strategische Entscheidung. In diesem Sinn wird in mehreren Industriezweigen zwischen forschenden und nicht forschenden Unternehmen unterschieden. Wie könnte nun eine Zielvorgabe für ein forschendes Unternehmen lauten? Zu diesem Zweck wird ein Beispiel aus der pharmazentischen Industrie gewählt. Aufgabe eines Labors der chemischen Forschung ist es, auf der Grundlage eines vorgegebenen Budgets für eine bestimmte Indikationsgruppe circa 100 Substanzen pro Jahr zu synthetisieren, wobei die Trefferquote für wirksame Substanzen möglichst hoch sein soll.

Die vom Marketing für die neuen Produkte zu definierenden Kundenanforderungen im Hinblick auf Preis und Qualität sind eine Vorgabe für die Entwicklungsingenieure. Dies erfordert einen Umdenkprozeß in der Entwicklung, indem das Kostenbewußtsein in viel stärkerem Umfang als bisher eingefordert wird. Wesentlich ist allein folgende Fragestellung: »Was darf ein Produkt unter Berücksichtigung der Kunden- und Wettbewerbssituation maximal kosten?« Die bisherige Fragestellung : «Was wird das Produkt voraussichtlich kosten?« wird den heutigen und erst recht den künftig zu erwartenden Marktverhältnissen nicht mehr gerecht.

Für das Controlling leitet sich daraus die Anforderung ab, die Instrumente »Target Costing« und »Value Engineering« zu implementieren.

Target Costing, oder auch Zielkostenmanagement genannt, leitet die Kosten künftiger Produkte aus den vom Marketing prognostizierten voraussichtlichen Verkaufspreisen ab. Die Zielkosten werden aufgeteilt auf die einzelnen Funktionsbereiche Vertrieb, Produktion, Beschaffung, Forschung und Entwicklung und schließlich heruntergebrochen auf Einzelteile, Baugruppen, Komponenten. Erfahrungsgemäß hat Target Costing seine größte Bedeutung in der Phase des Produktentstehungsprozesses. In der Entwicklung werden circa 70–80 Prozent der Herstellkosten festgelegt. Das mögliche Kostensenkungspotential ist also vergleichsweise groß. Dieses Potential wird mit Hilfe des Instruments Value Engineering (Wertgestaltung), – einer speziellen Ausprägung der Wertanalyse – realisiert (vgl. Abbildung 1).

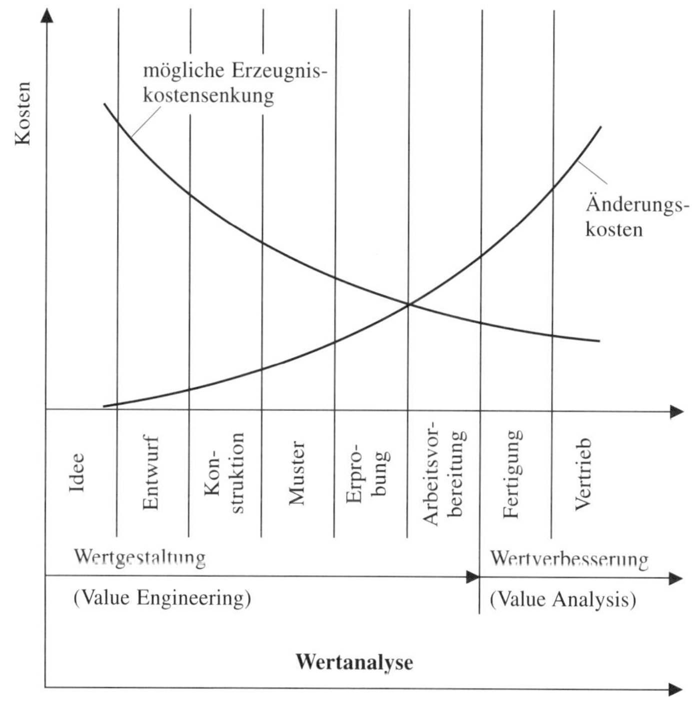

Quelle: VDI 1981, S. 16

Abbildung 1: Erzeugniskostensenkung und Änderungskosten mit fortschreitender Lebenszeit der Produkte; Reichweite der Wertanalyse und der Anwendungsbereiche für Wertgestaltung und Wertverbesserung

Value Engineering ist in gleicher Weise wie Target Costing marktorientiert. Dabei geht es zunächst darum herauszufinden, welche technischen Gebrauchsfunktionen und subjektiv orientierten Geltungsfunktionen der Markt für ein Produkt fordert. Sind die kundenorientierten Funktionen definiert worden, sind diese in eine Produktgestaltung mit niedrigsten Kosten umzusetzen. Dies geschieht uneingeschränkt unter der Bedingung, daß die Wertvorstellung aus der Sicht des Produzenten und des Kunden nicht beeinträchtigt wird (zum Ablauf der Wertanalyse vgl. Franke/Zerres 1994, S. 117ff.).

3. Organisation des F&E-Prozesses

Der F&E-Bereich kann die anspruchsvollen Ziele nur dann in die Tat umsetzen, wenn die erforderlichen Tätigkeiten von einer effizienten Organisation unterstützt werden. Die marktorientierte Ausrichtung aller Unternehmensfunktionen erfordert auch vom F&E-Bereich ein bereichsübergreifendes Denken. Immer noch anzutreffende Bereichsegoismen verzögern die Aktivitäten und verursachen vermeidbare Kosten. Beispielsweise werden bei unzureichender Abstimmung Fehler in der Entwicklung erst in der Produktion erkannt. Dies führt zu Zeitverzögerungen, die nicht nur mit erhöhten Kosten verbunden sind, sondern auch zu geringeren Deckungsbeiträgen führen, da die Markteinführung des neuen Produkts nicht termingemäß erfolgt. Die bestehenden Ursache- und Wirkungszusammenhänge sind nur von einem bereichsübergreifenden F&E-Controlling zu steuern. Schließlich muß der gesamte Produktentstehungsprozeß – von der Produktidee bis zur Marktreife – und der sich anschließende Marktzyklus im Blickfeld des Controllers stehen (vgl. Abbildung 2).

Die Tätigkeit des Controllers wird nur dann erfolgreich sein, wenn die im Unternehmen bestehende Aufbauorganisation von einer Projektorganisation ergänzt wird. Nur dann können die angestrebten F&E-Ziele so reibungslos wie möglich realisiert werden.

Im Rahmen der Projektorganisation wird der Produktentstehungsprozeß bereichsübergreifend in Projekten abgewickelt. Für die Dauer des Projekts, also zeitlich befristet, werden die involvierten Fachbereiche in einem Team unter der Leitung eines Projektmanagers zusammengeführt. Die Aufgabe des Teams besteht darin, das definierte Pro-

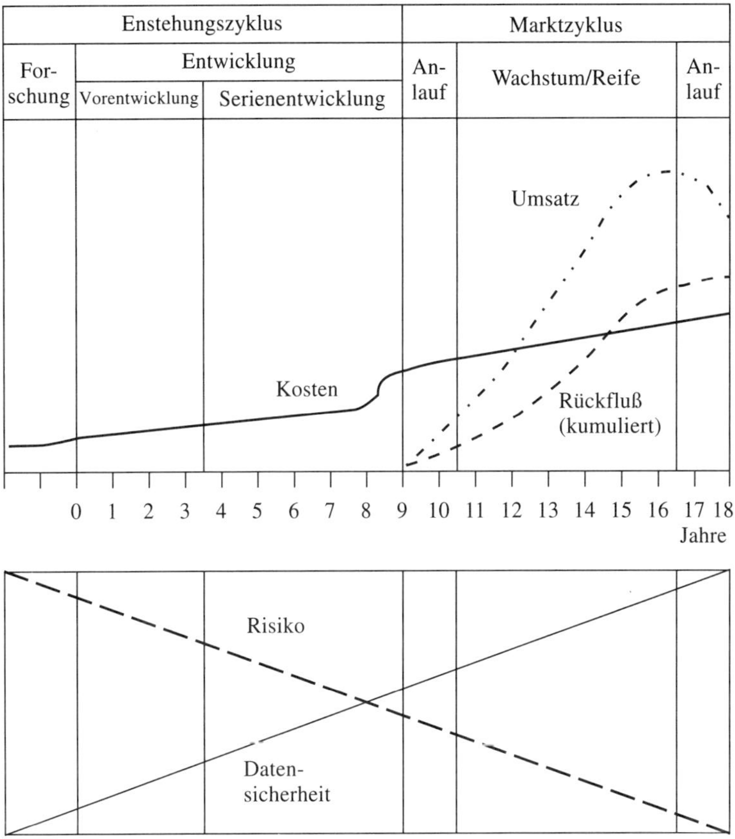

Quelle: Thoma 1989, S. 168

Abbildung 2: Produktentstehungsprozeß

jekt im vorgegeben Kosten- und Zeitrahmen fertigzustellen. Dabei wird dem Projektmanager nicht nur die Verantwortung für die technisch-wissenschaftliche Abwicklung übertragen, er trägt auch die Verantwortung für die Einhaltung der wirtschaftlichen Rahmendaten. Um diese schwierige Aufgabe zu bewältigen, muß der Projektmanager mit ausreichenden Kompetenzen und Vollmachten ausgestattet werden. Einschränkend ist jedoch darauf hinzuweisen, daß der Projektmanager, insbesondere in Unternehmen mit einer großen Anzahl von Projekten, eine Veränderung der bereitgestellten Ressourcen durch eine im Zeitablauf sich verändernde Rangfolge der Prioritäten anerkennen muß. Prioritätsverschiebungen können zu Konflikten führen. Ein weiteres Konfliktpotential besteht zwischen den Projekt- und Fachbereichen. Projektteams beanspruchen Personal der Fachbereiche, das dann für die Erledigung ressortbezogener Aufgabenstellungen nicht zur Verfügung steht.

Zur Lösung der angesprochenen Probleme empfiehlt es sich, ein Entscheidungsgremium zu etablieren. In diesem Gremium sind die Entscheider der involvierten Fachbereiche (insbesondere Marketing, Produktion, Beschaffung, F&E, Controlling) und die Geschäftsleitung vertreten. Die Aufgabenstellung dieses Gremiums ist es,

- kollegial auf ein Gleichgewicht zwischen Fachbereichs- und Projektinteressen hinzuarbeiten und
- über Projekte im Hinblick auf Beginn, Ende und Rangfolge bzw. Intensität der Bearbeitung zu entscheiden.

Ein derartiges Gremium hat sich in der Praxis bewährt, weil es bereichsübergreifend und interdisziplinär besetzt ist sowie über die erforderliche Entscheidungskompetenz verfügt. Die angesprochenen Konfliktpotentiale werden dadurch auf ein Minimum reduziert. Geht man davon aus, daß das Gremium einmal monatlich tagt, kann schnell und unbürokratisch auf sich abzeichnende Änderungen auf den Märkten und/oder innerhalb des Unternehmens reagiert werden. Dies erhöht die Effektivität der Projektbearbeitung.

Die Aufgabe des F&E-Controllers in diesem Gremium besteht darin, qualifizierte Entscheidungshilfen bei folgenden Aspekten bereitzustellen:

- betriebswirtschaftliche Beurteilung der Projekte in den Stadien Beginn, Weiterführung, Ende,
- Mitarbeit bei der Prioritätenfestlegung,
- Prüfung der Eigen- oder Fremdentwicklung in Engpaßsituationen,
- Projektweise Terminverfolgung,
- Budgetüberwachung durch Soll-Ist Vergleiche und daraus abgeleiteter Budgetfortschreibung für die gesamte Projektdauer.

Die Aufgabenstellung des Controllers macht deutlich, daß das Projekt im Vordergrund der Betrachtung steht. Insofern ist eine die gesamte Projektdauer umfassende, mehrperiodische Rechnung gefragt. Die vorhandene Kostenrechnung ist um eine Projektkostenrechnung zu ergänzen. Mit diesem Instrument erfolgt die Planung und Überwachung des projektbezogenen F&E-Budgets. Dies gilt gleichermaßen für Forschungs- wie auch für Entwicklungsbudgets. Geht es andererseits um das Bewerten und Auswählen von Projekten, ist eine unterschiedliche Betrachtung unter Berücksichtigung des Konkretisierungsgrades des jeweiligen Projekts erforderlich. Forschungsprojekte sind mit großen Risiken behaftet, folglich ist die Datenbasis in hohem Maße unsicher. Daher werden zur Beurteilung von Forschungsprojekten qualitative Verfahren, wie z. B. die Nutzwertanalyse, eingesetzt. Entwicklungsprojekte sind näher am Marktgeschehen als Forschungsprojekte. Wenngleich auch hier noch unkalkulierbare Risiken, sowohl aus Marketing- als auch aus F&E-Sicht, bestehen, setzt die Praxis quantitative Verfahren in Form der dynamischen Investitionsrechenmethoden ein. Dem Aspekt der Unsicherheit wird durch Sensitivitätsanalysen und gegebenenfalls durch Risikoanalysen Rechnung getragen. Die vom Target Costing vorgegebenen Zielkosten werden mit einer Ergebnisrechnung überprüft.

4. Planung, Kontrolle und Steuerung von F&E-Projekten

4.1 Planung von F&E-Projekten

Die Planung von F&E-Projekten beginnt mit einer präzisen Projektdefinition. Dazu gehört die Aufstellung des Leistungsverzeichnisses, auch Pflichtenheft genannt. Im übertragenen Sinn handelt es sich um einen Vertrag zwischen Projektleitung und Geschäftsleitung über die zu erbringende Leistung im technisch-wissenschaftlichen Sinn, verbunden mit betriebswirtschaftlichen Anforderungen. Gegenstand des Leistungsverzeichnisses ist vorrangig das Projektziel, eine grobe Aufgabenbeschreibung, getrennt nach Funktionsbereichen (F&E, Marketing, Produktion, Beschaffung), sowie eine Dokumentation bereits vorliegender Erkenntnisse. Die sich an die Projektdefinition anschließende Planung der Projektdurchführung gliedert sich in die Phasen:

- Projektstrukturplan,
- Termin- und Ablaufplanung,
- Kostenplanung.

(1) Projektstrukturplan

Der Projektstrukturplan ist die Gliederung des Projekts in Teilaufgaben (Arbeitspakete). Er ist ein aus mehreren Stufen bestehendes Schema an dessen Spitze das Projektziel steht (vgl. DIN 69 900). Die Summe aller Teilaufgaben ergibt den gesamten Leistungsumfang des Projekts. Aufgrund der Zerlegung des Gesamtprojekts in überschaubare Teileinheiten wird die Komplexität reduziert und Transparenz geschaffen. Dadurch ist es möglich, die Zuständigkeit und die Übertragung der Verantwortung für die Erledigung der Teilaufgaben zu regeln. Im Interesse eines möglichst reibungslosen Ablaufs des Projekts empfiehlt es sich, die Einzeltätigkeiten mit großer Sorgfalt zu beschreiben. Geschieht dies nicht, besteht die Gefahr einer Fehlinterpretation bezüglich des Inhalts einer Teilaufgabe. In aller Regel führt dies zu Terminverschiebungen und Kostenerhöhungen. Eine sorgfältige Bearbeitung des Projektstrukturplans ist also eine lohnende Investition.

(2) Termin- und Ablaufplanung

Im Rahmen der Termin- und Ablaufplanung werden der zeitliche Rahmen eines Projekts abgesteckt und die Einzeltätigkeiten in eine sachlogische Reihenfolge gebracht. Grundlage für die Durchführung der Termin- und Ablaufplanung ist der Projektstrukturplan; als Planungsinstrumente werden Balkendiagramme und die Netzplantechnik verwendet (vgl. im einzelnen Franke/Zerres 1994, S. 135ff.).

Balkendiagramme sind Graphiken, in denen der zeitliche Projektablauf übersichtlich dargestellt wird. Sie sind ohne besondere Vorkenntnisse einfach zu erstellen. Insofern haben Balkendiagramme eine hohe praktische Akzeptanz. Von Nachteil ist jedoch, daß die sachliche Verknüpfung von Teilaufgaben nicht darstellbar ist. Abhängigkeiten und Interdependenzen zwischen den einzelnen Vorgängen werden nicht berücksichtigt. Die angesprochenen Probleme können durch vernetzte Balkendiagramme gelöst werden. Berücksichtigung findet also ein wichtiges Element der Netzplantechnik. Im Interesse der Übersichtlichkeit eignen sich Balkendiagramme in erster Linie für kleinere Projekte. Größere Vorhaben, verbunden mit einem hohen Maß an Komplexität, erfordern den Einsatz der Netzplantechnik.

Die Netzplantechnik zeichnet sich durch eine exakte und lückenlose Abstimmung der verschiedenen Teilaufgaben eines Projekts aus. Die Methode zwingt den Anwender durch ihre Systematik zu einem konsequenten Durchdenken des Projekts. Die zahlreichen Abhängigkeiten, die zwischen den verschiedenen Teilaufgaben bestehen, sind in eine sachlich sinnvolle Struktur zu bringen. Um sicher zu sein, daß alle Abhängigkeiten sachgerecht erfaßt worden sind, empfiehlt es sich, folgende Kontrollfragen zu stellen:

- Welche Tätigkeiten können unabhängig voneinander durchgeführt werden?
- Welche Tätigkeiten können einem bestimmten Vorgang unmittelbar folgen?
- Welche Tätigkeiten müssen abgeschlossen sein, bevor ein bestimmmter Vorgang beginnen kann?

Unabhängig davon, welches Planungsinstrument eingesetzt wird, ist die Qualität der Ergebnisse wesentlich abhängig von der qualifizierten Zeitschätzung für die Einzelaufgaben. Insofern ist die Ermittlung der Zeitdauer je Vorgang mit großer Sorgfalt durchzuführen. Zeitschätzungen sollten nur von kompetenten Fachleuten vorgenommen werden. Erfahrungen aus abgeschlossenen Projekten sollten Berücksichtigung finden.

(3) Kostenplanung

Auf der Grundlage des Projektstrukturplans sowie der Termin- und Ablaufplanung wird der Kostenplan für die einzelnen Projekte erstellt. Dieser Kostenplan erfaßt die Gesamtdauer der einzelnen Projekte, ist also mehrperiodisch ausgerichtet. Um eine Verbindung zum vorhandenen Kostenrechnungssystem herzustellen, erfolgt die Projektkostenplanung unter Abrechnungsgesichtspunkten periodisch unterteilt.

Geplant werden die Kosten für jede einzelne Tätigkeit. Dies ist notwendig, um eine möglichst große Kostentransparenz zu erreichen. Dies ist aber auch erforderlich im Interesse eines aussagefähigen Soll-Ist-

Vergleichs, da klare Zuständigkeiten für die Erledigung von Teilaufgaben bestehen. Die Gesamtkosten eines Projekts erhält man, indem man die Kosten der Einzeltätigkeiten addiert.

Bei der Planung der Projektkosten erfolgt eine Untergliederung in Projekteinzelkosten und Projektgemeinkosten. Einzelkosten sind Kosten, die einem Projekt direkt zugerechnet werden können. Das sind insbesondere Materialkosten und in Auftrag gegebene Fremdleistungen. Gemeinkosten entstehen dadurch, daß Projekte Leistungen von F&E-Kostenstellen in Anspruch nehmen. Da in diesen Kostenstellen die Personalkosten der bestimmende Faktor sind, erfolgt die Verrechnung der Kosten auf Projekte zweckmäßigerweise auf der Grundlage von mitarbeiterbezogenen Verrechnungssätzen und des geplanten Zeitaufwands. Als Zeiteinheit werden die Stunde oder auch der Monat gewählt. Die Verrechnungssätze haben dann die Dimension DM/Std. oder DM/Monat. Im Interesse einer möglichst verursachungsgerechten Verrechnung der Gemeinkosten erfolgt eine Differenzierung der mitarbeiterbezogenen Verrechnungssätze nach Qualifikationsstufen (z. B. Chemiker, Laborant, Hilfskraft).

Mit der Planung der Projektkosten ist die Budgetierungsphase abgeschlossen. Damit ist die Basis für den Entscheidungsprozeß geschaffen worden. Das bereits erwähnte Gremium hat darüber zu befinden, ob ein Projekt begonnen, weitergeführt oder abgebrochen werden soll. Zu diesem Zweck ist ein Projektauswahlverfahren zu konzipieren, das es ermöglicht, unter Beachtung der bekannten bzw. vorhersehbaren Technologie- und Marktentwicklung Prioritäten zu setzen. In diesem Sinn erfolgt eine Projektselektion auf der Grundlage einer technisch-wirtschaftlichen Gesamtbeurteilung. Vor diesem Hintergrund wird verständlich, daß das Entscheidungsgremium interdisziplinär zusammengesetzt sein muß. Der F&E-Controller unterstützt den komplexen Entscheidungsprozeß durch die Bereitstellung wirtschaftlicher Daten. In Abhängigkeit vom Konkretisierungsgrad des jeweiligen Projekts sind Nutzwertanalysen oder Investitionsrechnungen, ergänzt um Ergebnisrechnungen, durchzuführen.

Die Nutzwertanalyse (vgl. im einzelnen Franke/Zerres 1994, S. 175ff.) wird eingesetzt zur Beurteilung von Forschungsprojekten. Der Vorteil dieses Verfahrens besteht darin, daß gleichzeitig mehrere Zielsetzungen (multidimensionales Zielsystem) bei der Entscheidungsfindung berücksichtigt werden können. Die Methode erlaubt es, gleichermaßen wirtschaftliche und technische Ziele in die Betrachtung einzubeziehen. Dabei ist jedoch zu beachten, daß die Rangordnung der einzelnen Ziele durch eine subjektive, personenbezogene Gewichtung erfolgt.

Dieser Sachverhalt hat immer wieder zu kritischen Stellungnahmen geführt. Dennoch kann festgestellt werden, daß die Nutzwertanalyse bei sachgerechter Anwendung von großer praktischer Bedeutung ist.

Investitionsrechnungen, ergänzt um Ergebnisrechnungen, werden eingesetzt zur Beurteilung von Entwicklungsprojekten (Neu- und/oder Weiterentwicklung). Methodisch ergeben sich dabei keine Schwierigkeiten. Da Rentabilitätsüberlegungen unter Beachtung des Risikos im Vordergrund der Betrachtung stehen, werden dynamische Verfahren der Investitionsrechnung (discounted cash flow) eingesetzt, ergänzt um Sensitivitäts- bzw. Risikoanalysen. Ergebnisrechnungen erfolgen auf der Basis von Teilkosten (Deckungsbeitrag) und Vollkosten.

Probleme ergeben sich bei der Fragestellung, wie die projektbezogenen F&E-Kosten in der Investitions- und Ergebnisrechnung berücksichtigt werden. Haben die projektbezogenen F&E-Kosten investiven Charakter? Müssen Produkte von morgen ihre F&E-Kosten verdienen, oder finanzieren die heute im Markt befindlichen Produkte die Erzeugnisse von morgen? In der Literatur wird diese Problemstellung kontrovers diskutiert. Tatsache ist, daß F&E-Leistungen im wesentlichen für zukünftige Produkte erbracht werden, insofern ist der investive Charakter zu bejahen. Fehlsteuerungen werden dadurch weitgehend vermieden. In der Praxis kommt es jedoch immer wieder vor, daß der Abbruch zunächst erfolgversprechender Entwicklungsprojekte Schwierigkeiten bereitet. Dabei wird wie folgt argumentiert: »Für die Fertigstellung des Projekts sind nur noch geringfügige Aufwendungen zu tätigen«. Die bisher angefallenen, unter Umständen hohen Aufwendungen werden abgetan mit der Bemerkung: »Das Geld haben wir bereits verdient«. Dieser Argumentation kann nicht gefolgt werden. Insofern wird hier der Standpunkt vertreten, daß die F&E-Kosten für Entwicklungsprojekte in Investitionsrechnungen wie eine Investitionsausgabe behandelt werden. In Ergebnisrechnungen erfolgt dann eine kalkulatorische Verrechnung, vergleichbar mit der Abschreibung für Sachinvestitionen. Der ZVEI hat ein Formular entwickelt, das den geschilderten Sachverhalt verdeutlicht (vgl. Abbildung 3). Die hier vertretene Auffassung ist natürlich nur anwendbar auf Projekte der Neu- und Weiterentwicklung. Für Forschungsprojekte verbietet sich eine derartige Vorgehensweise, da eine Zurech-

☐ vorläufig		☐ endgültig					
01 Firma	Andere betroffene Gesellschaften:	Ausgabe-Nr.	Datum	Überholt Ausgabe Nr.	Datum	Wirtschaftlichkeitsrechnung Nr.	Produkt-Plan-Nr.
Produktname		Landeswährung				FuE-Vorhaben Nr.	Produktgebiet-Nr.

02 Position		alle früheren Jahre 19..–19..	Vorjahr 19..–19..	Laufendes Jahr 19..	zukünftige Jahre						Summe
					19..	19..	19..	19..	19..	bis zur Beendig. 19..–19..	
Markt	Gesamtmarkt										
	Gesamtumsatz										
	Gesamtauftragseingang										
Produkt-Ergebnis-rechnung	Umsatz										
	Deckungsbeitrag in %										
	Nettoergebnis (G/V)										
	Umsatzrendite										
	Kapitalrendite										
	Gewinnschwelle in Jahren										
Wirtschaft-lichkeits-berechnung	FuE-Kosten										
	Investitionen										
	Cash Über-/Unterdeckung										
	Payback in Jahren										
	Interner Zinsfuß										

03 Wesentliche Meilensteine	Marketing			FuE			Fabrik			Produktende	
	Zustimmung Mktg. Plan	Produkteinführungsdatum	Erste voraussichtl. Lieferung	Entwickl.-vorhaben Beginn	Qualifikationstest	Übergabe an Fabrik	alle Fertigungszeichn. freigegeben	Produktionsbeginn	Produktionsauslieferung	Produktauslauf eingeleitet	Produktauslauf beendet
Datum											

04	Marketing		FuE		Fabrik		Controller		Produktmanagement		Andere	
erstellt von		Datum		Datum		Datum		Datum		Datum		Datum
genehmigt von												

Quelle: ZVEI 1982, S. 81

Abbildung 3: Wirtschaftlichkeistrechnung und Produkt-Ergebnisrechnung

nung auf einzelne Produktgruppen nicht möglich ist. Der finanzielle Rahmen dieser Projekte wird aus der strategischen Planung des Unternehmens abgeleitet.

4.2 Kontrolle und Steuerung von F&E-Projekten

Die Aufgabe des Projektmanagers besteht darin, ein definiertes Projektziel, eine zu erbringende Leistung, unter Beachtung eines vorgegebenen Zeit- und Kostenrahmens zu erreichen. Eine aussagefähige Kontrolle und Steuerung von Projekten setzt eine integrierte Betrachtung von Leistung, Terminen und Kosten voraus. Die isolierte Betrachtung einer der drei Größen führt in aller Regel zu einer nicht optimalen Lösung.

Denkbar ist beispielsweise, daß die zu erbringende Leistung und die bisher angefallenen Kosten dem erreichten Projektstand entsprechen, daß andererseits aber Terminüberschreitungen festzustellen sind. Handelt es sich dabei um die Neuentwicklung eines erfolgversprechenden Produkts mit bereits definiertem Markteintrittsdatum, haben Terminverschiebungen negative wirtschaftliche Konsequenzen. Zur Lösung dieses Problems sind folgende Alternativen zu überprüfen:

- Bereitstellung zusätzlicher F&E-Kapazitäten. Ergeben sich dadurch Engpässe, sind Prioritätsverschiebungen notwendig. Die damit verbundenen Kostenveränderungen sind zu quantifizieren.
- Durchführung einer Fremdentwicklung.

Unabhängig davon, ob der Zeitverlust durch Eigen- oder Fremdentwicklung ausgeglichen wird, wird eine Budgetüberschreitung bei den Kosten die Folge sein. Abschließend ist zu beurteilen, ob die dadurch eintretende Ertragseinbuße bei dem neuen Produkt unternehmerisch zu vertreten ist. Die Investitionsrechnung ist also zu überprüfen.

Das vorgestellte Beispiel stammt aus dem Entwicklungsbereich der Konsumgüterindustrie. Betrachtet man ergänzend ein Beispiel aus dem Forschungsbereich eines pharmazeutischen Unternehmens, so soll dadurch die integrierte Betrachtung von Leistung, Kosten und Terminen unterstrichen werden. Bedingt durch den in diesem Industriezweig hoch innovativen Forschungsprozeß kommt es immer wieder zu folgender Situation:

Ein Forschungsprojekt für ein definiertes Indikationsgebiet hat einen Projektstand erreicht, der gekennzeichnet ist durch planmäßig ablaufende Aktivitäten und Kosten, die sich im Rahmen des vorgegebenen Budgets bewegen. Das Forschungsziel ist aber nur teilweise erreicht worden. Im Rahmen der Tätigkeiten ist jedoch eine wirksame Substanz aus einem anderen Indikationsgebiet gefunden worden. Unter Beachtung der vorhandenen F&E-Kapazitäten und der erwarteten Marktchancen sind jetzt folgende Fragen zu stellen:

- Können beide Projekte mit gleicher Intensität parallel bearbeitet werden?
- Ist eine zeitliche Verschiebung oder möglicherweise auch ein Abbruch des bisher nicht so erfolgreichen Projekts sinnvoll?

In welcher Form kann das F&E-Controlling diesen komplexen Kontroll- und Steuerungsprozeß wirksam unterstützen? In erster Linie besteht der Service in einem aktuellen und empfängerorientierten Berichtssystem. Es ist zu informieren über Zeiten und Kosten. Die Kontrolle des jeweiligen Leistungsstands des Projekts wird vom Projektmanager vorgenommen. Aus den ausführlich dargelegten Gründen ist es zweckmäßig, die Parameter, Leistung, Termine und Kosten in einem Bericht zusammenhängend zu erfassen.

Die Projektüberwachung des F&E-Controllers erfolgt auf zwei Arten:

- Kontrolle während der Realisation des Projekts (Planfortschrittskontrolle),
- Kontrolle nach Abschluß des Projekts (Ergebniskontrolle).

Die Planfortschrittskontrolle wird während der Realisation des Projekts, also projektbegleitend, durchgeführt. Es werden Ist-Zeiten und Ist-Kosten bis zum Berichtszeitpunkt erfaßt und ein »Forecast« bis zum Projektende vorgenommen.Die Planfortschrittskontrolle ermöglicht eine umfassende Projektsicht. Es wird der Gesamtzeitraum des Projekts betrachtet. Dadurch, daß Ist- und Plandaten Berücksichtigung finden, ist diese Kontrollart sowohl vergangenheits- als auch zukunftsorientiert. Zunächst erfolgt ein Soll-Ist-Vergleich und eine Abweichungsanalyse für den Berichtszeitraum. Aufgrund der gewonnenen Erkenntnisse wird darauf aufbauend eine Überarbeitung der Zeiten und Kosten bis zum Projektende veranlaßt. Terminänderungen finden ihren Niederschlag in einem korrigierten Netzplan.

Daran anschließend wird die Kostenplanung unter Beachtung der beschlossenen Maßnahmen überarbeitet. Ein Vergleich mit der ursprünglichen Kostenplanung initiiert möglicherweise weitere Korrekturmaßnahmen.

Nach Abschluß des Projekts wird die Ergebniskontrolle vorgenommen. Sie erfaßt Ist-Zeiten und Ist-Kosten für die Gesamtzeit des Projekts und führt im Sinne einer Abschlußdokumentation einen Soll-Ist-Vergleich mit anschließender Abweichungsanalyse durch. Diese Kontrollart ist ausschließlich vergangenheitsorientiert. Ihre Bedeutung liegt darin, Erkenntnisse für die Planung und den Ablauf zukünftiger Projekte zu gewinnen.

Literatur

Franke, Reimund; Zerres, Michael P.: Planungstechniken. 4. Auflage, Frankfurt/Main 1994.

Madauss, Bernd J.: Handbuch Projektmanagement. 5. Auflage, Stuttgart 1994.

Thoma, Wolfgang: Beurteilung von F&E-Projekten. Möglichkeiten und Grenzen quantitativer Verfahren. In: ((Autor?)) Controlling, 1989, S. 166–171.

Verein Deutscher Ingenieure e.V. (VDI): Wertanalyse. 3. Auflage, Düsseldorf 1981.

Zentralverband Elektrotechnik- und Elektronikindustrie e.V. (ZVEI): Forschungs- und Entwicklungsvorhaben. Frankfurt/Main 1982.

V. Personal-Controlling am Beispiel Bildungs-Controlling

Bernd Glazinski und Lothar Grünewald

Inhalt

1. Personal – Wertvolle Ressource und Produktionsfaktor

Es mag zunächst erstaunen, daß in einer Zusammenstellung von Arbeiten zum Thema Controlling aus dem Bereich Personal-Controlling exemplarisch das Bildungs-Controlling vertieft wird. Es soll damit deutlich werden, wie wesentlich und unverzichtbar Bildungs-Controlling für ein erfolgreiches Unternehmen derzeit ist und in Zukunft noch zunehmend sein wird.

Strategische Faktoren für den unternehmerischen Erfolg liegen heute mehr denn je im technischen Know-how der Produkte (anwendungsorientierte Verbesserung) und dem damit verbundenen effektiven Fertigungsprozeß. Begriffe wie Kosten- und Qualitätsmanagement umfassen die gesamte Wertschöpfungskette und dürfen in einem Unternehmen nicht bloß gedacht und kommuniziert werden, sondern müssen von jedem einzelnen Mitarbeiter gelebt werden.

Die Verwirklichung der strategischen Unternehmensziele und -ideen im operativen Geschäft wird ausschließlich über die Mitarbeiter und deren Umsetzungspotentiale realisiert. Je qualifizierter die Mitarbeiter sind und diese vielfältigen Anforderungen in Angriff nehmen, um so erfolgreicher werden sie diese Ziele umsetzen können. Gerade in Zeiten deregulierter und sich internationalisierender Märkte werden Begriffe wie Qualität, Kreativität und Flexibilität mehr und mehr zu Erfolgsfaktoren. Der Standard der Mitarbeiterqualifikation wird somit zu einem wesentlichen Bestandteil der Wertschöpfungskette im Unternehmen.

Mitarbeiterqualifizierung als Wirkfaktor für den Unternehmenserfolg gewinnt einen Stellenwert, der den traditionellen Faktoren der Unternehmensführung in nichts nachsteht. Die Mitarbeiter stehen in der Summe mit ihrem Know how und der Qualität ihrer Arbeit für das in einem Unternehmen erreichte Maß an Leistung.

Mitarbeiterqualifizierung bezieht sich auf verschiedene Felder, auf die fachliche Qualifikation, auf Arbeitstechniken, auf den Umgang mit Konflikten und Kommunikation sowie auf die Führung von Mitarbeitern. Mitarbeiterqualifizierung als Wertschöpfungsgröße bedeutet daher auch, daß Fortbildung nicht als Weiterbildungstourismus oder bloßes »Incentive« angesehen werden darf. Im Gegenteil: Mitarbeiterqualifizierung stellt an den Mitarbeiter den klar umrissenen Auftrag, sich in den oben genannten Feldern zu verbessern und anschließend die erweiterte Handlungsfähigkeit dem Unternehmen optimal zur Verfügung zu stellen. Um auf diese Weise den Unternehmenserfolg positiv beeinflussen bzw. effektiv steuern zu können, bedarf es neben einer genauen Planung der Bildungsmaßnahmen eben auch eines entsprechenden Controlling. Dieser Bereich, nämlich das Bildungs-Controlling, wurde erst in den letzten Jahren zum Gegenstand von Literatur und Forschung. Dies ist eigentlich eher verwunderlich, da es doch im ureigenen Interesse jedes Unternehmens liegen müßte, herauszufinden, ob und wann eine Maßnahme Nutzen stiftet. Die folgenden Ausführungen basieren auf Erfahrungen, die mit dem Bildungs-Controlling bei der Henkel KGaA gemacht wurden.

2. Bildungs-Controlling – Ein Begriff voller Spannung

2.1 Bildungs-Controlling: Was ist das?

Die Frage, was Bildungs-Controlling eigentlich ist, läßt sich nicht so ohne weiteres beantworten. Bildungs-Controlling ist sicherlich, wie Controlling überhaupt, ein wichtiger Bestandteil der Unternehmensplanung und -steuerung. Der spezifische Gegenstand der Steuerung aber, das Bildungswesen bzw. die Mitarbeiterqualifizierung in Form von Weiterbildungsmaßnahmen, entzieht sich den traditionellen Methoden betriebswirtschaftlichen Denkens. Der Produktionsfaktor Mensch läßt sich eben nicht so einfach dezimal auf mehrere Stellen hinter dem Komma berechnen. Sein Leistungsvermögen, seine Potentiale und Motive sind vielfältig und komplex mit seinem beruflichen, aber auch privaten Umfeld verknüpft.

Die eigentliche Aufgabe des Bildungs-Controlling besteht darin, festzustellen, ob und inwieweit Maßnahmen zur Mitarbeiterqualifikation in einem Unternehmen erfolgreich sind. Aber auch hier bleibt die Frage, was heißt Erfolg, wenn es um Maßnahmen zur Mitarbeiterqualifikation geht. Jeder, der schon einmal ein Seminar besucht hat oder gar eine solche Veranstaltung abgehalten hat, weiß, wie schwer es ist, den Erfolg eines Seminars zu beurteilen. Wenn das Seminar dann als erfolgreich gilt, wenn die Mitarbeiter und Teilnehmer es gut beurteilt haben, kann dies damit gleichbedeutend sein, daß es einen großen Erholungswert bzw. Urlaubscharakter hatte. Wird im Seminar hart gearbeitet, kann dies durchaus zur Folge haben, daß die Teilnehmer dieses Seminar weniger gut beurteilen. Es ist jedoch nicht nur das Seminar selbst, sondern insbesondere das hieraus resultierende Verhalten der Teilnehmer im Unternehmen, bei ihrer Arbeit vor Ort, das den Erfolg der Maßnahme beschreibt. Wie aber läßt sich feststellen, welchen Einfluß das Seminar auf die tägliche Arbeit der Teilnehmer tatsächlich hat? Welche Meßgrößen können hierfür herangezogen werden? Ist es die Effizienz des Mitarbeiters, die Qualität seiner Arbeit, die quantifizierbare Einsparung in einem bestimmten Bereich oder »nur« das verbesserte Selbstwertgefühl des Mitarbeiters, der sich nicht mehr als das letzte Glied einer Kette, sondern als eigenverantwortlichen Leistungsträger erlebt?

Es wird also deutlich, daß sich im Begriff Bildungs-Controlling zwei spannungsgeladene Pole miteinander verbinden. Auf der einen Seite steht die Verpflichtung, ökonomisch meßbare und relevante Daten im Rahmen der Mitarbeiterqualifikation zu erheben. Auf der anderen Seite müssen Faktoren wie Motivation, Arbeitsklima und -zufriedenheit, Leistungspotentiale und Umsetzungsmotivation in den Controlling-Prozeß integriert werden.

Der Mitarbeiter ist eben nicht nur eine Ressource, auf die man bei Bedarf zurückgreifen und sich blindlings verlassen kann. Vielmehr sind Mitarbeiter wertvolle und sensible Potentiale, die kontinuierlich gefördert, entwickelt und in ihren Funktionen gestärkt werden müssen. Dies gilt nicht nur für den Bereich von Fach- und Führungskräften, sondern ebenso im Bereich der gewerblichen Mitarbeiter. Denn gerade hier findet der Produktionsprozeß im engeren Sinne statt, der letztendlich für die Qualität von Produkten und Prozessen des Unternehmens verantwortlich ist. Eine verstärkte Kontrolle der Mitarbeiter, dies hat die Entwicklung der letzten Jahre in vielen Firmen gezeigt, kann die heute vom Markt geforderte Qualität und Kundenorientierung nicht adäquat sicherstellen. Bildungs-Controlling bedeutet daher, betriebswirtschaftliche Perspektiven zu nutzen, um zu einer ganzheitlichen Betrachtung von Mensch und Umwelt im Unternehmen zu gelangen.

Vor diesem Hintergrund sollen im folgenden die beiden Seiten des Begriffes Bildungs-Controlling, nämlich Bildung als »Soft Fact« und Controlling als »Hard Fact«, näher beleuchtet werden. Gerade dieser scheinbare Widerspruch im Begriff selbst verleiht dem Bildungs-Controlling seinen Reiz. Es ermöglicht nämlich die konstruktive Verbindung traditioneller Controlling-Gedanken mit innovativen Ideen der Mitarbeiterqualifizierung.

2.2 Bildung als »Soft Fact«

Wie bereits erwähnt, kann man den Bereich der betrieblichen Weiterbildung im weitesten Sinne unter die Rubrik »Soft Facts« fassen. Dies gilt vor allen Dingen dann, wenn man betriebliche Fort- und Weiterbildung eher als einen Indikator des Unternehmenswohlstandes betrachtet. Stellenwert und Bedeutung von Weiterbildung im Unternehmen haben somit viel zu tun mit den jeweils praktizierten Grundlagen von Führung und Management.

Auch die Funktionen der Fortbildung als Instrument des Personal-Marketings (»Wir fördern unsere Mitarbeiter, kommen Sie zu uns«) bzw. als »Incentive« für gute Mitarbeiterleistung deuten auf den »Soft-Charakter« von Fortbildung hin.

Weiterbildung trägt jedoch neben den genannten Funktionen einem Grundbedürfnis des Menschen Rechnung, nämlich dem Bedürfnis nach persönlicher Entwicklung und Sicherheit. Weiterbildung bedeutet für den jeweiligen Mitarbeiter nicht nur die Fortentwicklung seiner technischen, fachlichen oder auch persönlichen Möglichkeiten, sondern vielmehr auch die Erweiterung der individuellen Sicherheit, das heißt des Selbstwertgefühls im Arbeitsprozeß. Der Mitarbeiter, der sich in seinem Arbeitsumfeld sicher fühlt, der sich nicht aus Routine den Aufgaben nur gewachsen, sondern aufgrund eigener Qualifikation als für diese geeignet erlebt, wird seine Aufgaben anders in Angriff nehmen als der Kollege, der sich unterfordert und in seinen Möglichkeiten nicht ernst genommen fühlt.

Der Mitarbeiter als wesentlicher Faktor im Wertschöpfungsprozeß muß somit, was die Weiterbildung anbetrifft, individuell ernst genommen und auf seinen jeweils persönlichen Bedarf hin geprüft werden. Dabei bedeutet Bedarfsanalyse die Erfassung aller Bereiche, von der fachlichen Qualifikation bis hin zur subjektiven Arbeitsmotivation und Zufriedenheit. Die Verwirklichung von Unternehmenszielen wie Qualität und Kundenorientierung läßt sich nur mit motivierten und persönlich engagierten Mitarbeitern erreichen. Das persönliche Umfeld der Mitarbeiter, sowohl im beruflichen wie auch im privaten Bereich, spielt dabei eine entscheidende Rolle. Die Weiterbildung darf aber keinesfalls zu einer »therapieähnlichen« Intervention geraten. Sie kann nicht private oder persönliche Probleme von Mitarbeitern lösen. Weiterbildung kann aber sehr wohl den einzelnen Mitarbeiter stärken, bedarfsgerecht entwickeln und ihm auf dem Horizont seiner beruflichen Tätigkeit Sicherheit und Motivation vermitteln. Ernsthafte, das heißt bedarfsgerechte und individuell passende Weiterbildung vorzunehmen, darf eben nicht bedeuten, dem Mitarbeiter ein »Incentive« zukommen zu lassen, sondern vielmehr, ihm die Wertschätzung von seiten des Unternehmens entgegenzubringen, die seiner Rolle im Wertschöpfungsprozeß entspricht.

Schwierig zu erfassen sind in diesem Prozeß weniger die fachlichen Qualifikationen, die gegebenenfalls über Tests bzw. Arbeitsproben erhoben werden können. Vielmehr ist es die Meßbarkeit von verhaltensnahen Dimensionen, die sich auf die Bereiche persönliche Arbeitstechniken, Verhalten am Arbeitsplatz, Führung oder Motivation und Kommunikation erstrecken. Diese Seminarthemen, die oft zu unrecht mit dem Image von Urlaubsveranstaltungen behaftet sind, sind heutzutage in ihrer Bedeutung für den Unternehmenserfolg kaum zu überschätzen. Werden doch hier Kernqualifikationen entwickelt, die in immer komplexer werdenden Produktions- und Marktsystemen zunehmend unverzichtbar werden. Die kontinuierlich steigende fachliche Qualifikation des Mitarbeiters sollte mit einer proportionalen Entwicklung seiner persönlichen Fähigkeiten einhergehen.

2.3 Controlling als »Hard Fact«

Neben dem weichen Faktor Bildung steht im Begriff des Bildungs-Controlling gleichberechtigt und prägend der Begriff Controlling mit seiner Herkunft aus dem betriebswirtschaftlichen Planungs- und Steuerungsdenken. Controlling heißt vor diesem Hintergrund Erfassen von Daten, Bewerten und Erarbeiten von Kennzahlen, um damit zielgerichtet und ökonomisch sinnvoll wirtschaftliches Handeln zu ermöglichen. Im Zusammenhang mit betrieblicher Weiterbildung stellt sich dabei die Frage, inwieweit der Bereich der Weiterbildung quantifizierbar und in Kennzahlen erfaßbar ist. Dies sind sicherlich in erster Linie die tatsächlich entstehenden Kosten für Weiterbildungsmaßnahmen. Dieser Kostenblock kann entsprechend den Regeln des Controlling aufgeschlüsselt und differenziert werden. So lassen sich relativ genau Kosten je geschultem Mitarbeiter pro Seminar ermitteln. Diese Kennzahl allerdings trägt dem eigentlichen Gedanken des Bildungs-Controlling noch nicht Rechnung, da die Anbindung an das fehlt, was mit der Bildungsmaßnahme selbst erreicht werden soll. Die Feststellung, daß ein Seminar unverhältnismäßig teuer ist, besagt nichts über die Qualität bzw. den Erfolg der Maßnahme.

Im Sinne der Idee von Lean-Management und Kaizen sind Kosten für Weiterbildung nicht Kosten im engeren Sinne, sondern eher Investitionen. Sie sind Investitionen in Know how, in Mitarbeiter und deren Potentiale. Läßt sich aber bei der Investition in eine neue Produktionsmaschine der Investitionserfolg an Stückzahlen und Optimierungen des Arbeitsablaufes ablesen, so kann bei der Investition in Weiterbildung der Investitionserfolg nicht eindeutig zugeordnet werden. Auch eine klassische Investitionsrechnung mit Blick auf den »Return on Investment« kann hier nur begrenzt weiterbringen.

An dieser Stelle wird deutlich, wie stark ein als Denken in Zahlen verstandenes Controlling von der qualitativen Komponente der Weiterbildung überlagert wird. Für jedes Unternehmen aber muß es ein erklärtes Ziel sein, Weiterbildungsmaßnahmen auch kostenseitig sinnvoll zu kalkulieren und die Notwendigkeit und Sinnhaftigkeit solcher »kostspieligen« Investitionen genau zu prüfen. Aus diesem Grunde soll im folgenden darauf eingegangen werden, wie Controlling als Steuerungsinstrument genutzt und die Mitarbeiterqualifizierung im Management gezielt eingesetzt werden kann.

3. Controlling als Steuerungsinstrument – Qualifizierungsmaßnahmen für Mitarbeiter gezielt einsetzen

Faßt man das dargestellte Spannungsfeld des Begriffes für die Praxis zusammen, ergibt sich, daß Bildungs-Controlling in gleicher Weise als Steuerungsinstrument eingesetzt werden muß wie das Controlling generell. Für die Mitarbeiterqualifizierung bedeutet dies, daß Weiterbildungsmaßnahmen bedarfsgerecht, individuell und zeitnah, das heißt unmittelbar mit den entsprechenden Anforderungen am Arbeitsplatz verbunden, durchzuführen sind. Nur vor einem solchen Hintergrund kann Weiterbildung und Mitarbeiterqualifizierung künftigen Anforderungen gerecht werden.

Wie bereits deutlich geworden ist, handelt es sich bei der Weiterbildung weniger um Kosten als um Investitionen in die Potentiale und die zukünftige Leistungsfähigkeit von Mitarbeitern und damit des gesamten Unternehmens. Die Ressource Mitarbeiter wird in ihrer Funktion als Produktionsfaktor gewissermaßen vorausschauend kalkuliert. Dabei gilt es, über das Controlling der Weiterbildungsmaßnahmen rückblickend Bilanz zu ziehen, gleichzeitig aber auch vorausschauend Steuerungsimpulse zu geben. Da es sich hierbei nicht um einfache, lineare Ursache-Wirkungsketten der verschiedenen Variablen handelt, sondern um komplexe Abläufe, vor allem im Bereich der sogenannten »Soft Facts«, ist es unbedingt notwendig, Controlling als Steuerungsinstrument in den gesamten Prozeß der betrieblichen Weiterbildung zu integrieren. Gemeint ist damit, daß der noch genauer zu bestimmende Bildungserfolg gewissermaßen als Faktor in eine Bildungs- bzw. Transfergleichung aufgenommen werden muß. Eine Wirkgröße des Bildungserfolgs ist eine (zumeist positiv) veränderte Erwartung der Seminarteilnehmer an das berufliche Umfeld und den eigenen Arbeitsplatz. Diese mehr oder weniger hohen Erwartungen, die sich in einer Motivation, das im Seminar Erlernte umsetzen zu wollen, wiederspiegeln, müssen in einer solchen Investitionsrechnung berücksichtigt werden. Hierdurch kann sichergestellt werden, daß Erwartungen nicht enttäuscht und nicht durch ein unvorbereitetes Umfeld zerstört werden. Für denjenigen also, der die Weiterbildungsmaßnahmen plant und in den Prozeß der Unternehmensentwicklung sinnvoll einbindet, stellt sich die Aufgabe, nicht nur konkrete Bedarfe zu ermitteln, sondern auch den Aspekt »Günstigkeit« der jeweiligen Weiterbildungssituation der Mitarbeiter zu berücksichtigen. So lassen sich die Weiterbildungsmaßnahmen letztlich zielgerichtet initiieren.

3.1 Bedeutung von Bildungs-Controlling

Die Bedeutung des Bildungs-Controlling liegt somit nicht nur in der Bilanzierung von Erfolg oder Mißerfolg von Weiterbildungsmaßnahmen, sondern schwerpunktmäßig in der Analyse der Weiterbildungserfolge. Denn erst wenn deutlich wird, warum bestimmte Maßnahmen in einem konkreten Fall Erfolg hatten, kann der Erfolg multipliziert und systematisch im Unternehmen verbreitet werden. Für die Weiterbildung gilt ebenso wie für jede Form der Personalpolitik, daß das analytische Erarbeiten von komplexen Wirkstrukturen notwendig ist, um gezielte Interventionen zu ermöglichen. Nur was systematisch vorbereitet und durchgeführt wird, kann im Bedarfsfall überprüft und adäquat verändert werden. Man muß erst den Weg kennen und die Karte lesen können, um alternative Wege zum Ziel beschreiten zu können. Bildungs-Controlling ist eben doch wesentlich mehr als nur Erfolgsbilanz. Bildungs-Controlling bedeutet analysieren, systematisieren, Wirkungszusammenhänge identifizieren und letztendlich für die Praxis zugänglich machen.

Daß dies alles nicht im luftleeren Raum stattfindet, dürfte dem Leser deutlich geworden sein. Die konkrete Anbindung von Bildungs-Controlling an den betriebswirtschaftlich ausgerichteten Gesamt-Controlling-Prozeß soll im folgenden Absatz erläutert werden.

3.2 Bildungs-Controlling in der betrieblichen Praxis – Kosten sparen, Ressourcen optimieren

(1) Weiterbildung wozu?

Die Frage »Weiterbildung wozu?« zielt ab auf die Überlegung, ob und inwieweit Weiterbildung überhaupt sinnvoll und notwendig ist. Weiterbildung, dies ist im Verlaufe des vorausgegangenen Abschnitts deutlich geworden, kann verschiedenste Funktionen und Aufgaben in einem Unternehmen übernehmen. Die Bandbreite reicht vom »Bildungsurlaub« über »Incentives« bis hin zu lernorientierter Weiterqualifizierung. Dazwischen gibt es zahlreiche Abstufungen, die fast jedem, der mit der Weiterbildung Kontakt hatte, in irgendeiner Form bekannt sind. Gerade diese Abstufungen zwischen den Extremen »hartes, inhaltsorientiertes Lernen« und »lockeres Beisammensein« machen es so schwierig, den Sinn von Weiterbildung zu beschreiben. Es ist völlig unstrittig, daß Weiterbildung in der betrieblichen Praxis – und dabei vor allen Dingen im Mittelstand – eine vorrangig ökonomische Funktion hat. Die Lernerfolge sollen bei der Arbeit meßbar und sichtbar werden (z. B. Qualität der Produktion und/oder Effektivität von Arbeits- und Fertigungsabläufen). Bedeutet dies aber notwendigerweise, daß Weiterbildung, das heißt Lernen, keinen Spaß machen darf?

Mitarbeiter, die sich auf einem Seminar bzw. im Training unwohl fühlen, werden kaum die Lernbereitschaft und Motivation aufbringen, die notwendig ist, um zu einer erfolgreichen Umsetzung des Gelernten in der Praxis zu gelangen. Auch wenn wirtschaftlicher Druck den Bedarf an Weiterbildungsmaßnahmen initiiert hat, darf dies nicht dazu führen,

Weiterbildung als Druckmittel oder Sanktion in den Führungsprozeß einzubinden.

Man begegnet also auch im Begriff der Weiterbildung den beiden Polen »Hard Fact« und »Soft Fact«, wie dies für das Bildungs-Controlling bereits beschrieben wurde. Ziel des ökonomisch denkenden Unternehmers muß es sein, aus beiden Faktoren den für sein Unternehmen größtmöglichen Nutzen abzuleiten. Blickt man auf die Soft Facts, so liegt dieser Nutzen vorrangig im Bereich der Führung, das heißt der Mitarbeitermotivation und Potentialerweiterung. Im Bereich der Hard Facts werden Lerninhalte und fachliche Qualifikationen vermittelt, die z. B. zu einer verbesserten Handhabung von Technik und Maschinen führen sollen. Vor diesem pragmatischen Hintergrund stellt sich nun die Frage: Was kann Bildungs-Controlling leisten?

Bildungs-Controlling kann mit Sicherheit nicht auf Mark und Pfennig berechnen, welchen Effekt Weiterbildungsmaßnahmen im Unternehmen haben. Bildungs-Controlling kann aber sehr wohl einen Überblick über die verschiedenen Erfolgsgrößen von Weiterbildungsmaßnahmen geben, es kann komplexe Wirkzusammenhänge aufzeigen, es kann in einem gewissen Umfang die Effektivität von Trainings aufzeigen, aber vor allen Dingen kann es das weite Gebiet der Weiterbildung systematisch erfassen und somit adäquaten Interventionen und Veränderungen zugänglich machen.

Das Bildungs-Controlling ist somit in der Lage, sofern es konsequent angewendet wird, den nebulösen Schleier, der Seminare, Trainings und Veranstaltungen in schönen Hotels umgibt, zu lüften.

Damit wird Weiterbildung und Mitarbeiterqualifikation für das Unternehmen erfaßbar und steuerbar. So kann die Hauptfunktion von Controlling, nämlich das prospektive Steuern und Planen, wahrgenommen werden.

Hierbei kommt dem Bildungs-Controlling nicht zuletzt die Aufgabe zu, die verschiedenen Pole von Weiterbildung adäquat zu erfassen, und so zu systematisieren, daß sie zielgerichtet und effektiv in der Unternehmenspolitik verankert und gegenüber den Mitarbeitern und Vorgesetzten kommuniziert werden können. Dies bedeutet konkret, daß Faktoren wie Motivation und Zufriedenheit als strategische Größen definiert und zugänglich gemacht werden. Eine Hauptaufgabe für das Bildungs-Controlling besteht darin, geeignetes Material im Sinne von Checklisten und Standards bereitzustellen, um die sogenannten Soft Facts erfassen und systematisieren zu können. Diese Soft Facts wiederum müssen sinnvoll zu den Hard Facts, den tatsächlichen Kosten oder besser Investitionen, in Beziehung gesetzt und als Ganzes analysiert werden.

(2) Denken und Tun sind zweierlei

Eine der Hauptschwierigkeiten von Bildungs-Controlling besteht darin, daß das in Seminaren und Trainings Vermittelte selten rein rational und kognitiv, also ausschließlich über den Kopf, umgesetzt werden kann. Verstehen und bearbeiten kann man in Seminaren vieles, aber das eigene Verhalten und Tun in der täglichen Arbeit vor Ort wird nur selten verändert. Die Bereitschaft des einzelnen zu Veränderungen spielt dabei ebenso eine Rolle wie das Umfeld, das bestimmte Veränderungen und Innovationen oft gar nicht zuläßt.

Der Mitarbeiter, der aus einem Training zurückkommt, seinem Vorgesetzten kurz berichtet, was Inhalt der Veranstaltung war, und dann erfährt, daß er das am besten alles gleich wieder vergessen sollte, weil es sowieso nicht funktioniert, wird sich wohl künftig kaum innovativ verhalten. Bildungs-Controlling muß also auch das Umfeld mitberücksichtigen.

Erfahrungen aus Seminaren zeigen, daß die Teilnehmer während eines Seminars viele Dinge rational akzeptieren und für sinnvoll erachten. Wer jedoch meint, daß alles, was im Seminar besprochen wurde, auch in der Praxis umgesetzt wird, der unterliegt einem Irrtum. Denken und Tun sind nicht dasselbe. Bildungs-Controlling muß sich somit der Tatsache stellen, daß das, was im Seminar abläuft, was an Inhalten und Methoden vermittelt wird und das, was in der täglichen Praxis realisierbar und gewollt ist, zwei Paar Schuhe sind.

Wenn Bildungs-Controlling sich nicht mit Lippenbekenntnissen begnügen will, ist es notwendig, Controlling direkt am Arbeitsplatz durchzuführen und für die Mitarbeiter und Führungskräfte präsent werden zu lassen.

Vor diesem Hintergrund lassen sich drei Arten von Bildungserfolg unterscheiden: Einstellungserfolg, Lernerfolg und Verhaltenserfolg.

4. Drei Arten von Bildungserfolg

4.1 Einstellungserfolg

Beim Einstellungserfolg handelt es sich um die erste von drei möglichen Arten des Seminarerfolgs. Einstellungserfolg meint, daß die Teilnehmer durch die Weiterbildungsveranstaltung in ihrer persönlichen Einstellung zum jeweiligen Seminarthema positiv, das heißt im Sinne des Seminars, beeinflußt werden konnten. Die Einstellung zu einem bestimmten Gegenstand, einer Tätigkeit oder ähnlichem, ist für das spätere Verhalten in hohem Maße mitentscheidend. Damit stellt der Einstellungserfolg die erste Grundbedingung dar, um entsprechende Verhaltensänderungen zu bewirken.

Es ist aber ebenso offensichtlich, daß die Einstellung für sich noch keine Verhaltensänderung auslöst. So kann einer Führungskraft im Seminar klar werden, daß gute Führung sich eher in einem kooperativen Führungsstil realisieren läßt. Kehrt sie jedoch an ihren Arbeitsplatz in das gewohnte Umfeld zurück, wird sie wieder den »alt bewährten« Führungsstil des autoritären Führens praktizieren. Eine weitere Facette des Einstellungserfolgs besteht darin, die Seminarteilnehmer insbesondere im Bereich des Verhaltenstrainings für Aufgaben und Probleme zu sensibilisieren.

Solch eine Sensibilisierung soll den Betroffenen ermöglichen, in der konkreten Arbeitssituation Probleme frühzeitig zu erkennen und konstruktiv anzugehen.

Für den Bereich der Fachseminare im engeren Sinne (z. B. technische Qualifizierung) kann der Einstellungserfolg als »Annäherung« von Teilnehmer und Lerngegenstand bezeichnet werden. In einem solchen Fall bedeutet Einstellungserfolg einen Abbau von vorhandenen inneren Widerständen gegenüber bestimmten technischen Innovationen oder Neuordnungen im Arbeitsprozeß (z. B. in der Produktion). Hier wird Einstellungserfolg weniger durch das Training von Verhalten als durch die kognitive Einsicht in die fachlichen Zusammenhänge im Seminar erreicht. Dabei spielt das Verstehen von Zusammenhängen, die Möglichkeit der Teilnehmer, in ihrem Arbeitsumfeld über das erworbene Wissen technische Abläufe zu kontrollieren und damit Sicherheit zu gewinnen, eine wesentliche Rolle. Mit didaktisch sinnvoll gestalteten, fachlichen Qualifikationsreihen lassen sich Vorbehalte gegen technische

Neuerungen auch bei altgedienten Mitarbeitern mildern oder gar aufheben. Hier wirkt Einstellungserfolg in den Bereich der Motivation hinein.

Je größer die Einstellungsveränderung zu einem bestimmten Thema im Sinne eines Seminars sich darstellt, um so intensiver und engagierter werden die Teilnehmer diese Inhalte in ihrem Arbeitsleben erkennen und im Idealfall aktiv angehen.

4.2 Lernerfolg

Unter Lernerfolg versteht man den »traditionellen« Bildungserfolg. Lernerfolg bedeutet, daß die Teilnehmer bestimmte Stoffe, Inhalte und Wissensbereiche nicht nur wahrgenommen und verstanden, sondern auch so bearbeitet haben, daß sie diese im Sinne einer Prüfungstauglichkeit reproduzieren können. Mit Lernerfolg wird also gemeinhin der reine Wissenstransfer bezeichnet. Wissenstransfer stellt für jede Form von Weiterbildung, sei sie fachlich orientiert oder auf Verhaltensmodifikation ausgerichtet, eine wesentliche Dimension dar. Es zeigt sich jedoch analog zum Einstellungserfolg, daß das bloße Wissen und Kennen um bestimmte Zusammenhänge, und dies gilt ebenso für den technischen Bereich, nicht zwangsläufig zu einer Veränderung des konkreten Arbeitsverhaltens führt. Daher empfiehlt es sich, Seminare nicht allein an dem traditionellen Begriff Weiterbildungserfolg zu messen. Würde man sich auf dieses Kriterium beschränken, könnte man die Teilnehmer einfach am Ende jeder Bildungsveranstaltung einen Test bzw. eine Prüfung ablegen lassen, um so zu überprüfen, ob die vermittelten Inhalte reproduziert werden können. Diese Form des Lernens bzw. der Informationsaufnahme erweist sich bei der Vermittlung komplexer Inhalte nur bedingt geeignet. Denn selbst die technisch-fachliche Qualifikation von Mitarbeitern soll ja mehr bewirken als das bloße Aufnehmen von Wissensstoff. Sie soll vielmehr im Sinne von Einstellungserfolg die Teilnehmer dazu motivieren, aktiv und eigenverantwortlich mit dem Gelernten in der konkreten Arbeitssituation umzugehen. Damit aber steht der Lernerfolg nicht mehr allein im Vordergrund, sondern verbindet sich sinnvoll mit dem Einstellungserfolg zur Basis der dritten Art von Bildungserfolg, dem Verhaltenserfolg.

4.3 Verhaltenserfolg

Sind Einstellungserfolg und Lernerfolg die Größen, die im Seminar selber entwickelt und überprüft werden können, so stellt der Verhaltenserfolg die Synthese und Weiterentwicklung dieser beiden Erfolgsarten dar. Der Verhaltenserfolg zeigt sich erst in der Praxis, das heißt in der Zeit nach dem Seminar. Er spiegelt sich darin wider, daß bestimmte, im Seminar erworbene Qualifikationen aktiv von den Teilnehmern in ihrem beruflichen Umfeld umgesetzt werden. Diese Umsetzung bedeutet mehr als das rein formale Reproduzieren von gelernten Verhaltensweisen oder fachlichen Tools. Denn, wenn sich das Verhalten eines Menschen ändert, er aber in seiner gewohnten Umgebung bleibt, wird seine Verhaltensänderung auffallen und Anlaß zur Diskussion geben. Der Seminarrückkehrer sieht sich Fragen ausgesetzt, warum er gerade jetzt bestimmte Dinge anders macht als früher, was er denn im Seminar gelernt hätte und was zu seinem Sinneswandel geführt hat, der sein jetziges Verhalten so maßgeblich beeinflußt. An dieser Stelle wird deutlich, daß eine Verhaltensänderung dem Teilnehmer einen erhöhten Energieaufwand (Rechtfertigungsdruck) abverlangt. Es ist somit offensichtlich, daß der Verhaltenserfolg die anfälligste Komponente im Bildungsprozeß darstellt.

Gleichzeitig stellt auch die Meßbarkeit und Überprüfbarkeit des Verhaltenserfolgs die größte Herausforderung für ein Bildungs-Controlling dar. Kann man Einstellungs- und Lernerfolg vergleichsweise einfach im Seminar selbst abfragen, so zeigt sich für den Bereich des Verhaltenserfolges, daß neue Wege eingeschlagen werden müssen. Hier wird deutlich, daß Verhaltenserfolg nur schwer losgelöst von den betrieblichen Rahmenbedingungen, dem Umfeld eines Mitarbeiters oder einer Führungskraft, gesehen werden kann. Ist es bereits schwierig genug, die bloße Veränderung von Verhalten festzustellen, das heißt, zu erkennen, ob und wann eine Führungskraft mit ihren Mitarbeitern anders umgeht als vorher, so ist es noch um ein Vielfaches schwieriger abzugrenzen, welche dieser neuen Verhaltensweisen kausal auf die Teilnahme an einer Weiterbildungsmaßnahme zurückzuführen ist.

Dennoch muß sich Bildungs-Controlling einer solchen Herausforderung stellen, denn nur, wenn das komplexe Wirkgefüge des jeweiligen Arbeitsumfeldes mit in die Betrachtung integriert wird, kann auch eine signifikante Aussage über den Bildungserfolg gemacht werden.

5. Bildungs-Controlling – Wie funktioniert das?

5.1 Das Bildungsmodell

Das nachfolgend dargestellte Bildungsmodell beruht auf der Erkenntnis, daß Bildungs- bzw. Qualifizierungserfolg nicht als eindimensional und monokausal gesehen werden kann, sondern sich vielmehr als ein komplexes Wirkgefüge darstellt. Es hat sich gezeigt, daß weder Lern- noch Einstellungserfolg für sich den Nutzen einer Bildungsmaßnahme für das Unternehmen hinreichend beschreibt. Soll Weiterbildung auch ökonomisch effektiv und sinnvoll sein, muß sie Verhalten verändern und optimieren. Aus diesem Grunde empfiehlt es sich, sich von den »klassischen« Bildungsmodellen zu lösen und weder das Seminar selbst noch die Teilnehmer ins Zentrum des Geschehens zu stellen. Vielmehr handelt es sich bei der Komplexität der Zusammenhänge um ein Wechselspiel verschiedenster Faktoren. In einer eingehenden Analyse in einem Großunternehmen der chemischen Industrie konnte festgestellt werden, daß sich Bildungserfolg letztendlich auf vier Faktoren zurückführen läßt:

- Seminaradministration,
- Inhalte,
- Themen,
- Unternehmen.

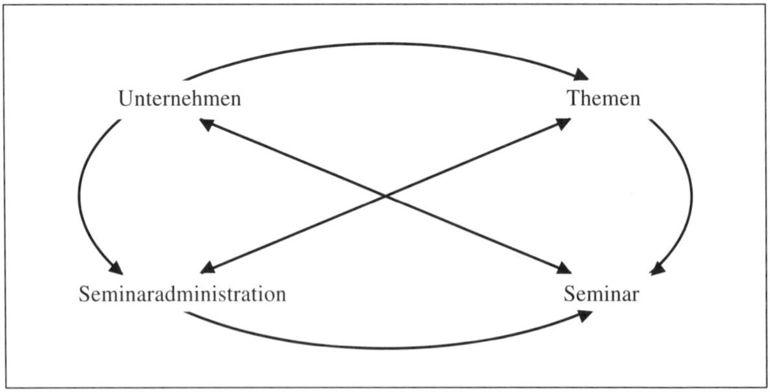

Abbildung 1: Bildungsmodell

Diese vier verschiedenartigen Komponenten werden damit verbunden, was man mit »Aktualität« oder »aktuelle Untenehmenswirklichkeit« umschreiben kann. Dieser Begriff beschreibt nur unpräzise, was das Bindeglied zwischen den verschiedenen Faktoren darstellt. Es sind die aktuellen Stimmungen und Trends, die der jeweiligen Unternehmenssituation entspringen und den »Geist« des Unternehmens zu einem bestimmten Zeitpunkt widerspiegeln.

Selbst das beste Seminar ist zum Scheitern verurteilt, wenn die Gesamtkonstellation im Unternehmen einen Erfolg von vornherein unmöglich erscheinen läßt. Stimmungen, Ängste und Befürchtungen bei Einzelnen wie auch bei Teilen der Belegschaft können ebenso wie Hoffnungen, Erwartungen und gute Perspektiven Seminare entscheidend positiv wie negativ prägen. Weiterbildung muß also nicht zuletzt auf den Gesamtrahmen des Unternehmens, die wirtschaftliche und politische Situation Rücksicht nehmen. Hierbei ist entscheidend, daß Weiterbildung nicht bloß in »Schönwetter-Zeiten« en vogue ist, sondern vor allem dann, wenn es dem Unternehmen weniger gut geht. Mit dem Bekenntnis der Unternehmensleitung zur Weiterbildung in Krisenzeiten beweist ein Unternehmen, daß es Weiterbildung als personalpolitisches Instrument ernst nimmt. Im Umkehrschluß bedeutet dies, daß es unerläßlich ist, Seminare spezifisch auf die jeweilige Unternehmenssituation zuzuschneiden. So kann im Rahmen eines kontinuierlichen Seminar-Monitorings, das heißt einer permanenten Qualitätskontrolle, frühzeitig sichergestellt werden, daß die Seminare im Hinblick auf Aufbau, Inhalt und Referenten der jeweiligen Situation des Unternehmens angemessen sind.

5.2 Bildungs-Controlling als Prozeß

Bildungs-Controlling versteht sich somit als regulatorischer Prozeß, der kontinuierlich zwischen den verschiedenen Dimensionen des Bildungsmodells vermittelt, das heißt die verschiedenen Auswirkungen analysiert und erneut in das System eingibt. Bildungs-Controlling übernimmt hiermit die Funktion der Qualitätssicherung, die sowohl formale Standards, was den Bereich Seminaradministration und Seminar betrifft, als auch inhaltliche Aspekte, wie sie sich in den Dimensionen Themen und Inhalte wiederfinden, umfaßt. Bildungs-Controlling kann folglich niemals wirklich als abgeschlossen betrachtet werden. Erfahrungen und

Erkenntnisse müssen kontinuierlich im Sinne des Qualitätsmanagements umgesetzt und in den Prozeß eingebracht werden.

5.3 Die Praxis als Prüfstein

Vor diesem Hintergrund kann nur die Praxis selber, das heißt der Einsatz und die Umsetzung von gelernten Seminarinhalten die entscheidende Meßgröße für Erfolg und Mißerfolg sein. Daher muß sich das Bildungs-Controlling, um in der Praxis nachvollziehbar zu bleiben, einer entsprechenden, der Kybernetik entliehenen Systematik stellen:

In einem ersten Schritt wird der Ist-Zustand analysiert, es folgt die Vereinbarung des Soll-Zustandes, um in einem dritten Schritt aus einem Ist-Soll-Vergleich eine entsprechende Maßnahmenplanung entwickeln zu können. Die Analyse des Ist-Zustandes und die Definition des Soll-Zustandes sollten unabhängig voneinander erfolgen, um die Objektivität des Controlling zu gewährleisten.

Für alle drei Schritte gilt, daß alle am Bildungsprozeß Beteiligten, das heißt die Unternehmensführung, die betrieblichen Weiterbildungsabteilungen bzw. Personalabteilungen sowie die Bildungsträger (Teilnehmer) selbst, zur Mitwirkung und Unterstützung herangezogen werden sollten. Die aktive Einbeziehung dieser Gruppen ist die Grundvoraussetzung für eine nachfolgende Akzeptanz und Wirksamkeit eines entsprechenden Bildungsangebotes. Nur wenn das Bildungsangebot selbst der Praxis entspringt, kann mit den Maßnahmen auch erfolgreich in der Praxis gearbeitet werden.

5.4 Analyse des Ist-Zustandes

Der Analyse des Ist-Zustandes kommt im Bildungsprozeß eine eminent wichtige Bedeutung zu. Zu Beginn des gesamten Prozesses ist ein hohes Maß an Ehrlichkeit und Offenheit jedes einzelnen Beteiligten gegenüber sich selbst gefordert, um eventuell bestehende Defizite und Bildungsbedarf zu identifizieren und im Unternehmen offen zu kommunizieren. Die Beschreibung des aktuellen Zustandes eines Unternehmens bezüglich seiner Weiterbildungsbedarfe wird in der Regel nicht als Chance zur Optimierung gewertet, sondern vielmehr als das Aufdecken von Schwachstellen und der Beginn von Schuldzuweisungen gegenüber den vermeintlich Verantwortlichen.

Daher ist es unerläßlich, in einer offenen, konstruktiven Atmosphäre sachlich und objektiv die Beschreibung des Ist-Zustandes vorzunehmen.

Hierbei darf das gemeinsame Ziel der am Prozeß Beteiligten nicht aus dem Auge verloren werden.

Bei der Analyse des Ist-Zustandes erweist sich oftmals, inwieweit eine Unternehmenskultur in der Lage ist, sachlich und objektiv auch kontroverse und schwierige Themen zu bearbeiten. Wichtig für den Erfolg dieses Prozesses ist, daß bei der Analyse des Ist-Zustandes auch die positiven und starken Seiten des Unternehmens identifiziert und angesprochen werden. Die Stärken eines Unternehmens, die letztlich für den Unternehmenserfolg verantwortlich sind, sollten über gezielte Weiterbildung der Mitarbeiter in den relevanten Verhaltensbereichen unterstützt und ausgebaut werden.

5.5 Definition des Soll-Zustandes

Die Definition des Soll-Zustandes dient dazu, Chancen, Perspektiven und Herausforderungen zu umreißen. Oftmals finden sich im Soll-Zustand aktuelle Bedürfnisse, Wünsche und Hoffnungen wieder. Der Soll-Zustand, sofern er im Unternehmen gemeinsam umrissen und definiert wird, sollte visionäre Züge mit einem optimistischen Grundton enthalten, aber auch die Realität, das heißt die Erreichbarkeit der erarbeiteten Ziele im Blick behalten. Werden nämlich Visionen entworfen, denen keine entsprechenden Realisierungen in der Praxis folgen, sind sie für die Beteiligten wertlos. Visionen leben nicht zuletzt auch von ihrer Nähe zur Wirklichkeit, ohne Realitätsbezug bleiben Sie bloße Träume und Schwärmereien.

Mit der Beschreibung des Soll-Zustandes sind detailliert und systematisch Zeitpläne und Entwicklungspunkte zu formulieren, zu denen bestimmte Ziele erreicht werden sollen. Dabei sollte darauf geachtet werden, daß die entworfene Perspektive zeitlich nicht zu lang ist. Weiterbildung denkt nicht in Dekaden, sondern in Monaten und/oder maximal zwei bis drei Jahren. Sie zeichnet sich durch Zeitnähe und konkrete Anbindung an die Praxis aus, welche sich im wirtschaftlichen Umfeld dynamischen Veränderungen ausgesetzt sieht. In diesem Zusammenhang soll nicht unerwähnt bleiben, daß die Arbeit am Ist-Zustand, die Definition des Soll-Zustandes und der daraus folgende Abgleich in möglichst enger zeitlicher Folge stattfinden soll. Da sich das unternehmerische Umfeld rasch verändern kann, ist es unerläßlich, nach Analyse und Zieldefinition die Maßnahmenplanung zügig folgen zu lassen.

5.6 Der Ist-Soll-Vergleich

Der Ist-Soll-Vergleich umreißt die Felder, in denen Weiterbildungsarbeit geleistet werden kann bzw. geleistet werden muß. Hier werden aber gleichzeitig auch die Felder sichtbar, in denen sich Weiterbildung – trotz bestehender Defizite – nicht empfiehlt.

Weiterbildung, das ist sicher, kann kein Allheilmittel gegen bestehende Mißstände sein und darf daher immer nur dort eingesetzt werden, wo sie als sinnvolle Investition mit Chance auf Rendite betrachtet werden kann. Dort, wo Weiterbildung eine Form von Schadensbegrenzung darstellt, wird sie nicht als Investition , sondern als Kostenfaktor verstanden und damit immer wieder zum Streitpunkt werden.

Sollten sich beim Vergleich der Ist- und Soll-Zustände erhebliche Diskrepanzen zeigen, empfiehlt es sich, zunächst die Fälle zu definieren, bei denen die Abweichung gering ist. Hier können Anknüpfungspunkte identifiziert werden, an denen Weiterbildung ansetzen kann. Eine solche strategische Planung aus dem Vergleich der beiden Analysen ist oft mit einer Diskussion über den aktuellen Zustand des Unternehmens verbunden.

5.7 Maßnahmenplanung

Die Maßnahmenplanung beginnt damit, daß man die identifizierten Entwicklungsbereiche benennt, diese in verschiedene Cluster unterteilt und damit konkrete Aufgabenfelder formuliert. So wird beispielsweise zwischen den Bereichen, die durch Verhaltenstrainings optimiert werden können, und denen, wo Qualifizierungsbedarf im Sinne von reinen Fachschulungen vorliegt, unterschieden. In diesem Zusammenhang ist zwischen der Qualifikation von Mitarbeitern und der Qualifikation von Führungskräften zu differenzieren.

Bei der Maßnahmenplanung sind darüber hinaus didaktische Überlegungen zu berücksichtigen, die die Art und Weise, in der sich bestimmte Lehrstoffe und Führungsmanagementtechniken optimal vermitteln lassen, festlegen.

Als Grundtenor des gesamten Prozesses läßt sich festhalten, daß die Anbindung an die Praxis und die aktive Integration von Praktikern und direkt Betroffenen Eckpfeiler des Bildungs-Controlling-Prozesses sind.

Der gesamte Prozeß des Bildungs-Controlling, der sich als Steuerungsinstrument von der Planung und Entwicklung von Maßnahmen bis zu ihrer Überprüfung in der Praxis erstreckt, bedarf einer fortlaufenden Rückkopplung an die Arbeitswirklichkeit. Denn nur, was praktisch einsetzbar ist, kann in der Praxis erfolgreich sein.

6. Wie läßt sich feststellen, was ein Training erfolgreich macht?

Zur näheren Bestimmung des Trainingserfolgs stehen unterschiedliche Methoden zur Verfügung. Gruppenbefragungen, Einzelinterviews und strukturierte Seminaranalysen bieten in der Praxis bei vertretbarem Aufwand hinreichend gute Erkenntnisse. Circa acht bis zehn Wochen nach der Durchführung einer Trainingsmaßnahme werden die Teilnehmer zu dem Seminar befragt (Feed-back). Dieser Zeitraum empfiehlt sich, da einerseits das Seminar noch in Erinnerung sein müßte, andererseits die Teilnehmer bereits die Gelegenheit hatten, die im Seminar erarbeiteten Inhalte und Themen in der Praxis anzuwenden.

6.1 Gruppenbefragungen

Bei den Gruppenbefragungen handelt es sich um Meetings mit einer Dauer von circa 45 Minuten, in denen eine Gruppe von Seminarteilnehmern (vier bis max. 14 Personen) sich zu einem bestimmten Seminar »halbstrukturiert« äußern soll. »Halbstrukturiert« bedeutet in diesem Zusammenhang, daß man den Teilnehmern in der Moderation drei größere Fragenkomplexe vorgibt, zu denen sie sich anschließend frei äußern können:

- die Erwartungen der Teilnehmer an das Seminar (vor dem Seminar),
- das Erleben des Seminars (während des Seminars),
- Praxiserfahrungen mit den Seminarinhalten (nach dem Seminar)

Die Teilnehmer können zu den jeweiligen Blöcken frei, ohne Vorgabe, ihre Meinung äußern. Hierbei empfiehlt es sich die Äußerungen der

Teilnehmer auf Pinwand-Karten festzuhalten und diese an den entsprechenden Wänden zu visualisieren. Diese Dreiteilung der Abfrage stellt eine Parallelität des Bildungs-Controlling-Prozesses, in diesem Fall aus Teilnehmersicht dar.

Die Erwartungen an das Seminar entsprechen in etwa der Soll-Definition, das Seminar selbst entspricht der Maßnahmenplanung, und die Umsetzbarkeit im Arbeitsalltag schließlich entspricht dem Controllingvorgang selbst.

Erfahrungsgemäß ergeben sich bei dieser Abfrage unterschiedlichste Meinungen und Eindrücke der Teilnehmer.

Die Teilnehmer haben das gleiche Seminar unterschiedlich erlebt und auch die Einschätzung kann grundverschieden sein. Gerade in dieser Varianz der Beurteilungen liegt eine Chance. Hier lassen sich nämlich die kritischen Punkte, bei denen die Meinungen auseinandergehen, besonders gut identifizieren. Da, wo Teilnehmer Situationen unterschiedlich beurteilen, wo deutlich wird, daß etwas im Seminar stattgefunden hat, das die Gemüter erregt hat, dort ist Handlungsbedarf erkennbar und eine differenziertere und weitergehende Bearbeitung notwendig.

Sollten sich die Teilnehmer in ihrer Gesamtheit zu bestimmten Punkten und Themen übereinstimmend positiv oder negativ äußern, wäre dies als eindeutiger, richtungsweisender Impuls für das weitere Vorgehen zu verstehen.

In der Regel werden sich die Teilnehmer- Äußerungen organisch um die Dimensionen des oben beschriebenen Bildungsmodells gruppieren.

Für die Nachbearbeitung bedeutet dies, daß die verschiedenen Teilnehmer-Eindrücke und -Wertungen auf das Bildungsmodell übertragen und systematisiert werden. Hieraus lassen sich dann die wesentlichen Orientierungspunkte für den nächsten Schritt, die Einzelinterviews, ableiten.

6.2 Einzelinterviews

Aus den oben beschriebenen Gruppenmoderationen lassen sich Gesprächsleitfäden entwickeln, die sich analog zum Bildungsmodell um bestimmte kritische Bereiche bewegen. Diese Gesprächsleitfäden gelangen bei den Einzelinterviews zum Einsatz, die eine Dauer von 45 Minuten nicht überschreiten sollten. Es empfiehlt sich, bei der Auswahl der Interviewpartner eine Befragungsgruppe zusammenzustellen, die sowohl die Teilnehmer selbst als auch deren direktes berufliches Umfeld umfaßt. Der Teilnehmer wird gleichermaßen wie seine Mitarbeiter (sofern er Führungsverantwortung hat) und sein Vorgesetzter interviewt. Dabei ist es sinnvoll, mit mindestens zwei bis drei solcher »Triaden« zu sprechen. In diesen Interviews zeigt sich, in welcher Art und Weise sich das Seminar auf die Führungspraxis ausgewirkt hat und inwieweit bestimmte Interventionen zumindest aus Sicht der Betroffenen erfolgreich gewesen sind. Diese Einzelinterviews sollten nicht später als 14 Tage nach der Gruppenmoderation stattfinden.

Fragen nach konkret erfaßbaren, das heißt meßbaren Veränderungen im Anschluß an eine bestimmte Qualifikationsmaßnahme bilden den Schwerpunkt der Befragung. Damit können Fehlerquoten bzw. Qualitätskennzahlen ebenso gemeint sein wie die Verhaltensänderung nach einem Kommunikations- oder Zeitmanagementtraining. Die entsprechenden Controller der Bildungsmaßnahme sollten sich nicht davor scheuen, auch nach konkreten Zahlen, wie z. B. Ablaufgeschwindigkeiten oder Kostenveränderungen, zu fragen.

Die beschriebenen Interviews liefern eine Vielzahl von Informationen, die sich immer wieder auf die Dimensionen des Bildungsmodells bzw. die in den Gruppenmoderationen erfaßten Meinungen und Eindrücke zurückführen lassen. In einem dritten und letzten Schritt werden die erhobenen Informationen, dies gilt sowohl für die Hard Facts (quantitative Daten) wie auch für Soft Facts (die erlebten Eindrücke und Erfahrungen), zusammengefaßt und in einer Seminar-Analyse systematisiert.

6.3 Seminar-Analyse

Die Seminar-Analyse befaßt sich mit den Zielsetzungen einer Weiterbildungsveranstaltung und dem praktisch nachvollziehbaren Ertrag (output) derselben, wie er sich durch die erläuterten Erhebungsinstrumente dargestellt hat. Hierbei werden die verschiedenen Äußerungen miteinander abgeglichen und zu entsprechenden Interventionen zusammengefaßt. Konkret bedeutet dies, daß in der Seminar-Analyse die Controlling-Dimensionen Steuerung und Kontrolle zusammenfallen und zu einer Optimierung führen sollen. Die Ergebnisse der Seminar-Analyse wiederum sollten offen kommuniziert und allen Beteiligten zugänglich gemacht werden.

Dabei ist festzustellen, daß auch die Erkenntnis, daß bestimmte Elemente oder Qualifikationssegmente weniger erfolgreich sind als erwartet, zu einer positiven Rückkopplung führen kann. Immer dann nämlich, wenn deutlich wird, daß ein Unternehmen sich kritisch mit der eigenen Arbeit auseinandersetzen kann und bereit ist, konstruktiv aus den Erfahrungen zu lernen, wird der Controlling-Prozeß bei den Betroffenen auf fruchtbaren Boden fallen. Somit erfüllt das Bildungs-Controlling nicht zuletzt auch eine regulierende und vorbereitende Funktion für weitere Maßnahmen. Der aktive Einsatz von Bildungs-Controlling wird somit selbst zum Erfolgsfaktor.

7. Auswirkungen in der Praxis – Was Mitarbeiter von der Weiterbildung erwarten

Es ist deutlich geworden, daß die Anwendbarkeit des Gelernten in der konkreten Arbeitssituation wesentlich für die Akzeptanz und den Erfolg eines Seminars oder Trainings ist. Anwendbarkeit bedeutet nicht nur, daß für bestimmte Arbeitssituationen konkrete Hilfestellung geleistet wird, sondern gleichzeitig, daß man die Mitarbeiter bzw. Führungskräfte in ihren persönlichen Bedürfnissen ernst nimmt. Damit wird Weiterbildung zu einem wesentlichen Aspekt der Unternehmenskultur, in der Unternehmensleitung, Management und Mitarbeiter in einem sinnvollen Dialog stehen sollten. Ein wesentlicher Bestandteil dieses Dialoges kann das Bildungs-Controlling sein, wenn es in der aufgezeigten Form Praxisnähe und Bedarfsentsprechung realisiert. Dazu gehört auch, daß die Teilnehmer einer Weiterbildungsveranstaltung im Seminar selbst die Nähe zum eigenen Unternehmen erleben und erfahren können. Dies bedeutet , daß gerade im Verhaltensbereich die Teilnehmer konkrete Situationen und Fälle bearbeiten sollten, die die Struktur ihres Unternehmens realitätsnah abbilden und ihnen die Möglichkeit geben, direkt an ihren Praxiserfahrungen anzuknüpfen. Je formaler und wenig praxisnah die Beispiele und Inhalte sind, desto geringer ist das Engagement des einzelnen im Seminar. Wenn die Teilnehmer sich selbst einbringen können und erkennen, daß der Trainer ihre Bedürfnisse nicht nur akademisch begriffen hat, sondern ihre Probleme kennt, ihre Sprache spricht und es versteht, ein Stück Firmenrealität abzubilden, dann kann Lernen und Umdenken auch Freude machen und positive Energie freisetzen.

Der gesamte Umsetzungsprozeß von Lerninhalten in Praxis steht und fällt aber – wie bereits angesprochen – mit dem »Mitmachen« der Vorgesetzten. Nur da, wo Vorgesetzte aktiv den Prozeß der Weiterbildung mitgestalten und Freiräume schaffen, sodaß sich Mitarbeiter nach einem Seminar verändern und entwickeln können, hat Weiterbildung die Chance zur Wirkung.

Abschließend sollte die Rolle und Bedeutung der Kontinuität herausgestellt werden.

Controlling als Prozeß steuert und begleitet Weiterbildung. Für die Weiterbildung selbst heißt dies, daß die im Controlling gemachten Erfahrungen und Erkenntnisse umgehend in neue Maßnahmen einmünden sollten. Dabei zählt nicht die Menge der Maßnahmen, sondern ihre Bedarfsgerechtheit und insbesondere ihre Kontinuität. Was heute begonnen wird, muß morgen fortgesetzt werden. Hier gilt der Grundsatz: »Weniger ist mehr« , immer dann, wenn das ›Weniger‹ das Überleben der Bildungsmaßnahme zumindest für das folgende Jahr sichert.

Literatur

Anton, Fred: »Eierköpfe« kann man mit Plausibiltät gar nicht beeindrucken. In: Management und Seminar 11/92, S. 22–24.

Arnold, Rolf; Krämer-Stürzel, Antje: Erfolgskontrolle: Wer Bescheid weiß, kann auf sie verzichten. In: Wirtschaft und Weiterbildung 3/93, S. 28–29.

Kunert, Heinz: Ein guter Controller ist zugleich ein strategischer Planer. In: Management und Seminar 4/91, S. 44–47.

Landsberg, Georg von: Der Controller lotst das Bildungswesen zum Erfolg. In: Management und Seminar 4/91, S. 36–40.

Landsberg, Georg von; Weiss, Reinhold (Hrsg.): Bildungs-Controlling, Stuttgart 1992.

Ruschel, Adalbert: Lerntransfersicherung und -controlling, 1991.

Schindler, U.: Personalentwicklung: Die Wertschöpfung von Investitionen verbessern. In: Personalführung 2/94, S. 122–127.

Simon-Christ, Karin: Evalution betrieblicher Weiterbildung. In: Jahrbuch Weiterbildung 1993, Düsseldorf 1993, S. 198ff.

VI. Investitions-Controlling

Alfred Kötzle
(unter Mitarbeit von Claus J. Kathke)

Inhalt

1. Einführung

Controlling ist ein die Führungsaufgaben auf allen Hierarchieebenen des Unternehmens unterstützendes Subsystem der Unternehmensführung.

Ein auf den Investitionsbereich zugeschnittenes Teil- oder Subsystem des Controlling ist in Theorie und Praxis bisher noch nicht weit entwikkelt. Auch in der Literatur finden sich nur wenige Ausführungen zum Thema »Investitions-Controlling«. Zu nennen sind hier vor allem die Arbeiten von Schaefer (Schaefer 1992) und Sierke (Sierke 1989).

Diese im Vergleich zu anderen Untersuchungsgegenständen verhältnismäßig geringe »wissenschaftliche Auseinandersetzung« mit dem Thema »Investitions-Controlling« ist schon insofern erstaunlich, als

Investitionsentscheidungen direkt die Vermögens- und die Kapitalstruktur und indirekt die Ergebnisentwicklung eines Unternehmens maßgeblich beeinflussen und deshalb von erheblicher Bedeutung für die nachhaltige Existenzfähigkeit eines Unternehmens sind.

Die zunehmende Internationalisierung der Märkte und die hiermit verbundene Intensivierung des Wettbewerbes zwingen die Unternehmen ferner, der auf den Käufermärkten immer stärker werdenden Nachfrage nach besonders innovativen, qualitativ hochwertigen, individuell gestalteten und kurzfristig lieferbaren Produkten durch einen Aufbau von Flexibilitätspotentialen möglichst schnell und kostengünstig gerecht zu werden (Betge 1987, S. 244f.; Lange 1988, S. 133ff.).

Hierzu erforderliche Investitionen führen in der Regel zu steigender Kapitalintensität, zu höheren Fixkosten sowie zu einer Substitution kostenseitiger Flexibilität zugunsten einer höheren leistungswirtschaftlichen Flexibilität.

So führen einerseits Fehlentscheidungen bei Investitionen oft zur Gefährdung der Selbständigkeit eines Unternehmens, andererseits können über eine geeignete Investitionspolitik Wettbewerbspositionen und langfristig nutzbare Erfolgspotentiale auf- und ausgebaut werden, die nicht ohne weiteres durch die Konkurrenz einzuholen sind.

Angesichts dieser Chancen und Risiken betrieblicher Investitionspolitik stellt sich daher die Frage, wie das Investitions-Controlling diese Vorgänge begleiten kann, um eine erfolgreiche Investitionspolitik zu gewährleisten.

Ziel der folgenden Ausführungen soll sein, mit dem Investitions-Controlling ein Teilgebiet des betrieblichen Controlling-Systems zu charakterisieren, dessen Zielsetzungen herauszuarbeiten und wichtige Instrumente für deren Erfüllung vorzustellen.

2. Gegenstand und Ziele des Investitions-Controlling

Wie einleitend bereits erwähnt, kann Controlling als ein System verstanden werden, welches die Unternehmensführung bei der Wahrnehmung von Koordinationsaufgaben in Form von Planung und Kontrolle unterstützt. Es sind dies sowohl Aufgaben der (systemkoppelnden) Koordination im engeren Sinne wie auch der (systembildenden) Koordination, der Integration.

Da Investitionen hohe Risiken für die Rentabilität und die Liquidität und damit letztlich für die Existenz und die Fortentwicklung des Unternehmens bergen, muß zur Minimierung dieses Risikos und zur weitgehenden Vermeidung von Fehlentscheidungen der Investitionsentscheidungsprozeß in ein umfassendes Controlling-System integriert werden.

Dies erscheint um so wichtiger, je stärker die Kapitalbindung im Unternehmen betragsmäßig und zeitlich zunimmt (Reichmann/Lange 1985, S. 454). Das Investitions-Controlling soll vermeidbare Kapitalbindungen im Anlage- sowie im Umlaufvermögen erkennen und Strategien zur Verminderung dieser Kapitalbindung in enger Zusammenarbeit insbesondere mit dem Beschaffungs-, dem Produktions-, dem Logistik-, dem Absatz- und dem Finanz-Controlling entwickeln.

Der Zusammenarbeit zwischen Investitions-Controlling und Finanz-Controlling kommt dabei eine besonders hohe Bedeutung zu. Investitions-Controlling ist das Komplement zum Finanz-Controlling, welches vorrangig unterstützende Arbeit bei der Gewährleistung der laufenden und strukturellen Liquidität sowie der Überwachung der Finanzierungen und Finanzanlagen unter Rentabilitätsgesichtspunkten leistet. Insofern kann das Investitions-Controlling einerseits ohne die Vorgabe von bestehenden und zukünftigen Finanzrestriktionen nicht zieladäquat arbeiten. Es kann andererseits dem Finanz-Controlling Aufschluß darüber geben, in welchen Bereichen und zu welcher Zeit sich eine Erhöhung des Kapitals positiv auf die Rentabilität auswirkt.

Das Investitions-Controlling stellt insofern ein alle betrieblichen Funktionsbereiche übergreifendes, bei komplexen Großunternehmen auch institutionalisiertes Subsystem des Controlling dar. Es soll die zielorientierte Integration und Koordination des Investitionsplanungs-, -steuerungs- und -kontrollsystems gewährleisten und die hierfür erforderlichen Informationen, Methoden und Modelle bereitstellen.

Zielsetzung des Investitions-Controlling ist somit die Unterstützung der Unternehmensführung bei der sach- und zeitgerechten Planung, Steuerung und Kontrolle ihrer investitionsbezogenen Handlungen in den unterschiedlichen betrieblichen Teilbereichen, insbesondere bei der Formulierung hierarchiebezogener, konsistenter und operationalisierter Investitions-Entscheidungsziele sowie bei der Verbesserung der Effizienz der Entscheidungsfindung in allen Phasen des Investitionsentscheidungsprozesses.

3. Aufgaben des Investitions-Controlling

3.1 Projektbezogene und unternehmensbezogene Aufgaben

Ausgehend von den gesteckten Unternehmenszielen sollte das Investitions-Controlling in Abstimmung mit anderen Controlling-Bereichen eine zielgerichtete Investitionstätigkeit fördern.

Wie bereits ausgeführt, bezieht sich das Investitions-Controlling auf Investitionsentscheidungsprozesse. Ein Investitionsentscheidungsprozeß enthält in der Praxis Rückkopplungen, er vollzieht sich in Zyklen. Da bei der Betrachtung aller Investitionen eines Unternehmens zu einem

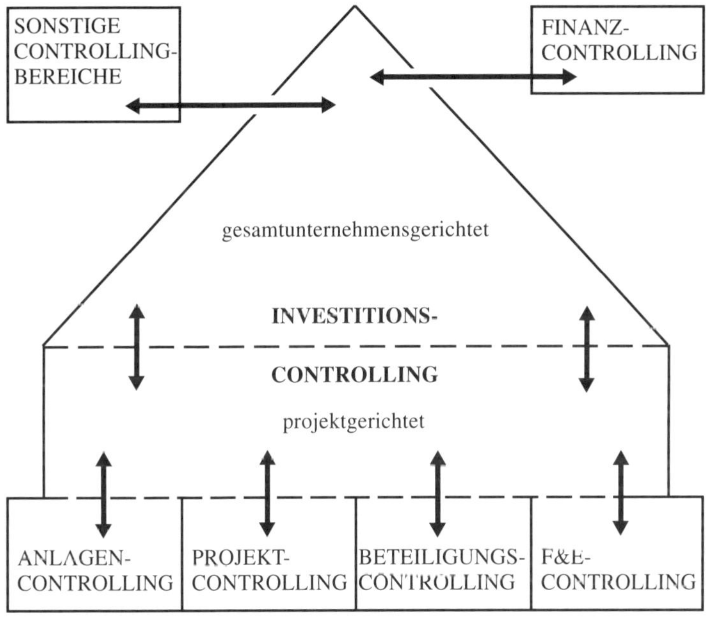

Quelle: Sierke 1989, S. 91

Abbildung 1: Funktionaler Controlling-Zusammenhang durch das Investitions-Controlling

bestimmten Zeitpunkt sich die einzelnen Investitionsprojekte in unterschiedlichen Phasen der jeweiligen Investitionsprozesse befinden und sich somit die Gesamtsituation eines Unternehmens aus der Überlagerung aller Investitionszyklen ergibt, reicht im Hinblick auf die gesamtunternehmensgerichtete Zielsetzung die Beschreibung eines auf eine einzelne Investition bezogenen Investitionsprozesses nicht aus.

Investitions-Controlling umfaßt insofern zum einen eine Koordination des Investitionsentscheidungsprozesses bei einzelnen Investitionsprojekten (projektbezogene Perspektive; vgl. Abbildung 1), zum anderen eine Abstimmung von Investitionsentscheidungen mit anderen Entscheidungsbereichen wie Personal-, Preis-, Produkt-, und Finanzpolitik (gesamtunternehmensbezogene Perspektive; vgl. Abbildung 1 sowie Gerberich 1986, S. 237).

Durch die Abbildung des zeitlichen Ablaufs einer Investitionsentscheidung in einem Phasen-Modell (vgl. Abbildung 2) lassen sich projektbezogen Eingriffsmöglichkeiten des Controlling ableiten und die Controlling-Aufgaben phasenweise zuordnen. Auf konkrete Aufgaben des Investitions-Controlling in der Planungs- und Kontrollphase wird in den folgenden Abschnitten eingegangen.

Sieht man von der Kontrollphase ab, kann ein Investitionsentscheidungsprozeß in zwei Hauptphasen zerlegt werden (vgl. Abbildung 3):

- In einen die Entscheidung vorher bestimmenden Teil (prädisponierender Investitionsprozeß) und
- einen Wirklichkeit werdenden, in die Tat umsetzenden Teil (realisierender Investitionsprozeß; vgl. Sierke 1989, S. 94ff.),

Der prädisponierende Investitionsprozeß umfaßt die Anregungs- und Entscheidungsphase; der realisierende Investitionsprozeß beinhaltet die Phasen der Investitionsdurchführung, -nutzung und -degeneration. Für die Beschreibung des Investitionslebenszyklus müssen neben der Zeitkomponente auch die Wirkung von Investitionen in den Phasen des Investitionsprozesses berücksichtigt werden. Hierfür ist eine ausschließlich monetäre Wirkungskomponente nicht geeignet, da auch qualitative Größen den Investitionserfolg beeinflussen. Als eine auch solche qualitativen Faktoren erfassende Wirkungsgröße kann das Erfolgspotential als Differenz zwischen Ressourcenverzehr und Ressourcenaufbau gelten.

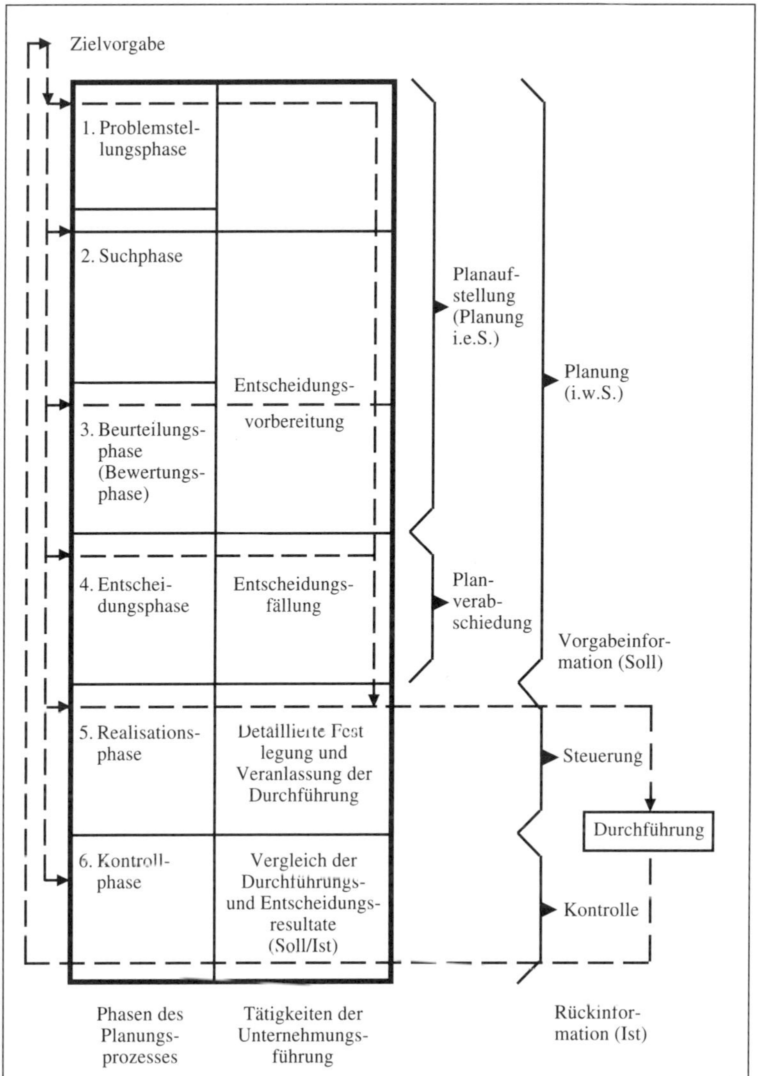

Quelle: Hahn 1985, S. 30 (modifiziert)

Abbildung 2: Phasen des (Investitions-)Planungsprozesses

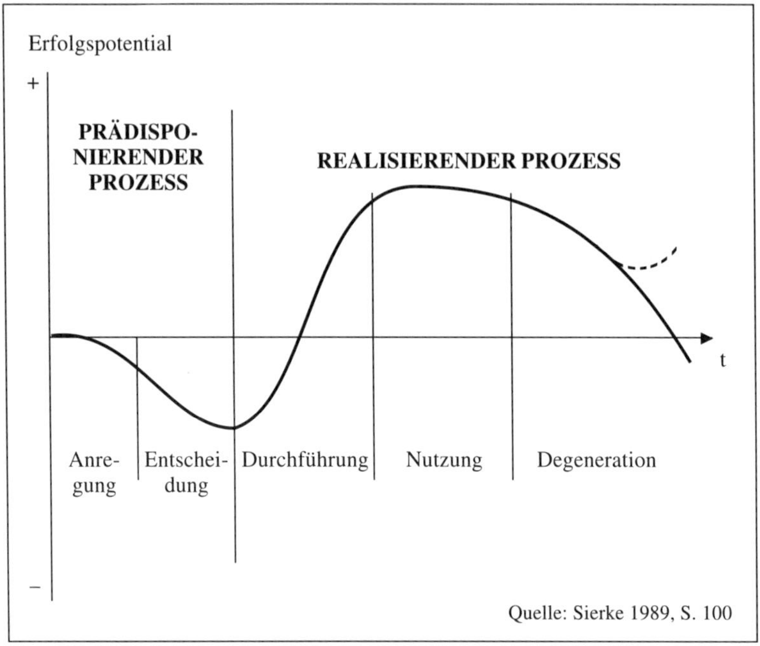

Abbildung 3: Schematisch dargestellter Investitionslebenszyklus

Der in Abbildung 3 vorgestellte Lebenszyklus von Investitionen kann grundsätzlich für jede beliebige Investition als modellhafte Grundlage dienen, wobei der Funktionsverlauf bei den einzelnen Investitionen unterschiedlich ist (vgl. Sierke 1989, S. 103ff.).

Durch Aggregation der einzelnen geplanten und realisierten Investitionen eines Unternehmens kann das bestehende und das zukünftige Erfolgspotential abgebildet werden. Dabei muß man in der Gesamtunternehmensbetrachtung davon ausgehen, daß das Erfolgspotential zu jeder Zeit auf einem bestimmten positiven Niveau gehalten werden muß. Negative Erfolgspotentialbeiträge eines Projektes müssen durch positive Potentialbeiträge anderer kompensiert werden. An dieser Zielsetzung hat sich die gesamtunternehmensgerichtete Investitionspolitik des Unternehmens zu orientieren.

3.2 Informations-, Integrations- und Koordinationsaufgaben

Aus dem Investitionsprozeß lassen sich die einzelnen Tätigkeiten des Investitions-Controlling ableiten, die zur Erfüllung der Aufgaben und damit der Ziele des Investitions-Controlling in den unterschiedlichen Phasen des Investitionsentscheidungsprozesses erforderlich sind (Lange/Schaefer 1992, S. 491).

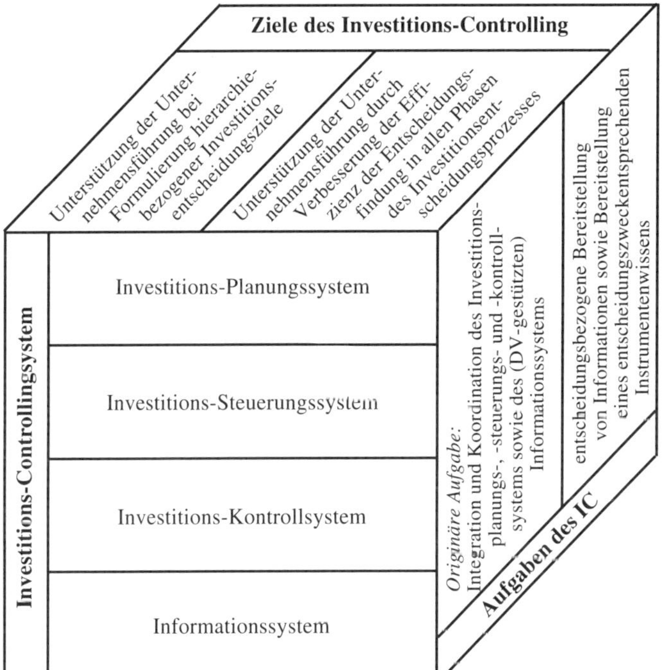

Quelle: Schaefer 1992, S. 36 (modifiziert)

Abbildung 4: Investitions-Controlling-Aufgaben und phasenbezogene Aktionselemente

Im Hinblick auf die zu realisierenden Ziele des Investitions-Controlling können drei Aktivitätsbereiche unterschieden werden, nämlich

- die Informationsversorgungsaufgabe,
- die Integrationsaufgabe und
- die Koordinationsaufgabe des Investitions-Controlling (vgl. Schaefer 1992, S. 37ff.).

Ziel einer umfassenden, ziel- und zugleich auch führungsproblembezogenen *Informationsversorgung* ist, Informationen für Planungs-, Steuerungs- und Kontrollaufgaben bereitzustellen und damit letztendlich die Schaffung und Sicherung der Reaktions-, Adaptions- und Antizipationsfähigkeit der Unternehmung zu gewährleisten (Küpper/Weber/Zünd 1990, S. 283). Enthalten sind hierin Aktivitäten der Bedarfsermittlung, der Beschaffung, der Aufbereitung und der Übermittlung von Informationen.

Eine systemgestaltende *Integration* sowie eine systemkoppelnde und prozeßsteuernde *Koordination* sollen die einzelnen Teilsysteme des Investitions-Controlling, nämlich das Investitionsplanungs-, -realisierungs- und -kontrollsystem sowie das Informationssystem, inhaltlich und zeitlich aufeinander abstimmen und Investitionsentscheidungsprozesse auf die Ziele und Strategien des Unternehmens konsequent ausrichten (vgl. Schaefer 1992, S. 44ff.).

Die Integrationsaufgabe des Investitions-Controlling umfaßt insofern den Entwurf und die Implementierung der Teilsysteme des Investitions-Controlling-Systems. Sie dient der Schaffung einer Gebilde- und Prozeßstruktur, die zur Abstimmung von investitionsbezogenen Aufgaben bzw. Tätigkeiten beiträgt (Horváth 1990, S. 124).

Die (systemkoppelnde und prozeßsteuernde) Koordination erstreckt sich auf alle Abstimmungsaktivitäten, die zur Aufrechterhaltung und situativen Anpassung bestehender Teilsysteme erforderlich sind (vgl. Schaefer 1992, S. 46ff.). Dabei hängen Art und Umfang der notwendigen Koordinationsaufgaben zum einen davon ab, inwieweit Abstimmungsprobleme innerhalb und zwischen den einzelnen Teilsystemen des Investitions-Controlling bereits bei der Integration gelöst worden sind, und zum anderen von der Flexibilität, die von der Gesamtstruktur verlangt wird.

4. Aufgaben, Methoden und Modelle der Investitionsplanung

Als Aufgaben des Investitions-Controlling bei der Investitionsplanung wurden in Abschnitt 3 die Koordination des Planungsprozesses bei einzelnen Investitionsprojekten, die Koordination der Investitionsprojekte (Investitionspläne) innerhalb der Ressorts und der Unternehmung sowie die Abstimmung der Investitionsplanung mit anderen Teilplänen der Unternehmung hervorgehoben.

Im folgenden sollen Aufgaben, Methoden und Modelle in den einzelnen Phasen eines Investitionsplanungsprojektes (vgl. Abbildung 2) vorgestellt werden. Einzugehen ist hierbei zunächst auf die Methoden der Problemidentifikation, der Identifikation von, Suche nach und Vorauswahl von Investitionsprojekten. Ausführlich sind anschließend Methoden der Bewertung von Investitionsalternativen im Rahmen der Beurteilungsphase eines Investitionsplanungsprozesses vorzustellen.

4.1 Problemidentifikation

Die Identifikation eines Investitionsbedarfs in der Unternehmung stellt den Ausgangspunkt eines Investitionsplanungsprozesses dar, ist gleichzeitig aber auch Ergebnis der abschließenden Phase eines solchen Prozesses, der Kontrollphase: Durch Kontrollinformationen sind Zieldefizite in der Unternehmung und damit auch Investitionsdefizite erkennbar, welche den Anlaß zu Investitionsplanungen geben. Faßt man diese Planungsphase weit, so umfaßt sie die Identifikation des Investitionsbedarfs (Problemstellungsphase), die Suche nach Handlungsmöglichkeiten zur Problemlösung (Suchphase) sowie die Vorselektion unter den Investitionsalternativen auf der Grundlage zwingender (technischer und Leistungs-)Anforderungen an die Investitionsalternativen (Vorauswahl).

Umfang und Intensität des Beratungbedarfs der Fachressorts sind in dieser Prozeßphase von der Art des Investitionsproblems abhängig. Bei einfach gelagerten Problemsituationen wie dem Ersatz einer Maschine sind die Notwendigkeit einer Investition sowie der Investitionszeitpunkt aus den Informationen des internen Rechnungswesens relativ einfach und eindeutig erkennbar. Auch die Investitionsalternativen sowie die technologischen und Leistungsanforderungen an die zu beschaffene Maschine sind weitgehend von der Notwendigkeit festgelegt, die Maschine in einen vorgegebenen Fertigungsprozeß zu integrieren. Ist bei einer solchen Problemstellung der Unterstützungsbedarf des Investitions-Controlling begrenzt, sofern ein leistungsfähiges internes Rechnungswesen in der Unternehmung etabliert ist, stellt sich die Situation bei komplexen Neuinvestitionen – wie der Einführung eines neuen Produktes, der Erschließung von (Auslands-)Märkten, dem Aufbau eines Werkes, der Einführung neuer Fertigungstechnologien – anders dar. Die Identifikation einer Investitionslücke im Rahmen der strategischen Kontrolle wie auch die Suche nach Investitionsalternativen bereiten erhebliche Probleme bei der Informationsbeschaffung und -interpretation. Bei solchen innovativen Investitionsproblemen hat das Investitions-Controlling in der Identifikationsphase den (strategischen) Analyseprozeß zu unterstützen und insbesondere auch Anregungen für (strategische) Investitionen zu erarbeiten.

Besonders wichtig ist hierbei die Bereitstellung leistungsfähiger Methoden, wie

- Brainstorming,
- Synektik,
- Morphologie und
- Entscheidungsbaumverfahren,

und eventuell die Moderation des Einsatzes dieser Methoden (vgl. Franke/Zerres 1994).

Mit Hilfe des *Brainstorming* können auf der Grundlage gruppendynamischer Prinzipien Ideen und Lösungsbeiträge zu einer Problemstellung gesammelt werden. Während einer Brainstorming-Sitzung wird eine begrenzte Zahl von Teilnehmern aufgefordert, zu einer eng gefaßten Fragestellung stichwortartige Aussagen zu machen. Gegenseitige Anregungen lösen Assoziationsprozesse aus, die zu einer hohen Problemlösungsrate, etwa bei der Suche nach innovativen Investitionsalternativen, führen sollen. Ausgehend von der Erfahrung, daß das Ganze mehr ist als die Summe seiner Teile, werden im Rahmen der *Synektik* (= systematische Kreativität) spontan Gedankensplitter gesammelt. Im Rahmen einer systematischen Erarbeitung von Informationsteilmengen bemüht man sich, ein Modell der realen Problemstellung und -zusammenhänge zu erarbeiten. Unter der *Morphologie* versteht man die systematische Erfassung und Kombination von Systemmerkmalen und deren Ausprägungen, um z. B. eine klarere Vorstellung von der Problemstruktur zu gewinnen sowie aus der Vielzahl denkbarer (Investitions-)-Alternativen in sich konsistente Investitionsstrategien abzuleiten. Der *Entscheidungsbaum* ist sowohl für die Bewertung wie auch die Generierung von (Investitions-)Alternativen einsetzbar. Es wird analysiert, wie ein vorgegebenes Ziel auf alternativen Wegen, das heißt mit unterschiedlichen Strategien zu erreichen ist. Jeder Schritt, der innerhalb des Entscheidungsbaumes gegangen wird, ist eine von mehreren Alternativen. Da jedem Ast des Entscheidungsbaumes eine Eintrittswahrscheinlichkeit zugeordnet wird, kann für jeden Endpunkt eines jeden Astes ein strategischer Erfolgs-Erwartungswert errechnet werden.

4.2 Entscheidungsfindung

Stehen nach einer Vorauswahl für das Entscheidungsproblem grundsätzlich geeignete Investitionsalternativen fest, sind diese zu bewerten, das heißt hinsichtlich ihrer Zielbeiträge zu beurteilen. Für diese Planungsprozeßphase hat das Investitions-Controlling

- geeignete Methoden, für unterschiedliche Problemstellungen und vor allem Entscheidungsziele adäquate Investitionsrechnungsverfahren zu entwickeln und bereitzustellen,
- die einheitliche Anwendung der Methoden zu gewährleisten – durch die detaillierte Beschreibung des Informationsinput, die Programmierung der Rechenschritte, die Erläuterung der Algorithmen in Handbüchern sowie die Normierung bestimmter Daten wie Abschreibungsverfahren, Steuersätze, Marktzinsen, Inflationsraten etc. – sowie
- gemeinsam mit den Fachressorts bei komplexen Großprojekten die Bewertung durchzuführen, das heißt einen Investitionsantrag auszuarbeiten.

Im folgenden sollen die einzelnen Investitionsentscheidungsmodelle vorgestellt und ihre Eignung für unterschiedliche Entscheidungssituationen diskutiert werden. Einen Überblick über die Investitionsentscheidungsmodelle vermittelt Abbildung 5.

Eingegangen werden soll zunächst auf Investitions-Einzelentscheidungen und hierbei insbesondere die statischen (1) und dynamischen (2) Investitionsrechnungsverfahren bei in Geldgrößen definierbaren

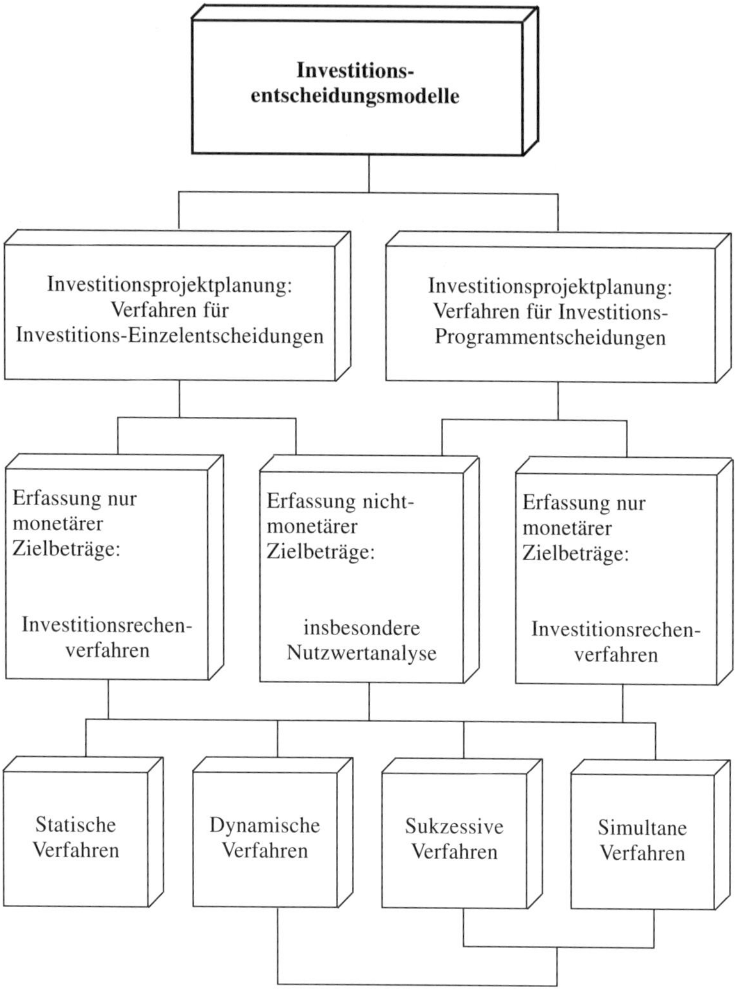

Quelle: Schaefer 1992, S. 95 (modifiziert)

Abbildung 5: Investitionsentscheidungsmodelle

Investitionszielen. Anschließend sollen Modelle für die Investitionsprogrammplanung (3), Modelle zur Abbildung und Bewertung der Investitionsrisiken (4) sowie Modelle für Entscheidungssituationen bei nicht (ausschließlich) monetärer Zielsetzung (5) vorgestellt werden.

Investitionsrechenverfahren zur Analyse der erwarteten (monetären) Zielbeiträge von Einzelinvestitionen bilden die Zielbeiträge einer Investition in einem Entscheidungskriterium (z. B. Kosten, Gewinn, Kapitalwert, Annuität, Interner Zinsfuß, (Vermögens-)Endwert) ab. Voraussetzung für die Anwendung dieser Investitionsrechenverfahren ist eine hinreichend begründete Prognose der einer Investition zurechenbaren künftigen Kosten und Erlöse bzw. der Aus- und Einzahlungsreihen sowie eine ausreichende Abgrenzung einer Investition zu zeitgleichen bzw. vor- und nachgelagerten Projekten.

Generell lassen sich zwei Gruppen von Investitionsrechenverfahren unterscheiden (vgl. Busse von Colbe/Laßmann 1990, S. 20ff.):

- auf Erlösen und Kosten basierende (statische) Verfahren (auch als kalkulatorische oder einperiodige Investitionsrechenverfahren bezeichnet) und
- auf Ein- und Auszahlungen basierende (dynamische) Verfahren (auch als finanzmathematische oder mehrperiodige Investitionsrechenverfahren bezeichnet).

(1) Die *statischen Investitionsrechenverfahren* basieren auf einperiodigen, kalkulatorischen Größen des betrieblichen Rechnungswesens und berücksichtigen nicht den Tatbestand, daß die Zahlungen zu unterschiedlichen Zeitpunkten anfallen. Zur Gruppe der statischen Investitionsrechenverfahren gehören

- die Kostenvergleichsrechnung,
- die Gewinnvergleichsrechnung,
- die Rentabilitätsvergleichsrechnung und
- die (statische) Amortisationsvergleichsrechnung.

Bei der *Kostenvergleichsrechnung* werden die (als repräsentativ unterstellten) Gesamtkosten des ersten Nutzungsjahres oder die durchschnittlichen Gesamtkosten alternativer Investitionsobjekte miteinander verglichen und die kostenminimale Alternative ausgewählt. Vorausgesetzt wird, daß Erlöse sich den Investitionen nicht zurechnen lassen bzw. daß diese sich nicht unterscheiden.

Wenn sich die Investitionsalternativen außer in den Kosten z.B. aufgrund unterschiedlicher Kapazitäten auch in den Erlösen unterscheiden, wird bei Anwendung der *Gewinnvergleichsrechnung* die Alternative mit dem höchsten durchschnittlichen Periodengewinn ausgewählt.

Mit Hilfe der *Rentabilitätsvergleichsrechnung* werden Durchschnittsverzinsungen bzw. statische Kapitalrentabilitäten (Return on Investment) der Investitionsobjekte miteinander verglichen. Die Kapitalrentabilität errechnet sich aus dem Verhältnis des durchschnittlichen Periodengewinns zu dem durchschnittlich gebundenen Kapital.

Bei der *Amortisationsvergleichsrechnung* erscheinen Investitionsobjekte um so günstiger, je kürzer die Amortisationsdauer bzw. Kapitalrückflußzeit ist. Dabei versteht man unter der Amortisationsdauer die Zeitspanne, die bis zur Amortisation der gesamten Anschaffungsauszahlungen durch die Einzahlungsüberschüsse vergeht.

Aufgrund ihrer vereinfachenden, pauschalierenden Abbildung der Entscheidungssituation sollten die statischen Investitionsrechenverfahren nur für kleinere Investitionsprojekte, die z.B. einen bestimmten Prozentsatz des betrieblichen Gesamtvermögens bzw. des jährlichen Investitionsbudgets nicht überschreiten, angewandt werden.

(2) Die *dynamischen Investitionsrechenverfahren* basieren auf Zahlungsreihen und berücksichtigen mit Hilfe der Zinseszinsrechnung explizit die Zahlungszeitpunkte. Aufgrund des notwendigen Durchdenkens der Investitionsprojekte über die gesamte Nutzungsdauer hinweg und damit unter dem Aspekt der Entscheidungstransparenz sowie im Interesse der Genauigkeit der Entscheidung sind aus der Sicht des Investitions-Controlling die dynamischen den statischen Investitionsrechenverfahren konzeptionell überlegen. Zur Gruppe der dynamischen Investitionsrechenverfahren gehören

- die Kapitalwert- und Annuitätenmethode,
- die Interne Zinsfuß-Methode,
- die Dynamische Amortisationsrechnung und
- die (Vermögens-)Endwertmethode.

Bei der *Kapitalwertmethode* werden alle mit einer Investition verbundenen Zahlungen (Einzahlungen und Auszahlungen) auf den Beginn des Planungszeitraums (Kalkulationszeitpunkt) mit Hilfe des Kalkulationszinssatzes abgezinst. Der Kapitalwert ist die Differenz aus dem Barwert der Einnahmen und dem Barwert der Ausgaben. Er läßt sich als Vermögenszuwachs aus einer Investition bezogen auf den Beginn des Planungszeitraums interpretieren (vgl. Busse von Colbe/Laßmann 1990, S. 47ff.; Schaefer 1992, S. 100ff.). Ein Investitionsobjekt ist dann vorteilhaft, wenn es einen positiven Kapitalwert aufweist; von mehreren zur Auswahl stehenden Investitionsprojekten ist dasjenige mit dem höchsten Kapitalwert auszuwählen.

Durch die *Annuitätenmethode* wird mit Hilfe des Kapitalwiedergewinnungsfaktors (Annuitätenfaktor) der Kapitalwert einer Investition in wiederkehrende, gleichhohe Zahlungen (Annuitäten) auf die gesamte prognostizierte Nutzungsdauer verteilt. Die Annuitätenmethode ist somit eine Variante der Kapitalwertmethode.

Der *Interne Zinsfuß* einer Investition ist derjenige kritische Zinssatz, bei dessen Anwendung als Kalkulationszinssatz der Kapitalwert einer Investition den Wert »Null« annimmt. Ein Investitionsobjekt ist dann vorteilhaft, wenn der Interne Zinsfuß über dem Marktzins bzw. der geforderten Mindestverzinsung liegt; von mehreren zur Auswahl stehenden Investitionsalternativen ist diejenige auszuwählen, die den höchsten Internen Zinsfuß aufweist.

Ebenso wie die statische Amortisationsrechnung beurteilt die *dynamische Amortisationsrechnung* Investitionsobjekte nach ihrer Kapitalrückflußzeit. Allerdings entspricht bei der dynamischen Amortisationsrechnung die Kapitalrückflußzeit demjenigen Zeitraum, innerhalb dessen das eingesetzte Kapital über die Einzahlungsüberschüsse unter Berücksichtigung einer Verzinsung in Höhe des Kalkulationszinssatzes dem Unternehmen voraussichtlich wieder zugeflossen sein wird.

Die *(Vermögens-)Endwertmethode* bezieht sämtliche von einem Investitionsobjekt zusätzlich verursachten, künftig erwarteten Ein- und Auszahlungen unter Berücksichtigung der Zinseszinswirkungen auf das Ende des Planungszeitraumes. Dabei wird die Summe aller auf das Ende der prognostizierten Nutzungsdauer aufgezinsten Ein- und Auszahlungen als (Vermögens-)Endwert einer Investition bezeichnet. Ein Investitionsobjekt ist dann vorteilhaft, wenn es einen positiven Endwert hat; von mehreren zur Auswahl stehenden Investitionsalternativen ist diejenige auszuwählen, die den größten Endwert aufweist.

(3) Im Unterschied zu Modellen für die Planung einzelner Investitionsprojekte sind die Modelle der *Investitionsprogrammplanung* auf die Beurteilung des Umfanges und der Zusammensetzung eines Investitionsprogrammes einer oder mehrerer Planungsperioden ausgerichtet – unter Beachtung einer vorgegebenen Zielfunktion (Kapitalwert-, Vermögensendwert- oder Entnahmemaximierung) und gegebenenfalls unter Berücksichtigung von direkten oder indirekten Interdependenzen (Nebenbedingungen des Entscheidungsmodells). Solche Abhängigkeiten können zwischen einzelnen (isolierten oder sich gegenseitig ergänzenden) Investitionen sowie zwischen der Investitionsplanung und anderen betrieblichen Teilplänen, wie z. B. der Finanz-, Produktions-, Beschaffungs- und Absatzplanung, bestehen.

Abgesehen von einfachen Modellen, wie z. B. dem »Dean-Modell«, sind die Modelle der Investitionsprogrammplanung aufgrund ihres hohen Datenbedarfs und der daraus resultierenden Komplexität und mangelnden Handhabbarkeit in der Praxis nur wenig verbreitet.

(4) Die vorgestellten Modelle zur Beurteilung des Zielbetrags von Investitionsalternativen gehen von sicheren (»einwertigen«) Erwartungen bezüglich der enthaltenen Größen aus, bilden also die *Unsicherheit* der Realität nicht ab.

Zur Berücksichtigung unsicherer Erwartungen in einem Investitions-Planungsmodell, zur Beurteilung von Risiken und Chancen von Investitionen, können mehrere Vorgehensweisen der Risikoabbildung unterschieden werden.

Die Risikoabbildung erfolgt in ihrer einfachsten Form durch Risikozuschläge bzw. Risikoabschläge auf die als unsicher erachteten Eingangsgrößen einer Investitionsrechnung *(Korrekturverfahren)*. Dies geschieht insbesondere bei den jährlich wiederkehrenden Einnahmen/Erlösen und Ausgaben/Kosten. Der wesentliche Nachteil des Korrekturverfahrens besteht darin, daß das Risiko nur pauschal und einseitig berücksichtigt wird. Einseitig deshalb, weil nur potentielle Risiken, potentielle negative Auswirkungen auf die Investitionsziele, abgebildet, potentielle positive Abweichungen (Chancen) übersehen werden. Mit der Abbildung des Risikos ist damit schon das Risiko bewertet worden. Letztere sollte jedoch dem Entscheidungsträger – gemäß seiner Risikoeinstellung – überlassen werden. Es besteht die Gefahr, daß das Prinzip der Vorsicht möglicherweise übertrieben wird und damit, überspitzt formuliert, Investitionen »totgerechnet« werden.

Ein weiteres Verfahren ist die *Sensitivitätsanalyse*. Zwei Fragestellungen stehen dabei im Vordergrund der Betrachtung:

- Wie empfindlich reagiert die Zielgröße einer Investitionsrechnung (z. B. Kapitalwert) auf bestimmte Veränderungen (z. B. eine optimistische oder pessimistische Schätzung) einer oder mehrerer Eingangsgrößen? Reagiert die Zielgröße empfindlich auf z. B. veränderte Absatzmengen, so sind weitergehende Analysen für eine besser abgesicherte Prognose der Absatzmengen erforderlich.
- In welchem Maß können die Eingangsgrößen einer Investitionsrechnung variiert werden, ohne daß die Zielgröße einen bestimmten Mindestwert unterschreitet? Die mit dieser Fragestellung verbundene Rechnung wird auch als »Verfahren der kritischen Werte« oder als »Stabilitätsanalyse« bezeichnet. So kann beispielsweise dadurch die Frage beantwortet werden, um wieviel der bei einer Erweiterungsinvestition prognostizierte Umsatz sinken darf, ohne daß eine vorgegebene Mindestverzinsung des eingesetzten Kapitals unterschritten wird. Dieser Umsatz wird dann als kritischer Umsatz eingestuft. Natürlich können auch andere Rechengrößen als kritisch betrachtet werden, so z. B. der Kalkulationszinssatz, der Anschaffungswert oder die Nutzungsdauer.

Die Sensitivitätsanalyse ermöglicht einen Einblick in die Wirkungsstruktur eines Investitionsvorhabens. Die Auswirkungen der Unsicherheit werden erkennbar. Dies gilt insbesondere für das »Verfahren der kritischen Werte«. Kritisch anzumerken ist, daß die Sensitivitätsanalyse nur eine Partialanalyse ermöglicht. Nur eine oder wenige Eingangsgrößen werden variiert, die anderen Eingangsgrößen bleiben konstant.

Das anspruchsvollste, gleichzeitig aber auch aufwendigste Verfahren ist die *Risikoanalyse*. Ziel dieses Verfahrens ist es, eine Wahrscheinlichkeitsverteilung für die Zielgröße einer Investitionsrechnung (z. B. den Kapitalwert) aus den Wahrscheinlichkeitsverteilungen unsicherer Eingangsgrößen abzuleiten. Es soll die Frage beantwortet werden, mit welcher Wahrscheinlichkeit ein bestimmtes Ergebnis einer Investitionsrechnung erwartet werden kann. Die Risikoanalyse stößt in der Praxis auf Akzeptanzprobleme, die auf den mit ihr verbundenen hohen Aufwand und ihre theoretisch anspruchsvolle Methodik zurückzuführen sind. Die Anwendung dieser Methode sollte daher auf Großprojekte beschränkt werden.

Sind die Risiken von Investitionsprojekten bzw. -programmen mit Hilfe der angeführten Verfahren abgebildet, stehen also etwa die Wahrscheinlichkeitsverteilungen der Kapitalwerte ins Auge gefaßter Investitionsalternativen fest, müssen die Alternativen abschließend bewertet werden. Modelle, die die hierbei zu berücksichtigenden unterschiedlichen Risikoeinstellungen (Risikoneutralität, Risikoscheu, Risikofreude) von Entscheidungsträgern erfassen können, sind das Erwartungswertmodell (Bayes-Modell), das Risikonutzen-Erwartungswertmodell (Bernoulli-Modell) sowie das Erwartungswert-/Streuungsmodell (μ/σ-Modell).

(5) Neben den monetären Zielgrößen sind in der Realität insbesondere bei strategischen Investitionsprojekten oft auch *nicht* oder nur schwer *monetär quantifizierbare Zielgrößen* entscheidungsrelevant. Zu denken ist etwa bei der Planung eines neuen Produktionsstandorts an die Stabilität der politischen Systeme, die Qualität und Mentalität des Mitarbeiter- und Führungskräftepotentials, das Potential an zuverlässigen und leistungsstarken Zuliefererbetrieben, die Auswirkungen auf das Produkt- und Unternehmensimage.

Dem Investitions-Controlling kommt die Aufgabe zu, auch Entscheidungsmodelle bereitzustellen (Reichmann 1993, S. 243), die nicht oder nur schwer monetär quantifizierbare Zielbeiträge transparent bündeln und zu einer brauchbaren Entscheidungsempfehlung verdichten. Solche Entscheidungsmodelle sind die Kosten-Nutzen-Analyse und insbesondere die Nutzwert-Analyse.

Bei einer *Kosten-Nutzen-Analyse* versucht man festzustellen, ob bei der Durchführung einer Maßnahme oder einer Investition mit einer positiven Ertragsbilanz zu rechnen ist und wenn ja, in welcher Höhe der Gewinn liegen könnte. Dabei ist die Grundannahme dieser Form der Bewertung, sowohl den Nutzen als auch die Kosten der Investitionsprojekte in monetäre Größen transformieren zu können. Dieses Verfahren wird vor allem bei gesamtwirtschaftlichen Investitionen angewandt.

Ziel der auch in Unternehmungen häufig eingesetzten *Nutzwert-Analyse* ist eine Beurteilung alternativer Investitionsmaßnahmen mit Hilfe gewichteter Zielkriterien (Zangemeister 1976).

Zunächst sind hierbei die entscheidungsrelevanten Ziele in einzelne, der Messung von Zielerträgen zugängliche Subziele zu zerlegen. Für das oben genannte Ziel »Politische Stabilität« wären dies etwa die Häufigkeit von Streiks, von Regierungswechseln etc. Diese Zielkriterien sind in Abhängigkeit von ihrer jeweiligen Bedeutung für den Entscheidungsträger zu gewichten. Anschließend sind Zielerträge der einzelnen Investitionsalternativen (z. B. Anzahl der Streiktage an den unterschiedlichen Produktionsstandorten) für jedes Zielkriterium zu ermitteln, die Zielerträge für jedes Zielkriterium in Zielwerte und damit Teilnutzenwerte zu überführen (etwa durch eine Zuordnung von Punktwerten zu Streiktagen) sowie die einzelnen Teilnutzenwerte über alle Zielkriterien hinweg zu aggregieren (Wertsynthese). Man erhält so den (Gesamt-)-Nutzwert einer Investitionsalternative.

5. Aufgaben, Methoden und Modelle der Investitionskontrolle

5.1 Kontrollorientierte Aufgaben des Investitions-Controlling

Da Investitionsentscheidungen mit Unsicherheit behaftete Annahmen über zukünftige Entwicklungen zugrunde liegen und Investitionsentscheidungen langfristige Auswirkungen auf das gesamte Unternehmen haben, kommt der Investitionskontrolle eine erhebliche Bedeutung zu (vgl. Schaefer 1992, S. 137ff.). Zur Vermeidung der Investitionsrisiken sollten Kontrollen in den gesamten betrieblichen Investitionsentscheidungsprozeß integriert sein.

(1) Objekte der Investitionskontrolle

Als Objekte der Investitionskontrolle können sowohl das mit der betrieblichen Investitionstätigkeit verbundene wirtschaftliche Ergebnis als auch der Investitionsentscheidungsprozeß selbst gelten. Hieraus läßt sich die Unterscheidung zwischen ergebnis- und verfahrensorientierten Kontrollen ableiten (vgl. Abbildung 6 sowie ausführlich: Schaefer 1992, S. 140f.).

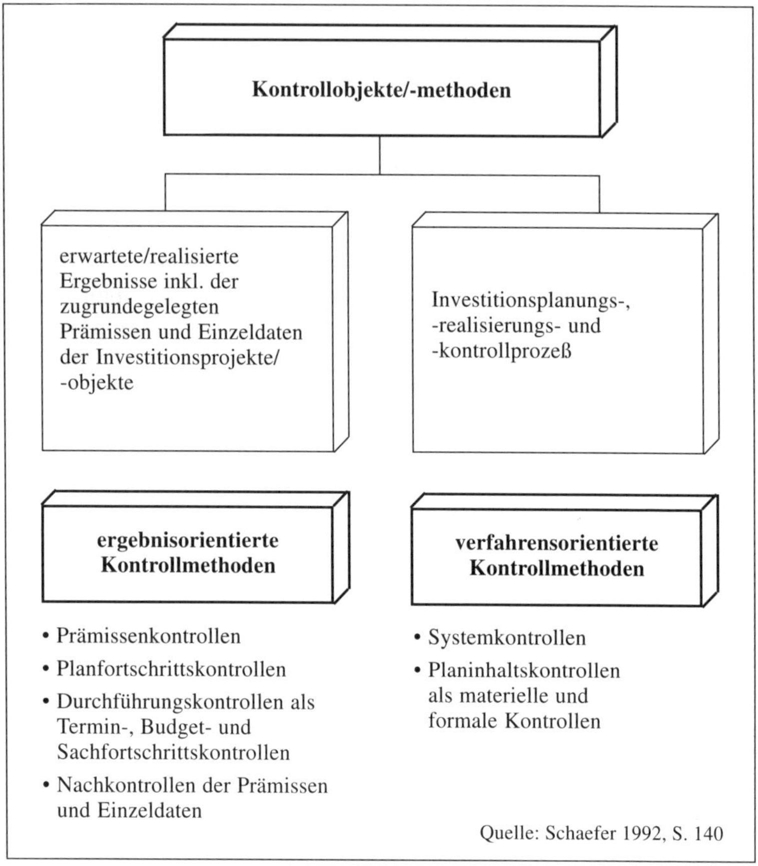

Abbildung 6: Kontrollmethoden

Für das Investitions-Controlling muß der Begriff der Kontrolle hierbei dynamisch interpretiert werden: Kontrolle im dynamischen Sinne geht über die enge Begriffsfassung der »statischen Kontrolle« im Sinne einer Überwachung abgeschlossener Vorgänge (retrospektive (ex post-) Kontrolle) hinaus (Coenenberg/Baum 1987, S. 118f.). Sie beinhaltet einen permanenten, prozeßbegleitenden und systemimmanenten, nicht nur regelungs-, sondern auch steuerungswirksamen Überwachungsvorgang (Baetge 1984, S. 159–200; Serfling 1983, S. 56f.). Damit umfaßt die

Kontrolle auch eine zukunftsgerichtete Informationsgewinnung zum Zwecke der Frühwarnung (prospektive (ex ante-) Kontrollen; Lange/ Schaefer 1992, S. 316f.).

(2) Funktionen der Investitionskontrolle

Aus dieser dynamischen Interpretation des Begriffs »Kontrolle« innerhalb des Investitions-Controlling lassen sich zwei Funktionen der Investitionskontrolle ableiten: Zum einen zielt die Investitionskontrolle auf eine Information über die betriebliche Investitionstätigkeit und deren Zielbeiträge (Informationsfunktion) ab, und zum anderen bezweckt sie eine Verhaltensbeeinflussung (Verhaltensbeeinflussungsfunktion; vgl. Schaefer 1992, S. 138f.).

Innerhalb der *Informationsfunktion* soll etwa erreicht werden, daß Abweichungen zwischen ursprünglich geplanten und – durch Kontrollinformationen gewonnenen – realisierten Ist-Investitionsergebnissen mit Gegensteuerungsmaßnahmen begegnet wird.

Die *Verhaltensbeeinflussung* zielt auf die psychologischen Wirkungen von Investitionskontrollen auf die Mitarbeiter ab und will durch die Ankündigung und/oder Durchführung von Kontrollen in einzelnen Fachressorts erreichen, daß sich die Mitarbeiter im Investitionsbereich um eine größere Planungsgenauigkeit und um eine Umsetzung der Pläne bemühen (Präventivwirkung der Investitionskontrolle).

(3) Umfang der Investitions-Kontrolle

Die Investitions-Kontrolle kann als Voll- oder Teilkontrolle durchgeführt werden (Lüder 1969, S. 84; Saatmann 1970, S. 43f.), das heißt alle oder nur einen Teil der Investitionsobjekte und Soll-Ist-Abweichungen umfassen.

Im Hinblick auf die Auswahl der in die Investitionskontrolle einzubeziehenden Investitionsobjekte und Abweichungen ist es bei den heutigen Möglichkeiten der EDV-Unterstützung weniger wegen der Kosten der Informationsverarbeitung, sondern vor allem angesichts der Kosten der Informationsauswertung notwendig, den potentiellen Kontrollnutzen und die Kontrollkosten gegeneinander abzuwägen.

Für die Auswahlentscheidung des Investitions-Controlling, welche Abweichungen bzw. welche Investitionsobjekte vom Investitions-Controlling im einzelnen zu analysieren sind, werden in der Literatur folgende Entscheidungskriterien vorgeschlagen (Borer 1978, S. 141–146):

- die an der Investitionssumme gemessene Größe der Investitionsobjekte,
- die Häufigkeit der Wiederholung von Investitionen,
- der Unsicherheitsgrad und die Komplexität der den Investitionsobjekten zugrundeliegenden Investitionsplanung oder
- der Investitionstyp, wie z. B. Erweiterungs- oder Ersatzinvestition.

Über diese Entscheidungskriterien hinaus sollte speziell die Abweichungsanalyse auf diejenigen Abweichungen bei Investitionsobjekten konzentriert werden, die eine besondere Bedeutung für die Rentabilität und die Liquidität des Gesamtunternehmens erwarten lassen (Lange 1990, S. 142). Die Analyse sollte sich ferner vorrangig auf solche Abweichungen beziehen, deren Auswirkungen nachträglich mit regelungswirksamen (reaktiven) Anpassungsmaßnahmen neutralisiert oder deren Eintreten zukünftig voraussichtlich mit erfolgversprechenden steuerungswirksamen (antizipativen) Anpassungsmaßnahmen (zumindest teilweise) vermieden werden können.

Im Hinblick auf die Abweichungsanalyse bei einzelnen Investitionsprojekten i.R. einer Investitionsnachrechnung lassen sich hieraus folgende Schlüsse ziehen: Eine Vollkontrollrechnung, die sämtliche bei der Investitionsplanung berücksichtigten Daten umfaßt und nach dem gleichen Verfahren durchgeführt wird wie die Investitionsplanungsrechnung, dürfte nur in Ausnahmefällen sinnvoll sein. Vorzuziehen ist in der Regel eine Teilkontrollrechnung. Sie beschränkt sich auf kritische Daten. Zur Auswahl kritischer Daten kann die Sensitivitätsanalyse angewandt werden. Der Vorteil der Teilkontrollrechnung liegt darin, daß aufgrund der Beschränkung auf ausgewählte Daten, wie z. B. Beschäftigungsgrade, Umsatzeinzahlungen/-erlöse und Lohnauszahlungen/-kosten, ein vergleichbarer Kontrollnutzen mit unter Umständen weit geringeren Kontrollkosten erzielt werden kann.

(4) Zeitpunkt und Häufigkeit der Investitionskontrolle

Die Kontrolle der Investitionsobjekte sollte nicht einmalig, sondern laufend, während der gesamten Nutzungsdauer einer Investition (Kontrollphase) erfolgen. *Zeitpunkt und Häufigkeit der Investitionskontrolle* müssen vom Investitions-Controlling objektbezogen in Abhängigkeit von der Bedeutung des einzelnen Investitionsobjektes festgelegt werden (Borer 1978, S. 149; Lüder 1969, S. 69f.). Abhängig von unternehmensinternen und -externen Gegebenheiten kann das Investitions-Controlling neben den periodischen Kontrollterminen zusätzlich sporadische Kontrollen vorsehen.

(5) Ablauf der Investitionskontrolle

Der Ablauf eines Investitionskontrollprozesses soll am Beispiel einer ergebnisbezogenen retrospektiven Investitionskontrolle aufgezeigt werden. Er läßt sich in die folgenden Schritte untergliedern:

- Bereitstellung objektbezogener Daten,
- Investitionsnachrechnung,
- Ermittlung und Analyse objektbezogener Abweichungen, wie z.B. Bestimmung des optimalen Ersatzzeitpunktes,
- Erstellung des Investitionskontrollberichtes mit Informationsweiterleitung,
- Gegensteuerung und/oder Neuplanung (vgl. Schaefer 1992, S. 149ff.).

Bei der *Bereitstellung objektbezogener Ist-Daten* ist es Aufgabe des Investitions-Controlling festzustellen, welche der benötigten Daten bereits im Unternehmen erfaßt sind und wie diese für Zwecke der Investitionskontrolle ergänzt und aufbereitet werden können. Wichtige Informationsquellen sind die betriebliche Kosten- und Leistungsrechnung, die Finanzbuchhaltung, die Lohn- und Gehaltsabrechnung, die Materialabrechnung und die Anlagenbuchhaltung (vgl. Abschnitt 6.1).

Aufgrund der den Investitionsplanungen anhaftenden Unsicherheit werden Plan- bzw. Soll- und Ist-Daten nur selten übereinstimmen. Es sind deshalb Soll- (bzw. Plan-) Ist-Abweichungen zu ermitteln. Nach der Ermittlung dieser Abweichungen kann die eigentliche Abweichungsanalyse durchgeführt werden. Hierbei sind (Gesamt-)Abweichungen derart in (Teil-)Abweichungen aufzulösen, daß Abweichungsursachen und -verantwortlichkeiten eindeutig erkennbar werden. Dieses ist aufgrund der Wechselwirkungen zwischen Einflußgrößen jedoch nicht immer möglich.

Am Ende der Investitionskontrolle steht die *Erstellung des Investitionskontrollberichtes,* der mit einer problem- und empfängerorientierten Aufbereitung der Kontrollergebnisse den zuständigen Entscheidungsträgern die Umsetzung in Anpassungsentscheidungen erleichtern soll. Aufgabe des Investitions-Controlling ist daher der Aufbau, die Gestaltung und fortwährende Überarbeitung von Investitionskontrollberichten.

5.2 Bereiche und Instrumente einer ergebnisorientierten Kontrolle

Die *ergebnisorientierten Kontrollmethoden* liefern Informationen, inwiefern Plan-Prämissen, Plan-Einzeldaten und/oder Plan-Ergebnisse (bzw. die entsprechenden Soll-Größen), als Ist-Größen realisiert worden sind bzw. inwieweit deren Realisierung in Zukunft (als Wird-Größen) erwartet werden kann. Ergebnisorientierte Kontrollmethoden umfassen insofern

- die Prämissenkontrolle und
- die Planfortschrittskontrolle.

(1) Prämissenkontrolle

Die Aufgabe der *Prämissenkontrolle* besteht darin, während des Investitionsplanungsprozesses laufend Kontrollinformationen zur Entwicklung kritischer Prämissen zu erheben, um obsolet gewordene Prämissen möglichst frühzeitig zu erkennen.

Instrumente zur strategischen Prämissenkontrolle sind vor allem *Frühwarnsysteme und Szenario-Techniken* (Hahn 1985, S. 173–180).

Aufgabe und Ziel eines betrieblichen Frühwarn- oder Kriseninformationssystems ist es, Informationen aus der Unternehmung und der Unternehmensumwelt, die eine latente bzw. potentielle Gefährdung der Unternehmung signalisieren, rechtzeitig zu erfassen, zu diagnostizieren und zu bewerten. Hierbei kommt der Rechtzeitigkeit der Informationserfassung eine entscheidende Bedeutung zu, da eine ausreichende Zeitspanne zur Ergreifung und zum Wirksamwerden von Gegenmaßnahmen notwendig ist. Beobachtungsobjekte eines betrieblichen Frühwarnsystems sind im Grundsatz sowohl die Unternehmung selbst wie auch die mittelbare und unmittelbare Unternehmensumwelt (vgl. Bea/Kötzle 1983, S. 568f.).

Im Rahmen einer empirischen Untersuchung wurden von Hahn/Klausmann aussagekräftige Frühwarnindikatoren für einzelne Beobachtungsfelder ermittelt (Hahn/Klausmann 1979).

Die *Szenario-Technik* stellt denkbare und nicht unwahrscheinliche Zukünfte in der Form von Drehbüchern dar. Es lassen sich projektive Szenarien (die aus der Gegenwart projizierte alternative Zukünfte darstellen) und normative Szenarien (die von einem gewünschten Zustand in der Zukunft ausgehen und alternative Wege suchen, die von heute ausgehend diesen Zustand herstellen könnten) unterscheiden (vgl. Franke/Zerres 1994).

Im Rahmen von Szenarien läßt sich die Relevanz erkannter Prämissenänderungen für die Erreichung strategischer Ziele sowie (retrograd) die Bedeutung einzelner Prämissen und damit die Notwendigkeit, diese zu kontrollieren, ableiten. Die Szenario-Analyse kann insofern die Aufgabe des Investitions-Controlling unterstützen, die Prämissen in einer Dringlichkeitsordnung anzuordnen, »kritische« Prämissen auszuwählen und ihnen Kontrollrhythmen zuzuordnen.

(2) Planfortschrittskontrolle

Umfassen Investitionsplanungsprozesse einen längeren Zeitraum und sind die Investitionspläne in einzelne Planabschnitte auflösbar, dann lassen sich mit einer *Planfortschrittskontrolle* die Realisierung einzelner Planbestandteile überprüfen, eine schrittweise (ex post-) Ergebniskontrolle durchführen sowie zukünftige Abweichungen prognostizieren. Insbesondere bei einer diskontinuierlichen Entwicklung der Unternehmensumwelt sind Planfortschrittskontrollen von besonderer Bedeutung.

Ein Instrument der Planfortschrittskontrolle ist die *Netzplantechnik*, bei welcher in einem Netzplan die einzelnen Planbestandteile vom Plan-Beginn bis zum Plan-Fertigstellungszeitpunkt im Zeitablauf graphisch dargestellt werden. Indem man »kritische« Kontrollpunkte definiert, können die Erreichung der Planziele in inhaltlicher und zeitlicher Hinsicht ex ante und ex post kontrolliert und die voraussichtliche Dauer der Entwicklung und Durchführung eines Projektes abgeschätzt werden. Die Netzplantechnik eignet sich für Planung und Kontrolle von komplexen Investitionsprojekten, bei denen eine sehr große Zahl aufeinander folgender Tätigkeiten vorliegt. Nach deren Identifizierung und der Ermittlung ihrer Dauer lassen sich diese Aktivitäten mit Hilfe der Graphen-Methode in einem Netz darstellen und analysieren. Ein systematisches Durchlaufen aller möglichen Wege durch dieses Netz erlaubt es, denjenigen Weg zu suchen und zu finden, der zur frühestmöglichen Beendigung des Projektes führt. Andererseits kann das Netz bei der Vorgabe eines Endtermins auch rückwärts durchlaufen werden, so daß die spätest möglichen (erlaubten) Termine ermittelt werden, an denen eine Tätigkeit beendet sein muß. Wichtig ist die Berechnung von Pufferzeiten, die Rerservezeiten darstellen. Auf dem kürzesten Weg durch das Netz, dem sogenannten »kritischen Pfad«, gibt es keine Pufferzeiten (vgl. Franke/ Zerres 1994).

5.3 Bereiche und Instrumente einer verfahrensorientierten Kontrolle

Die *verfahrensorientierten Kontrollen* befassen sich mit dem Vergleich zwischen tatsächlich angewandten und vorgesehenen Planungsprozessen. Als Gründe für die Durchführung dieser Kontrollvariante lassen sich z. B. die Unzulänglichkeit bzw. Unzuverlässigkeit von Aufgabenträgern insbesondere bei der Planerstellung und Informationsgewinnung anführen. Verfahrensorientierte Kontrollen umfassen (Planungs-)System- und (Plan-)Inhaltskontrollen.

Die Installation eines Investitions-Planungssystems macht es erforderlich, daß dieses System selbst einer Kontrolle unterzogen wird. Es ist daher die Aufgabe der *Planungssystemkontrolle*, die Zielorientierung des Investitions-Planungssystems sicherzustellen sowie Unwirtschaftlichkeiten aufzudecken; dies gewährleistet eine laufende Überwachung der sich im Zeitablauf verändernden unternehmensinternen und -externen Bestimmungsfaktoren des Investitions-Planungssystems.

Planinhaltskontrollen unterziehen strategische und operative Investitionspläne einer formalen Kontrolle. Sie beziehen sich auf die Einhaltung der Investitionsplanungs- und -bewilligungsrichtlinien, was eine nachvollziehbare Dokumentation der Teilschritte der Investitionsplanung voraussetzt, sowie auf die Plausibilität der Prämissen und Einzeldaten.

Hilfsmittel verfahrensorientierter Kontrollen sind *Planungshandbücher* und *Checklisten* (vgl. auch die Checklisten im Anhang).

Das vom Investitions-Controlling erarbeitete und von der Unternehmensführung autorisierte Investitions-*Planungshandbuch* sammelt, ordnet, speichert und aktualisiert die für den Investitionsplanungs- und

-kontrollprozeß relevanten Informationen und stellt sie den Planungsträgern zur Verfügung (Dürolf 1988, S. 98). Es ist somit ein Instrument zur Formalisierung und Programmierung des Investitions-Planungsprozesses und gibt an, wie, wann und von wem die (operationale) Investitionsplanung zu erfolgen hat. Die unternehmensweite Anwendung des Planungshandbuches gewährleistet eine einheitliche sowie standardisierte Investitionsplanung und verringert die Gefahr von Mißverständnissen. Das Planungshandbuch dient damit der antizipativen Integration, Koordination und Steuerung der Investitions-Planungsaktivitäten und erhält die Planungskontinuität aufrecht (vgl. Schaefer 1992, S. 71f.).

Checklisten sind Kontrollisten, die aus den Erfahrungen der Praxis heraus für die Erfüllung von Investitions-Planungsaufgaben entwickelt worden sind und als planungsbegleitende Aktivitäten- sowie Fragenkataloge zur Planungskontrolle ausgestaltet sein können.

6. Informationsversorgungsaufgaben und -instrumente des Investitions-Controlling

Für Investitionsanalysen benötigen die Entscheidungsträger Informationen, die zum Teil vom Investitions-Controlling bereitzustellen sind. Aufgaben im Sinne der Informationsversorgungsfunktion des Investitions-Controlling sind daher die Ermittlung, Beschaffung, Aufbereitung und Übermittlung bzw. Weiterleitung solcher Informationen, die nicht unmittelbar im Fachressort verfügbar sind.

6.1 Informationsbeschaffung und -verarbeitung

Aufgaben der Informationsbeschaffung entstehen schon in der Phase der Suche nach und der Vorauswahl von Investitionsalternativen, insbesondere aber in der Phase der Beurteilung von Investitionsobjekten. Zu analysieren ist hierbei, welche Daten benötigt werden und woher diese Daten bezogen werden können. Die Art und der Umfang der benötigten Daten sind abhängig von den einzelnen Bewertungsverfahren für Investitionsprojekte und den hierfür benötigten Eingangsgrößen.

Quantitative Eingangsgrößen einer Investitionsanalyse sind z. B. Anschaffungs- und laufende Auszahlungen, Umsatzeinzahlungen, Liquidationserlöse, Absatz- und Faktorpreisänderungen, Wechselkursrelationen, wirtschaftliche und technische Nutzungsdauern, Kalkulationszinssätze, Steuerwirkungen, Finanzierungsmodalitäten sowie (kalkulatorische) Kosten (bei statischen Investitionsanalysen) (Lange 1988, S. 138f.).

Anschaffungsausgaben sind vergleichsweise leicht zu ermitteln. Grundlage hierfür sind in der Regel der Preis der liefernden Herstellerfirma oder bei selbsterstellten Anlagen der zu aktivierende Betrag aus dem betrieblichen Rechnungswesen. Dabei dürfen die Anschaffungsnebenkosten wie auch von der Anschaffung eventuell ausgelöste Folgeinvestitionen im Anlage- und Umlaufvermögen nicht vernachlässigt werden.

Die in den einzelnen Jahren der Nutzungsdauer erwarteten Umsatzeinzahlungen und laufenden Auszahlungen etwa für Löhne, Material und Instandhaltung müssen ebenso durch Prognosen ermittelt werden wie Absatz- und Faktorpreisänderungen sowie Wechselkursrelationen.

Der Erfolg von Investitionsobjekten wird in großem Maße bestimmt von der Schätzung der voraussichtlichen Nutzungsdauer des Investitionsobjektes. Diese ist von der Länge der wirtschaftlichen Einsatzmöglichkeit des Investitionsobjektes und damit von Faktoren wie Produktlebensdauer, Länge des Auftragsbestandes und technischer Fortschritt abhängig.

Die Länge der Nutzung des Investitionsobjektes sowie steuerrechtliche Gesichtspunkte bestimmen auch die Abschreibungsverfahren als Eingangsgrößen strategischer Analysen.

Sehr schwierig gestaltet sich die Ermittlung von Kalkulationszinssätzen. Sie werden bei Fremdfinanzierung aus der Effektivverzinsung langfristiger Kredite, bei Eigenfinanzierung aus der Rendite einer Alternativanlage (etwa einer Finanzanlageinvestition), jeweils unter Berücksichtigung der Steuerwirkungen, abgeleitet.

Nicht-quantifizierbare, qualitative Zielbeiträge können technische, arbeitsphysiologische, absatz-, arbeits-, beschaffungsmarkt- und infrastrukturbedingte sowie Umweltkriterien sein (Altmann 1988, S. 73; Blohm/Lüder 1991, S. 177).

Derartige Kriterien sind aufgrund ihrer teilweise mangelnden Meßbarkeit schwer zu erfassen. So besteht beispielsweise bei Umweltkriterien kein einheitlich definierter Maßstab, der vergleichbare Aussagen über umweltentlastende oder -belastende Auswirkungen von Investitionsprojekten zuläßt. Auch arbeitsphysiologische Kriterien können allenfalls durch subjektive Vergleiche mit bereits realisierten, ähnlichen Investitionsalternativen beurteilt werden.

Nach Festlegung der Art und des Umfanges der benötigten Daten erfolgt im Rahmen der Informationsversorgung die Datenermittlung weitgehend in den einzelnen Fachressorts. Aufgaben des Investitions-Controlling ist, neben der Koordination der Datenermittlung die Annahmen, die den ermittelten Daten zugrunde liegen, kritisch zu hinterfragen und zusätzlich auf Plausibilität zu überprüfen sowie Daten wie Wechselkurs, Kapitalmarktzinssätze, Inflationsraten sowie unternehmensspezifische Steuerbelastungen unternehmenseinheitlich zu normieren.

In Abhängigkeit von den zu ermittelnden Daten können externe und interne Quellen der Informationsversorgung unterschieden werden.

Externe Informationen werden beispielsweise in der Regel von Marktanalysen für ein bestimmtes Produkt oder über politische Rahmenbedingungen an einem Investitionsstandort erhoben. Derartige Untersuchungen lassen sich mit Marketing-Instrumenten, wie z. B. Marktstudien oder Verbraucherbefragungen, durchführen.

Zu den grundlegenden internen Informationsquellen gehören die Kosten- und Leistungsrechnung sowie dieser vorgelagerte Systeme, wie die Finanzbuchhaltung, die Lohn- und Gehaltsabrechnung, die Materialabrechnung und die Anlagenrechnung.

Die Verwendung der Kosten- und Leistungsrechnung als Datenbasis für die Investitionsplanung und -kontrolle ist nicht uneingeschränkt möglich (vgl. Hahn 1992, S. 157): Zum einen werden im System der Kosten- und Leistungsrechnung als Rechengrößen Kosten- und Erlöse und nicht Aus- und Einzahlungen verwendet, die Grundlage für die Investitionsbewertung mit Hilfe der dynamischen Investitionsrechenverfahren sind. Das Investitions-Controlling muß daher kosten- und leistungs- bzw. erlösartenspezifisch klären, inwieweit die Kosten und Leistungen bzw. Erlöse den in der Investitionsbewertung anzusetzenden Aus- und Einzahlungen entsprechen. Zum anderen werden in der Kosten- und Leistungsrechnung die für die Investitionsbewertung benötigten Daten in der Regel nicht investitionsobjektbezogen erfaßt. Es ist hier Aufgabe des Investitions-Controlling zu untersuchen, inwieweit die Kosten- und Erlösstellenrechnung z. B. durch die Bildung von Vorkostenstellen zu verändern ist, damit eine eindeutige Zurechnung von Kosten und Leistungen auf Investitionsobjekte erfolgen kann (Reichmann, S. 252f.).

Zur Beurteilung von Investitionsvorhaben ist auch die Berücksichtigung von leistungsunabhängig anfallenden Kosten (Kapazitätskosten, Bereitschaftskosten) notwendig, die für das Vorhalten von Personal-, Anlagen- und anderen Kapazitäten erforderlich sind (vgl. Männel 1992, S. 122f.).

Gegenstand einer Anlagerechnung ist das für die industrielle Leistungserstellung erforderliche Anlagevermögen (z. B. Gebäude, Maschinen, Fuhrpark; vgl. Eisele 1993, S. 272f.). Eine solche Anlagenkartei enthält alle anlagenspezifischen Informationen, wie z. B. Anschaffungswert, planmäßige Nutzungsdauer, Abschreibungsverfahren, Abschreibungssatz, technische Daten und den Buchwert. Vor dem Hintergrund der in vielen Unternehmen zunehmenden Anlagenintensität kann daher die Unternehmensführung und das Investitions-Controlling bei allen Maßnahmen der Beschaffung, Inbetriebnahme, Instandhaltung, Verbesserung und Außerbetriebnahme und Veräußerung von Anlagen mit einschlägigen Informationen unterstützt werden.

6.2 Informationsbereitstellung

Aufgabe des Investitions-Controlling ist auch die Bereitstellung entscheidungsrelevanter Informationen für die verschiedenen Führungsebenen der Unternehmung. Angesprochen sind hiermit (Investitions-)Berichte, die für einzelne (strategische) Investitionsprojekte fallweise, für die Kontrolle von Investitionsplänen und -budgets laufend erstellt werden (vgl. Männel/Warnick 1990, S. 409).

Zu diesem Zweck sind Kennzahlen und Kennzahlensysteme wichtige Instrumente, da mit ihrer Hilfe eine entscheidungsorientierte Aufbereitung von Informationen möglich ist (vgl. Reichmann 1993, S. 14ff., Weber 1994, S. 204f.). Kennzahlen stellen zahlenmäßig erfaßbare betriebswirtschaftliche Sachverhalte in konzentrierter Form dar. Hierdurch erübrigt sich eine zeitintensive und aufwendige Auswertung einer Vielzahl von Einzelinformationen. Projektbezogene Kennzahlen sind konkrete Erfolgsmaßgrößen für einzelne Investitionsobjekte. Sie sind aus den Zielgrößen der Investitionsplanung ableitbar. Beispiele für Gewinn-, Rentabilitäts- und Risikokennzahlen sind etwa:

- Kapitalwerte, interne Zinssätze und Annuitäten, ohne sowie mit Berücksichtigung der steuerlichen Belastungen. Die Zielgrößen können

als Ist-, auf die geplanten Nutzungsdauern hochgerechnete Wird- und (revidierte) Soll-Größen ausgewiesen werden und sowohl zur Kontrolle der Zielerreichung wie auch der Revision der Investitionsplanung, etwa der Änderung der Desinvestitionszeitpunkte eingesetzt werden.
- Maschinenstundensätze, Kosten und Gewinne sind entsprechende Kennzahlen bei statischer Investitionsbeurteilung.
- Amortisationszeiten (Pay-Off-Perioden) lassen sich als grobe Risikoindikatoren von Investitionen verwenden.

Waren die eben erwähnten Beispiele für Kennzahlen insbesondere investitionsobjektbezogen, so interessieren im Hinblick auf die gesamtunternehmensbezogene Ausrichtung des Investitions-Controlling auch Kennzahlen, die Aussagen über die Investitionstätigkeit der Unternehmung(-sbereiche) geben (vgl. Meyer 1994, S. 101f.):

- So kann mit Hilfe der Kennzahl »Investitionsquote« der prozentuale Anteil der Investitionen bezogen auf das Anlagevermögen bzw. die Umsatzerlöse ermittelt werden.
- Die Kennzahl »Investitionsstruktur« gibt Auskunft über den Anteil der einzelnen Investitionsart an den gesamten Investitionen.
- Die Kennzahl »Investitionsdeckung« gibt den prozentualen Anteil der Abschreibungen an den Investitionen bezogen auf das Anlagevermögen wieder.

Nach erfolgter Aufbereitung stellt das betriebliche Berichtswesen den Verantwortlichen dieses Datenmaterial zur Verfügung.

Das betriebliche Berichtswesen soll als Kontroll- und Steuerungssystem vor allem Erfolgs- und Mißerfolgsquellen aufzeigen (vgl. Dosch 1990, S. 744). Insofern ist die Form und die Funktion von Investitionsberichten abhängig von den aktuellen Phasen bzw. Stadien von Investitionsprozessen: Am Anfang des Investitionsprozesses werden überwiegend Zielgrößen (Soll-Größen) übermittelt; während des laufenden und nach Abschluß des Investitionsprozesses werden zusätzlich Kontroll- und Steuerungsgrößen, wie z.B. die tatsächliche und prognostizierte Höhe der Einnahmen und Ausgaben (Ist- und Wird-Größen), mitgeteilt.

In Abbildung 7 ist das Grundmuster eines projektbezogenen Investitionsberichtes dargestellt.

Investitionskontrolle mit Hilfe von Kennzahlen						Projekt-Nr.: Berichtszeitraum: 1990 Investitionsdauer: 1.1.1989–1992					
Jahr	1989		1990			1991			1992		
	Soll	Ist	Soll	Ist	Abw.	Soll	Soll rev.	Ist	Soll	Soll rev.	Ist
Interner Zinsfuß											
Kapitalwert											
Maschinenstundensätze											
Pay-Off-Periode											
Auslastungsgrade											
Umsatzerlöse/ -einzahlungen											
Lohnkosten/ -auszahlungen											
Materialkosten/ -auszahlungen											
sonstige laufende Kosten/Auszahlungen											
Quelle: Reichmann 1993, S. 252											

Abbildung 7: Investitionskontrolle mit Hilfe von Kennzahlen

Literatur

Altmann, Helmut: Der Einfluß von Entscheidungsprozeß und Entscheidungsmodell auf Informationsbedarf und -beschaffung im Rahmen von Investitionsüberlegungen. Dissertation, Universität Berlin 1988.

Baetge, Jörg: Überwachung. In: Jörg Baetge et al. (Hrsg.): Vahlens Kompendium der Betriebswirtschaftstheorie, Band 2. München 1984, S. 175–218.

Bea, Franz Xaver; Kötzle, Alfred: Ursachen von Unternehmenskrisen und Maßnahmen zur Krisenvermeidung. In: Der Betrieb, 36. Jg. (1983), S. 565–571.

Betge, Peter: Erfassung des technischen Fortschritts mit Hilfe der Investitionsrechnung. In: Dietrich Adam (Hrsg.): Neuere Entwicklungen in der Produktions- und Investitionspolitik, Festschrift für Herbert Jacob zum 60. Geburtstag, Wiesbaden 1987, S. 243–262.

Blohm, Hans; Lüder, Klaus: Investition. Schwachstellen im Investitionsbereich des Industriebetriebes und Wege zu ihrer Beseitigung. 7. Auflage, München 1991.

Borer, Diego: Innerbetriebliche Investitionskontrolle in Theorie und Praxis. Bern und Stuttgart 1978.

Busse von Colbe, Walther; Laßmann, Gert: Betriebswirtschaftstheorie, Band 3: Investitionstheorie. 3. Auflage, Berlin et al. 1990.

Coenenberg, Adolf Gerhard; Baum, Heinz-Georg: Strategisches Controlling. Grundfragen der strategischen Planung und Kontrolle. Stuttgart 1987.

Dosch, Hilmar: Controlling-Konzept der Heidelberger Druckmaschinen AG. In: Elmar Mayer und Jürgen Weber (Hrsg.): Handbuch Controlling. Stuttgart 1990, S. 735–750.

Dürolf, Peter: Das Planungshandbuch als Controllinginstrument. Theoretische und praktische Perspektiven der Dokumentation von Planungs- und Kontrollsystemen. Darmstadt 1988.

Eisele, Wolfgang: Technik des betrieblichen Rechnungswesens. 5. Auflage, München 1993.

Franke, Reimund; Zerres, Michael P.: Planungstechniken. Instrumente für zukunftsorientierte Unternehmensführung. 4. Auflage, Frankfurt am Main 1994.

Gerberich, C. W.: Konzepte der strategischen Investitionspolitik. In: Controller Magazin, 11. Jg. (1986), S. 234–238.

Hahn, Dietger: Planungs- und Kontrollrechnung. Integrierte ergebnis- und liquiditätsorientierte Planungs- und Kontrollrechnung als Führungsinstrument in Industrieunternehmungen mit Massen- und Serienproduktion. 3. Auflage, Wiesbaden 1985.

Hahn, Dietger: Kostenrechnung und Controlling. In: Wolfgang Männel (Hrsg.): Handbuch Kostenrechnung. Wiesbaden 1992, S. 154–166.

Hahn, Dietger; Klausmann, W.: Aufbau und Funktionsweise von betrieblichen Frühwarnsystemen in der Industrie, Stuttgart 1979.

Horváth, Péter: Controlling. 3. Auflage, München 1990.

Hügler, Gert L.: Controlling in Projektorganisationen. München 1988.

Krug, Henning: So optimieren Sie Ihre Investitionen. Technische Akademie Wuppertal, Köln 1991.

Küpper, Hans-Ulrich; Weber, Jürgen; Zünd, André: Zum Verständnis und Selbstverständnis des Controlling – Thesen zur Konsensbildung. In: Zeitschrift für Betriebswirtschaft, 60. Jg. (1990), S. 281–293.

Lange, Christoph: Investitionsentscheidungen im Umbruch: Struktur eines Investitions-Controllingsystems. In: Thomas Reichmann (Hrsg.): Controlling-Praxis. München 1988, S. 133–146.

Lange, Christoph: Transparenz und Flexibilität: Erfolgsfaktoren für Investitionsentscheidungen. In: Controlling, 2. Jg. (1990), S. 134–142.

Lange, Christoph; Schaefer, Sigrid: Aufgaben, Aktivitäten und Instrumente eines DV-gestützten Investitions-Controllingsystems. In: Die Betriebswirtschaft, 52. Jg. (1992), S. 489–504.

Lüder, Klaus: Investitionskontrolle. Die Kontrolle des wirtschaftlichen Ergebnisses von Investitionen. Wiesbaden 1969.

Männel, Wolfgang: Anpassung der Kostenrechnung an moderne Unternehmensstrukturen. In: Wolfgang Männel (Hrsg.): Handbuch Kostenrechnung. Wiesbaden 1992, S. 105–137.

Männel, Wolfgang; Bloß, Clemens: Planung, Erfassung, Verrechnung und Kontrolle von Instandhaltungskosten. In: Handbuch Kostenrechnung, hrsg. von Wolfgang Männel, Wiesbaden 1992, S. 502–522.

Männel, Wolfgang; Warnick, Bernd: Entscheidunsorientiertes Rechnungswesen. In: Elmar Mayer und Jürgen Weber (Hrsg.): Handbuch Controlling. Stuttgart 1990, S. 395–418.

Meyer, Claus: Betriebswirtschaftliche Kennzahlen und Kennzahlen-Systeme. 2. Auflage, Stuttgart 1994.

Reichmann, Thomas: Controlling mit Kennzahlen und Managementberichten. 3. Auflage, München 1993.

Reichmann, Thomas; Lange, Christoph: Aufgaben und Instrumente des Investitions-Controlling. In: Die Betriebswirtschaft, 45. Jg. (1985), S. 454–466.

Saatmann, Andreas: Die Erfolgskontrolle von Investitionen. Dissertation Universität Bochum 1970.

Schaefer, Sigrid: Datenverarbeitungsunterstütztes Investitions-Controlling. Dissertation, Universität Dortmund 1992.

Serfling, Klaus: Controlling, Stuttgart et al. 1983.

Sierke, Bernt R. A.: Investitions-Controlling im Controlling-System – Darstellung eines integrierten Ansatzes mit Hilfe ausgewählter linearer Dekompositionsverfahren. Dissertation Universität Göttingen 1989.

Weber, Jürgen: Einführung in das Controlling. 5. Auflage, Stuttgart 1994.

Zangemeister, Christof: Nutzwertanalyse in der Systemtechnik. 4. Auflage, München 1976.

Anhang: Checklisten zur Investitionsplanung und -kontrolle

Checkliste 1: Qualitative Faktoren

1. **Technische Faktoren**
   - Entspricht die Konstruktion dem aktuellen Stand der Technik?
   - Sind Neukonstruktionen zu erwarten?
   - Erlaubt die Anlage Verfahrensänderungen?
   - Anpassungsfähigkeit an Produktänderungen?
   - Kapazitätserweiterungsmöglichkeiten?
   - Integrationsfähigkeit in bestehende Anlagenausrüstung?
   - Sicherheit?
   - Ersatzteilbeschaffung?
   - Reparaturanfälligkeit?
   - Lärmbelästigung?
   - Situation der Lieferanten?

2. **Behördliche Auflagen**
   - Sind zukünftige behördliche Auflagen zu befürchten?
   - Anfälligkeit gegenüber gesetzlichen Vorschriften?

3. **Arbeitskräfte**
   - Bedienbarkeit
   - Facharbeiterpotential
   - Tarifliche Änderungen, z. B. Lohngruppen

4. **Sonstige qualitative Faktoren**
   - Sind Auswirkungen auf den Lieferservice zu erwarten?
   - Ausmaß von Kunden- und Wettbewerbsreaktionen
   - Konsequenzen für andere betriebliche Bereiche (Produktentwicklung, Verkauf, Logistik)
   - Integrationsfähigkeit in bestehende Planungs-, Dispositions- und Informationssysteme

Quelle: Krug 1991, S. 82f.

Checkliste 2: Checkliste zur operativen Investitionsplanung

- Liegt ein Vergleich der geplanten und durchgeführten Investitionen der letzten drei Jahre mit den Ergebnisauswirkungen vor?
- Auflistung der Überhänge aus der Vorjahresplanung?
- Welche früher geplanten Investitionen wurden
  - nicht beantragt?
  - noch nicht freigegeben?
  - noch nicht in Betrieb genommen?
  - haben noch nicht die Normalauslastung erreicht?
- Stimmt das geplante Investitionsvolumen in Höhe und Zusammensetzung mit den Zielvorgaben überein?
- Ist die Finanzierbarkeit des geplanen Investitionsvolumens und der Überhänge gesichert?
- Wie beeinflußt das Investitionsvolumen die zukünftigen Finanzierungsmöglichkeiten; z. B. Beleihungsfähigkeit, Rückflüsse?
- Wurden die Investitionsvorhaben einschließlich Folgeinvestitionen geplant?
- Liegen vollständige Begründungen einschließlich Wirtschaftlichkeitsrechnungen vor?
- Stand der Einzelplanung:
  - Vorstudie?
  - Projektstudie?
  - konkrete Untermauerung durch Angebote?
- Sind jeweils Alternativen zu den Investitionsvorhaben vorhanden?
- Werden die Vorhaben nach Dringlichkeit eingestuft?
- Sind die Projektierungen vollständig und ausreichend detailliert, so daß realistische Kostenvoranschläge aufgestellt werden können?
- Sind die bei der Planung des Einzelprojektes vorgesehenen Mengen- und Wertansätze realistisch und berücksichtigen die Wertansätze vorhersehbare Kostenentwicklungen?
- Sind in der Projektrechnung neben den direkten Kosten des Projektes auch Nebenkosten für z. B. Planung, Entwurf, Bauleitung, Frachtgebühren, Steuern und Zölle sowie Bauzinsen berücksichtigt?
- Wurden bei der Projektierung alle zuständigen Stellen des Unternehmens eingeschaltet?
- Besteht ein Terminplan für alle Zeitabschnitte der Investition?
- Sind die Investitionen entsprechend der Geschäftsordnung und ggf. sonstigen Bestimmungen (Investitionsrichtlinien) aufgestellt?

Quelle: Krug 1991, S. 95f.

Checkliste 3: Prüffragen zu Wirtschaftlichkeitsrechnungen

- Liegen Wirtschaftlichkeitsrechnungen vor?
- Waren für diese Investitionsobjekte Wirtschaftlichkeitsrechnungen gefordert?
- Entspricht das angewendete Wirtschaftlichkeitsrechnungsverfahren dem Problem?
- Sind die Unterlagen zur Wirtschaftlichkeitsrechnung vollständig dokumentiert?
- Sind die der Wirtschaftlichkeitsrechnung zugrunde gelegeten Daten realistisch und zeitnah?
- Sind die Daten der Wirtschaftlichkeitsrechnung von den sachlich zuständigen Organisationseinheiten ermittelt und von anderen Organisationseinheiten geprüft worden?
- Stimmt die Planungsperiode mit der wirtschaftlichen Nutzungsdauer überein?
- Welche Finanzierungsform wurde gewählt und stimmt diese Finanzierung mit dem Finanzplan überein?
- Welche Finanzierungskosten wurden unterstellt?
- Wurden neben den Kostensteuern auch die Ertragssteuern berücksichtigt?
- Wurden bei der Planung der Investitionsausgaben berücksichtigt:
  - Ausgaben für aktivierte Eigenleistungen?
  - Ausgaben für Bauzinsen, für Änderungen im Netto-Umlaufvermögen, negative Investitionsausgaben?
  - Restwerte stillzulegender Altanlagen und zugehöriger Ersatzteile?
  - Abbruchkosten und Verkaufserlöse für Altanlagen?
  - Zuschüsse und Zulagen?
  - Auflösung des gesamten Netto-Umlaufvermögens/-zuwachses?
  - Verkaufserlöse der Investitionen, die bei Nichtdurchführung des Investitionsvorhabens anfallen?
  - Die Dauer von öffentlichen Genehmigungsverfahren?
- Folgeinvestitionen, wie
  - Nebenanlagen, die aus gesetzlichen, sozialen oder sonstigen Gründen erforderlich sind?
  - Auswirkungen der Investition auf andere Betriebsbereiche, z. B. zusätzliche Sozialräume, Parkplätze?
- Wie werden die jährlichen Einnahmenüberschüsse errechnet?
- Wurden in den jährlichen Ausgaben folgende Veränderungen berücksichtigt:
  - Anlaufkosten?
  - Versicherungen, Steuern, Gebühren, Lizenzen, Mieten, Pachten, Reparaturen?
  - Zusatzausgaben für Ausschußquoten und Abfallprodukte?
  - Zusätzliche Ausgaben bei Betriebsunterbrechungen, bei Umstellungen?

Checkliste 3: Prüffragen zu Wirtschaftlichkeitsrechnungen (Fortsetzung)

- Wie setzen sich die Investitionseinnahmen zusammen?
- Ist angegeben, in welchen Produktlinien sich die Umsatzzuwächse bzw. in welchen Kostenstellen sich die Kosteneinsparungen niederschlagen sollen?
- Ist bei Erweiterungsinvestitionen eine getrennte Wirtschaftlichkeitsrechnung für das Investitionsobjekt sowohl mit als auch ohne Absatzmengensteigerungen durchgeführt worden?
- Welche zusätzlichen qualitativen Faktoren sind bei der Investitionsentscheidung zu berücksichtigen?

Quelle: Krug 1991, S. 163ff.

Checkliste 4: Checkliste für die Investitionsfreigabe

- Ist das Investitionsobjekt im Investitionsplan enthalten?
- Stimmen die Prämissen und Rechnungsgrößen bei rechenbaren Investitionen mit den Angaben zum Investitionsplan überein?
- Hat sich eine zwischenzeitliche Verschiebung der Investitionsausgaben ergeben?
- Handelt es sich bei dem Investitionsantrag um
  - Entnahmen aus Pauschalen für Kleininvestitionen?
  - Einzelgenehmigungen und Entnahmen aus sonstigen Pauschalen?
  - Objekte, deren Rendite sich gegenüber dem Planungsantrag um mehr als 20 % verringert hat?
  - Investitionen, die nicht im Investitionsplan enthalten waren?
- Enthält die Freigabe alle für die Investitionsbeantragung erforderlichen Unterschriften?
- Sind von der Freigabe alle Organisationseinheiten informiert (z. B. Anlagenbuchhaltung, Beschaffung, technische Planung), die entsprechende Folgearbeiten in ihrem eigenen Arbeitsbereich ergreifen müssen?
- Passen die Investitionen noch in den gegenwärtigen Finanzrahmen?

Quelle: Krug 1991, S. 229

VII. Finanz-Controlling

Reimund Franke

Inhalt

1. Entwicklungstendenzen im Finanz-Controlling

Traditionell ist das Finanz-Controlling bilanzorientiert. Es werden Bewegungsbilanzen, Kapitalflußrechnungen erstellt und Kennzahlen zur strukturellen Liquiditätssicherung gebildet. Demzufolge ist das Finanz-Controlling eher mittel- bis langfristig ausgerichtet.

Neuere Entwicklungen im Finanzmanagement der Unternehmen, die mit den Stichworten Cash-Management Systeme, In-House Banking unter Anwendung von Finanzinnovationen umschrieben werden können, erfordern eine Anpassung des Instrumentariums des Finanz-Controlling insbesondere im kurzfristigen Bereich (operatives Finanz-Controlling).

Zunächst ist es die Aufgabe der Finanzabteilung den güterwirtschaftlichen Prozeß einer Unternehmung von der Beschaffung über die Produktion bis zum Absatz in der Weise finanziell abzusichern, daß den Zahlungsverpflichtungen jederzeit uneingeschränkt nachgekommen werden kann. Dies gilt nicht nur für die nationale Ebene, sondern in verstärktem Umfang, wegen der starken internationalen Verflechtung deutscher Unternehmen, auch für die internationale Ebene. Fragen der Absicherung des Währungsrisikos sind in diesem Zusammenhang von zentraler Bedeutung.

Insoweit ist der Finanzplan wesentlicher Bestandteil eines integrierten Planungssystems. Die Schnittstellen zu den übrigen Funktionsbereichen sind sorgfältg zu planen.

Im Sinne der beschriebenen Aufgaben ist der Finanzbereich ein »Cost-Center«. Seit einigen Jahren ist deutlich eine Erweiterung zu einem »Profit-Center« erkennbar. Dies gilt für den Bereich der Finanzdispositionen, die von der Finanzabteilung autonom, das heißt losgelöst vom güterwirtschaftlichen Bereich, vorgenommen werden können. Auf diese Weise leistet die Finanzabteilung einen eigenen Beitrag zur Rentabilität des Unternehmens. Dies ist vom Controlling bei der Planung, Kontrolle und Steuerung zu berücksichtigen.

Zusammenfassend ergeben sich drei Aufgabenfelder für das kurzfristige (operative) Finanz-Controlling (vgl. Abbildung 1).

2. Monatliche Liquiditätsvorschau – der unterjährige Finanzplan

Die monatliche Liquiditätsvorschau dient dazu, Liquiditätsanspannung oder Liquiditätsüberschüsse frühzeitig zu erkennen. Unvorhergesehene Liquiditätschwierigkeiten hinterlassen bei Kreditgebern einen bitteren Nachgeschmack. Ein Finanzplan, dessen Zahlen weitgehend auch so eintreten wie prognostiziert, wird heute fast schon zu jeder Kreditverhandlung erwartet. Das Unternehmen muß zeigen, daß es seine finanziellen Belange überblickt. Kreditbedarf, der frühzeitig erkannt wird, läßt sich in aller Regel problemlos und vor allem kostengünstig decken. Der unterjährige Finanzplan dient dem Cash Management als Frühwarnindikator sowie zur Feststellung eines längerfristigen Finanzbedarfs oder Finanzmittelüberschusses.

2.1 Aufbau und Stuktur des unterjährigen Finanzplans

Entscheidungen in den einzelnen Bereichen eines Unternehmens haben nicht nur Auswirkungen auf die Rentabilität, sondern auch auf die Li-

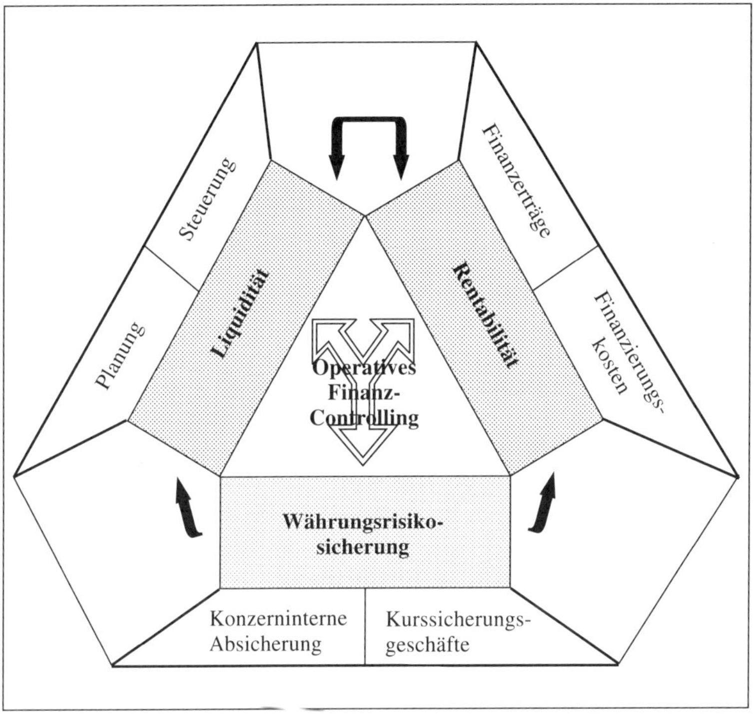

Abbildung 1: Aufgabenfelder des operativen Finanz-Controlling

quidität. Insoweit ist der Finanzplan von zentraler Bedeutung im Rahmen eines integrierten Planungssystems. Es bestehen wechselseitige Beziehungen zwischen dem Finanzplan und den übrigen Teilplänen. Dies erfordert eine enge Abstimmung und Koordination der Aktivitäten. So werden die Zahlungsvorgänge abgeleitet aus den Bereichen Beschaffung, Produktion, Absatz, Forschung und Entwicklung, Verwaltung etc.

Rechengrößen des Finanzplans sind Einzahlungen und Auszahlungen. Für die Vorgänge, die den Finanzbereich direkt betreffen, ergeben sich keine Probleme, da die Rechengrößen unmittelbar Einzahlungen und Auszahlungen sind. Schwieriger ist dies für die übrigen Bereiche, da diese Erträge und Aufwendungen planen. Hier ist eine Transformation von Erträgen in Einzahlungen und von Aufwendungen in Auszahlungen aufgrund der zeitlichen Unterschiede zwischen erfolgs- und finanzwirtschaftlicher Sphäre erforderlich.

In den einzelnen Unternehmensbereichen werden finanzielle Mittel gebunden, die Finanzierungskosten verursachen. Verantwortlich für diese Kosten sind die einzelnen Unternehmensbereiche. Diesem Sachverhalt wird in der betrieblichen Praxis selten Rechnung getragen. Insofern wird hier vorgeschlagen, den Finanzplan bereichsweise zu strukturieren, um dadurch eine klare Verantwortungsabgrenzung vorzunehmen und das Zahlenwerk transparent zu gestalten. Die folgenden Beispiele machen den Sachverhalt deutlich.

Die Gewährung von Zahlungszielen verursacht einen zusätzlichen Kapitalbedarf und damit zusätzliche Zinskosten. Aus einer Kostenrechnung sind diese Informationen nicht zu entnehmen. Dem Vertrieb muß deutlich gemacht werden, daß bei einem Zahlungsziel von 90 Tagen und einem Zinssatz von 12 Prozent eine angenommene Umsatzrendite von 6 Prozent halbiert wird. Gerade in Unternehmen mit starkem Umsatzwachstum entstehen große Finanzierungslücken, da stetig steigende Rohstoffeinkäufe auf der Auszahlungsseite den erst später eingehenden Verkaufserlösen auf der Einzahlungsseite gegenüberstehen. Je größer der »Time-lag« zwischen Auszahlung und Einzahlung, desto höher sind die Zwischenfinanzierungskosten.

Außerdem sollte die Effizienz im Mahnwesen gesteigert werden. Oftmals werden mit Rücksicht auf die Kundenbeziehung Zahlungsüberziehungen toleriert, die den gesamten Auftrag dann nicht mehr profitabel erscheinen lassen. Mahnungen werden als kritisch empfunden und soweit wie möglich hinausgezögert. Ebenso werden Skontozahlungen noch akzeptiert, obwohl die Skontofrist schon abgelaufen ist.

Bestände, sowohl auf der Einkaufs- als auch auf der Verkaufsseite, sind vom Finanz-Controlling kritisch zu untersuchen. Dies gilt gleichermaßen für die Höhe wie auch für die zeitliche Bindung des Kapitals. Der Einkauf plädiert für höhere Bestände bei den Roh-, Hilfs- und Betriebsstoffen, weil er dann in der Lage ist, Mengenrabatte besser zu nutzen und Fehlmengenkosten zu vermeiden. Der Vertrieb andererseits fordert hohe Bestände an Fertigfabrikaten, um stets lieferfähig zu sein.

Jede Mark in Lagerbeständen gebundenes Kapital belastet die Liquidität und die Rentabilität. Der Wunsch des Vertriebes nach einer zunehmenden Variantenvielfalt des Sortiments steht selten in einem angemessenen Verhältnis zum zusätzlichen Ertrag. Reine Gefälligkeitsaufträge mit kleinem Umsatzanteil binden unnötig Kapital, lähmen die F&E-Abteilung mit Produktmodifikationen und behindern somit Produktinnovationen. Das »Türöffner«-Argument des Vertriebs bei Neukundenakquisition mit angeblich lukrativen Folgeaufträgen muß vom Finanz-Controlling kritisch verfolgt werden. Oft bleibt der Folgeauftrag, der eine Serienfertigung ermöglichen würde, aus. Die angefallenen F&E-Kosten belasten aber Liquidität und Rentabilität.

2.2 Abweichungsanalyse

Die Abweichungsanalyse ist eine notwendige Ergänzung der Planung. Ein monatliches »feed-back«-Gespräch zwischen dem Finanz-Controller und den einzelnen Planern sollte aus mehreren Gründen geführt werden.

Die Abweichungen in den jeweiligen Plansektoren bedürfen einer Analyse. Hier zeigt sich der Vorteil eines nach Verantwortungbereichen getrennten Finanzplans. Die Zahlungsquellen mit Finanzmittelherkunft und -verwendung sind erkennbar. Somit ist sichergestellt, daß die Gesamtabweichung schlüssig aus den Einzelabweichungen erklärbar ist. Die Ergebnisse des wirtschaftlichen Handelns werden den Verantwortlichen transparent. Der Planrealismus des jeweiligen Bereichs kann so überprüft werden. Durch die Analyse der Abweichungen wird die Planqualität im Zeitablauf zusehends besser und damit für die finanziellen Entscheidungen immer brauchbarer.

3. Liquiditätssteuerung

Generell gesprochen ist Steuerung eine aktive Gestaltungskomponente unternehmerischen Handelns. Durch steuerndes Eingreifen in Abläufe wird versucht, die vorgegebene unternehmerische Zielsetzung zu erreichen. Liquiditätssteuerung richtet sich auf die aktive Beeinflussung von Zahlungsströmen, um die eigene Liquidität zu verbessern. Dies geschieht vor allem durch eine Zentralisierung des Cash Management und durch eine Optimierung des Zahlungsverkehrs. Dadurch können in Unternehmen mit nationalen und internationalen Verflechtungen Synergiepotentiale realisiert werden.

3.1 Zentralisierung des Cash-Management

Zielsetzung eines unternehmensweit zentral durchgeführten Finanzausgleichs ist

- Kassenüberschüsse bzw. -defizite bei den einzelnen Tochtergesellschaften auszugleichen,
- die effektiven Zahlungsströme zu minimieren und
- durch die Zentralisierung der Kassenhaltung bessere Konditionen bei den Banken zu erhalten.

Zu diesem Zweck werden die Konten der einzelnen Tochtergesellschaften jeden Abend auf Null gebracht (Zero Balance Accounts) und die Salden auf einem Konto der Zentrale konzentriert. Das Cash Management kann sich dadurch auf weniger Konten mit höheren Beträgen konzentrieren. Entstehende Zinsgewinne werden auf die Töchter anteilig verteilt, günstige Sollzinsen werden belastet. Dadurch wird verhindert, daß einzelne Tochtergesellschaften niedrigverzinsliche Guthaben bei Banken unterhalten, während andere Tochtergesellschaften sich gleichzeitig zu hohen Sollzinsen verschulden.

Die effektiven Zahlungsströme werden dadurch minimiert, daß unternehmensweit die internen Forderungen und Verbindlichkeiten gegeneinander aufgerechnet werden. Nur die verbleibenden Restschulden werden zwischen den beteiligten Tochterunternehmen ausgeglichen (»Netting«). Die Vorteile des »Netting« liegen in einer Senkung der Transaktionskosten in Form von Postengebühren sowie in der Reduzierung der durch den Float bedingten Liquiditäts- und Zinsnachteile. Eine besondere Bedeutung hat, wie noch zu zeigen sein wird, bei international verflochtenen Unternehmen das »Devisen-Netting« (Internationales Clearing).

3.2 Optimierung des Zahlungsverkehrs

Durch die Laufzeit des Geldes in den Verrechnungsnetzen der Banken geht den Unternehmen Geld verloren. Ziel des Finanz-Controlling muß es sein, darauf zu achten, daß der Float bei den eingehenden Zahlungen verkürzt und bei den ausgehenden Zahlungen verlängert wird. Dies geschieht durch Wahl der Verrechnungswege sowie durch Einsatz günstiger Zahlungsverkehrsinstrumente. Die Notwendigkeit der Float-Optimierung soll folgendes Beispiel verdeutlichen. Betragen die Kontenumsätze eines Unternehmens jährlich 500 Millionen DM und liegt der Kalkulationszinssatz bei 10 Prozent, so ergibt sich bei einer Verbesserung der Wertstellung um zwei Tage bei allen Transaktionen ein jährlicher Gewinn in Höhe von circa DM 280000.

Zahlungsträger, bei denen Zahlungsempfänger und Zahlungspflichtiger ihre Bankverbindung am gleichen LZB-Platz haben, werden über die LZB-Abrechnung ausgeführt. Befinden sich die Bankverbindungen an unterschiedlichen LZB-Plätzen, aber bei der gleichen Institutsgruppe, so erfolgt die Verrechnung innerhalb des Institutsgironetzes. Sind auch die Institute unterschiedlich, erfolgt das Clearing über das Gironetz der Deutschen Bundesbank.

Alle diese Verrechnungswege eignen sich für Massenzahlungsvorgänge mit kleineren Beträgen, da hier die Zahlungsverkehrskosten aufgrund der Stückkostendegression klein gehalten werden können. Die höheren Gebühren werden von den Zinsgewinnen bei weitem kompensiert.

Auf der Seite der eingehenden Zahlungen sollte idealerweise das Lastschriftverfahren eingesetzt werden. Hier kann das Unternehmen den Zahlungszeitpunkt selbst steuern. Dieses Verfahren bietet sich an, wenn intensive Geschäftsbeziehungen zwischen den Partnern bestehen. Es kann jedoch nur dann durchgesetzt werden, wenn das verkaufende Unternehmen über eine entsprechende Marktmacht verfügt.

Auf der Seite der ausgehenden Zahlungen kann eine Verzögerung der Auszahlung durch Inanspruchnahme des Lieferantenkredits erfolgen. Dieser Zahlungsweg ist jedoch wegen des Skontoverzichts in aller Regel unwirtschaftlich. Als Alternative bietet sich die Zahlung mittels Scheck an, wobei mit der entsprechenden Bankwahl die Schecklaufzeit verlängert werden kann. Verfügt man gegenüber den Lieferanten über eine starke Verhandlungsposition, ist das Scheck-Wechsel Verfahren vorzuziehen.

4. Währungsrisikoabsicherung

Die Geschäfte international operierender Unternehmen unterliegen dem Risiko von Wechselkursänderungen. Ein in Fremdwährung abgeschlossener Vertrag über den Verkauf von Gütern oder Dienstleistungen kann binnen kurzer Zeit, bedingt durch Wechselkursänderungen, zu einem Verlustgeschäft werden. Dies belastet nicht nur die Rentabilität, sondern auch die Liquidität. Die Zahlungsströme fließen nicht in geplanter Höhe. Folglich liegt es im Interesse der Unternehmen, geeignete Maßnahmen zur Vermeidung der Währungsrisiken zu ergreifen. Insgesamt gibt es drei Erscheinungformen des Währungsrisikos, wobei für die weiteren Ausführungen nur das Transaktionsrisiko von Bedeutung ist.

- Das Währungstransaktionsrisiko (transaction risk) entsteht bei Forderungen oder Verbindlichkeiten in Fremdwährung, die mit einem Wechselkursrisiko bis zum Zeitpunkt der Zahlung behaftet sind (Problem des Cash Management).
- Das Translationsrisiko (translation risk) entsteht durch Umrechnungsdifferenzen in der Bilanz am Stichtag von Buchwertpositionen (Problem des Rechnungswesens).
- Das ökonomische Risiko (economic risk) entsteht erst nach erfolgter Devisenkursänderung und ist zukunftsorientiert. Es ist buchhalterisch nicht erfaßbar (Problem der Geschäftsführung).

Vollständig vermieden wird das Währungsrisiko, wenn in heimischer Währung fakturiert wird. Dann wird das Kursrisiko voll auf den ausländischen Partner übertragen. Dies ist dann kein Problem, wenn das fakturierende Unternehmen eine starke Verhandlungsposition hat. Wird dagegen in Fremdwährung fakturiert – entsteht also das Transaktionsrisiko –, sollte eine Absicherung vorgenommen werden. Dies kann geschehen durch Devisenkassa-, Devisentermin- oder Devisenoptionsgeschäfte.

Sind andererseits die Vertragspartner nicht fremde Dritte, sondern erfolgen Lieferungen innerhalb eines internationalen Unternehmens, muß die Frage nach der Fakturierungswährung unter dem Gesichtpunkt gesehen werden: Wer soll das Währungsrisiko tragen? Immer mehr Unternehmen gehen dazu über, die Fakturierung in der Währung der jeweiligen Tochter vorzunehmen. Auf diese Weise wird das Währungsrisiko in der Zentrale »gepoolt«, konzerninterne Devisenforderungen und -verbindlichkeiten werden zentral gegeneinander verrechnet. Für jede Währung wird ein »Devisen-Netting« vorgenommen. Dadurch unterliegen nur noch die Salden (»Net exposure«) einem Währungskursrisiko. Dies wird dann in gleicher Weise abgesichert wie bei den Geschäften mit fremden Dritten (externe Absicherung).

4.1 Devisen-Netting

Bei der Zentralisierung des Währungsrisikos übernimmt die Zentrale eines internationalen Unternehmens die Fremdwährungspositionen der Töchter zum Devisenterminkurs. Die Töchter werden also von jeglichem Währungsrisiko befreit. Dann werden Forderungen und Verbindlichkeiten getrennt gegeneinander verrechnet. Stehen sich Positionen gegenüber, die sowohl betrags- als auch fristenkongruent sind, so ist eine vollständige Glattstellung gegeben. Sind die Zahlungstermine nur kurz voneinander entfernt, kann durch Beschleunigen oder Hinauszögern der Zahlung eine Fristenkongruenz hergestellt werden. Lediglich die verbleibenden Positionen bedürfen einer externen Absicherung.

Berücksichtigt man, daß in internationalen Unternehmen vielfältige Lieferungs- und Leistungsbeziehungen bestehen, können durch das »Devisen-Netting« in erheblichem Umfang Kurssicherungs- und Transaktionskosten gespart werden. Dieses Potential ist vom Finanz-Controlling mit Hilfe eines zentralen Berichtswesens und unter Nutzung moderner Telekommunikationsmittel transparent aufzuzeigen.

4.2 Externe Kurssicherungsgeschäfte

Nachdem sämtliche Tätigkeiten der konzerninternen Risikovermeidung genutzt wurden, sollten nun die verbleibenden Spitzenbeträge gesichert werden.

(1) Devisenkassageschäft als Fremdwährungskredit

Mit der Aufnahme eines Fremdwährungskredites, mit Fälligkeit zum Zeitpunkt einer entsprechenden Forderung, wird eine Gegenposition in Fremdwährung aufgebaut. Die Rückzahlung des Kredites erfolgt aus der Einzahlung der Forderung. Diese Form der Absicherung ist dann lohnend, wenn sowieso eine Kreditaufnahme aus Liquiditätsgründen erforderlich ist.

Besteht der Kreditbedarf in DM, wird der Fremdwährungskredit zum Kassakurs in heimische Währung umgewechselt, wodurch eine Fixierung des aktuellen Umrechnungskurses für die Forderung erreicht wird. Entscheidend für die Kreditaufnahme in Fremdwährung ist der Zinsniveauunterschied zwischen Inlands- und Fremdwährung. Es ist der kritische Zinssatz zu ermitteln; also der Zinssatz, bei dem die Aufnahme eines Kredites in Fremdwährung aus Inlandssicht gerade noch lohnend ist. Für einen vollständigen Vergleich zwischen Inlands- und Fremdwährungskredit, sind noch die Kosten für das Termingeschäft hinzuzurechnen. Erfolgt die Fremdwährungs-Kreditaufnahme ohne Liquiditätsbedarf, das heißt nur zur Kurssicherung, müssen sämtliche Kreditkosten mit in die Berechnung der Kurssicherungskosten einfließen, da der Kredit sonst nicht aufgenommen worden wäre. Dies dürfte selten noch lohnend sein.

(2) Devisentermingeschäft

Abschlüsse am Terminmarkt kommen entweder in Form des »Outright-Geschäfts« oder des »Swap-Geschäfts« vor.

Bei einem Outright-Geschäft werden Devisen per Termin bei einer offenen Forderung verkauft bzw. bei einer offenen Verbindlichkeit gekauft. Als Kontraktionspartner fungieren üblicherweise Banken. Die Kosten eines solchen Geschäftes bestehen in den Gebühren und Spesen, die für die Abwicklung zu entrichten sind, den eventuell verpaßten Kursgewinnchancen, die aufgrund des Termingeschäfts nicht wahrgenommen werden können, und eventuell in Kosten für die Sicherstellung, wenn die Bank Bedenken hinsichtlich der Erfüllung seitens des Unternehmens hat.

Ob für das Unternehmen tatsächlich Kursgewinne verloren gegangen sind, läßt sich nur im nachhinein feststellen, und zwar durch Vergleich zwischen dem Terminkurs und dem Kassakurs zum Zeitpunkt der Ein-/Auszahlung. Bei Forderungen gilt zum Zeitpunkt der Zahlung:

Terminkurs > Kassakurs Þ Gewinn für das Unternehmen, da die Devisen zu einem höheren Kurs per Termin verkauft wurden.

Terminkurs < Kassakurs Þ Verlust in Form von Opportunitätskosten, da die Abrechnung zum Kassakurs besser gewesen wäre, das Outright-Geschäft aber erfüllt werden muß. Für Verbindlichkeiten gilt das Gleiche nur mit umgekehrten Vorzeichen.

Ein weiteres Problem liegt in der Angebotskalkulation. Der Abschluß des Outright-Geschäftes geschieht gewöhnlich erst dann, wenn die Forderung rechtlich entstanden ist, das heißt mit Vertragsabschluß. Um aber ein Währungsrisiko definitiv ausschließen zu können, müßte bereits zu dem Zeitpunkt der Kalkulation der Devisenkurs feststehen. Würde man aber jetzt schon das Termingeschäft abschließen, entstünde eine offene Devisenposition, auch für den Fall, daß der Vertrag nicht zustandekommt. Ferner wird der Zahlungszeitpunkt erst im Vertrag festgelegt.

Bezüglich des Zahlungszeitpunktes ergibt sich bei den Forderungen die Ungewißheit der tatsächlichen Einzahlung. Wählt man den Zeitpunkt des Termingeschäfts zu früh, so muß dieses erfüllt werden, ohne daß der Fremdwährungsbetrag schon eingegangen ist. Es ist daher zweckmäßig, den Erfüllungszeitpunkt des Termingeschäfts etwas nach hinten zu verschieben, weil dadurch pünktlich eingehende Zahlungen auf dem Fremdwährungs-Konto zwischengeparkt werden können, leicht verspätete Zahlungen aber nicht zu einer kurzfristigen Devisenbeschaffung zwecks Erfüllung des Termingeschäfts führen.

Eine weitere Form des Devisengeschäfts stellt das Swap-Geschäft dar. Es handelt sich um ein Devisengeschäft, das aus einer Verbindung eines Termingeschäfts mit einem Kassageschäft resultiert. Besteht beispielsweise eine offene Forderung in US-Dollar, so wird diese an ein US-Unternehmen, welches sofortigen Bedarf an DM hat, per Termin verkauft. Das deutsche Unternehmen besitzt nun US-Dollar bis zum Termin, an dem das Geschäft wieder zurückgedreht wird. Es handelt sich also um eine Alternative zum Fremdwährungskredit, bei der allerdings der gesamte Geldmittelbestand gleich bleibt und nur ein Austausch der Währung erfolgt. Die Kosten bzw. Erträge sind abhängig von der Differenz zwischen Kassa- und Terminkurs, welche sich wiederum aus den Zinssatzdifferenzen der jeweiligen Währung errechnen lassen.

Die höher verzinste Währung wird einen Deport (Terminkurs < Kassakurs) aufweisen, während die niedrig verzinsliche einen Report (Terminkurs > Kassakurs) aufweisen wird, da die Nachfrage nach der Währung mit höherer Verzinsung zur Kasse stärker ist. Ob ein Swap-Geschäft sich lohnt, hängt also wesentlich von der Zinsniveaudifferenz zwischen DM und Fremdwährung ab.

(3) Devisenoptionsgeschäft

Devisenoptionsgeschäfte stellen nach den Termingeschäften das zur Zeit häufigste Kurssicherungsinstrument deutscher Großunternehmen dar. Devisen-Call-Optionen verbriefen das Recht, eine bestimmte Devise zu (europäische Option) bzw. bis zu (amerikanische Option) einem bestimmten Zeitpunkt zum vereinbarten Basispreis vom Verkäufer der Option zu kaufen. Eine Put-Option verbrieft hingegen ein Verkaufsrecht. Als Verkäufer dienen größtenteils die Banken.

Der Vorteil einer Option gegenüber einem Termingeschäft liegt in ihrer Flexibilität. Bei der am häufigsten vorkommenden amerikanischen Option besteht die Möglichkeit, während der gesamten Laufzeit zu entscheiden, ob man von seinem Optionsrecht Gebrauch macht oder nicht. Man bewahrt sich also die Möglichkeit, an einer günstigen Kursentwicklung am Kassamarkt zu partizipieren und die Option verfallen zu lassen.

Nachteilig an der Option ist die hohe Optionsprämie, die der Verkäufer verlangt. Die die Optionsprämie maßgeblich beeinflussenden Faktoren sind:

- Der Basispreis: Je stärker der Basispreis einer Call-Option vom momentanen Kassakurs nach unten abweicht, desto höher ist die Optionsprämie.
- Die Laufzeit: Je länger die Laufzeit der Option, desto höher ist die Optionsprämie.
- Die Volatilität: Je stärker die Währung Schwankungen ausgesetzt ist, desto höher wird die Optionsprämie. Zinssatz der Optionsprämienwährung: Die Prämie stellt für den Verkäufer eine zinslose Einlage dar, die um so mehr wert ist, je höher die Verzinsung dieser Einlage ist. Zusammenfassend kann festgestellt werden: Je höher das Risiko für den Verkäufer ist, desto höher ist die Optionsprämie.

Bei der Entscheidung, ob die Absicherung mit einem Termin- oder Optionsgeschäft erfolgen soll, sind folgende Überlegungen anzustellen: Das Optionsgeschäft kann schon bei Erstellung der Angebotskalkulation abgeschlossen werden. Kommt kein Vertrag zustande, ist hier das Risiko, im Gegensatz zum Termingeschäft, auf die Optionsprämie beschränkt. Somit lassen sich auch unsichere Zahlungsströme kurssichern, da kein Ausübungszwang entsteht. Der Käufer einer Option hat nur ein begrenztes Risiko – Verluste treten höchstens bis zur Höhe der Prämie auf. Die Gewinnmöglichkeiten hingegen bleiben »unbegrenzt«. Allerdings sind Optionen teurer als ein vergleichbares Termingeschäft. Die Option ist für ein bestehendes Geschäft nur dann von Vorteil, wenn man die Wahrscheinlichkeit hoch einschätzt, nicht auf sie zurückgreifen zu müssen und der Kursgewinn die Optionsprämie übersteigt.

4.3 Erfolgsmessung und Steuerung der Währungsrisikoabsicherung

Ziel der Devisenkurssicherung ist es, eine sichere Kalkulationsgrundlage zu liefern, mit entsprechender Auswirkung auf Liquidität und Rentabilität. Die entstehenden Kosten sind als »Versicherungsprämie« für die erreichte Sicherheit anzusehen. Die Kosten müssen transparent gemacht werden, damit eine Nachkalkulation des Auftrags möglich wird. Als Folge davon kann es zu einer Umorientierung bei der bisher verfolgten Sicherungsstrategie kommen.

Die Kurssicherungserfolgsrechnung kann nur eine Alternativrechnung sein, bei der man im nachhinein feststellt, welche Sicherungsstrategie für die jeweilige Position zum optimalen Wechselkurs geführt hätte.

Bei einer selektiven Absicherung bietet es sich an, die Kosten für eine vollständige Absicherung parallel zu ermitteln. Ebenso kann der günstigste Wechselkurs während der Laufzeit des Sicherungsgeschäftes aufgeführt werden, um damit Rückschlüsse auf den optimalen Kontraktionszeitpunkt ex post festzustellen.

Es lassen sich somit die prognostizierten Kurse mit den »besten« Kursen vergleichen. Nehmen die so errechneten Opportunitätskosten unverhätnismäßige Größen an, müssen die Devisenkursprognoseverfahren untersucht werden und/oder die Kurssicherungsstrategien überdacht werden.

5. Finanzdispositionen im kurzfristigen Bereich

Ergebnis der Finanzplanung ist ein Defizit oder Überschuß an finanziellen Mitteln. Aufgabe der Finanzabteilung ist es, das Defizit kostengünstig zu beseitigen bzw. den Überschuß ertragreich anzulegen. Dies hat zu geschehen unter dem Gesichtspunkt der Fristenkongruenz, der Sicherheit und der Flexibilität bei der Liquidierbarkeit. Spekulations- oder Risikogeschäfte sind zu vermeiden. Abzulehnen sind auch Aktivitäten des Finanzmanagements, die darauf hinauslaufen, die Ausweitung des operativen Geschäfts mit dem Argument zu begrenzen, daß das Geld am Kapitalmarkt ertragbringender angelegt werden kann als im Unternehmen durch Investitionen in Produkte, Verfahren, Anlagen etc.

Ist man sich der genannten, die Finanzdispositionen einschränkenden

Bedingungen bewußt und werden diese allgemein akzeptiert, dann kann im Rahmen der verbleibenden Möglichkeiten die Finanzabteilung als Profit-Center sehr wohl einen Beitrag zur Rentabilität des Unternehmens leisten. In diesem Sinne ist es Aufgabe des Finanz-Controlling, die Aktivitäten des Finanzmangement planend, überwachend und steuernd zu begleiten.

Im folgenden wird ein Überblick gegeben über die wesentlichen Finanzierungsinstrumente und Finanzanlagemöglichkeiten. Dies geschieht unter Rentabilitätsaspekten.

5.1 Verringerung der Finanzierungskosten

Besteht im Unternehmen ein Liquiditätsengpaß, so sind die Instrumente der kurzfristigen Fremdfinanzierung einzusetzen. Dabei soll zwischen traditionellen und innovativen Instrumenten unterschieden werden, da in den letzten Jahren im Rahmen des Financial Engineering (auf die spezielle Situation eines Kunden zugeschnittene Problemlösungen) neue Finanzierungsmöglichkeiten für Unternehmen entwickelt wurden.

Für die wirtschaftliche Beurteilung der verschiedenen Finanzierungsangebote sind die Zins- und Gebührengestaltung sowie Risikoaufschläge in Abhängigkeit von der Bonität des eigenen Unternehmens von zentraler Bedeutung. Das Finanz-Controlling sollte das Zahlengefüge für die Entscheidungsfindung möglichst transparent gestalten. So wie die Banken das Firmenkundengeschäft über die Kundenkalkulation steuern, sollte im Unternehmen eine Bankenkalkulation durchgeführt werden.

(1) Traditionelle Instrumente

– Kontokorrentkredit

Über einen Kontokorrentkredit, oft auch als Betriebsmittelkredit bezeichnet, verfügt heute nahezu jedes Unternehmen. Wurde einmal eine entsprechende Kreditlinie von Seiten der Bank eingeräumt, ist die Inanspruchnahme problemlos und sehr flexibel handhabbar. Diesem Vorteil stehen allerdings recht hohe Kosten gegenüber.

An erster Stelle ist der Sollzinssatz zu nennen. Die gelegentlich in der Literatur anzutreffende Unterscheidung zwischen Sollzinssatz und Bereitstellungsprovision für den nicht in Anspruch genommenen Teil ist in der Praxis nicht mehr üblich. Obwohl den Banken aufgrund der Bereitstellung von Kreditlinien, die nicht ausgenutzt werden, Opportunitätskosten entstehen, läßt sich eine Bereitstellungsprovision am Markt nicht durchsetzen. Den Unternehmen wird ein Nettozinssatz auf die tatsächliche Inanspruchnahme berechnet. Die Sollzinssatzkalkulation der Banken orientiert sich an den kurzfristigen Einlagen zuzüglich einer Marge, die verhandelbar ist.

Eine Überziehungsprovision, welche bei Überschreiten der Kreditlinie auf den Sollzinssatz aufgeschlagen wird, verteuert den Kontokorrentkredit unverhältnismäßig stark. Eine Kontoüberziehung sollte unbedingt bei der Bank vorher avisiert werden, da die Bank in den meisten Fällen zu einem Verzicht auf die Berechnung der Überziehungsprovision bereit ist, solange es sich um Einzelfälle handelt.

Die Kontoführungsgebühren in Form einer Postengebühr sind kein Kostenbestandteil des Kontokorrentkredits. Der Zahlungsverkehr wird unabhängig von der jeweiligen Kreditart über das Kontokorrentkonto abgewickelt.

Um den Kontokorrentkredit für die Unternehmen attraktiver zu gestalten, erklären sich in jüngster Zeit einige Banken bereit, die Soll- und Habenzinsen an den FIBOR zuzüglich Marge zu koppeln. Ein solches Geldmarktkonto bietet für die Unternehmen den Vorteil schneller und geldmarktnaher Konditionsanpassung bei völliger Transparenz der verhandelbaren Marge. Schnelles Heraufsetzen der Sollzinsen bei Diskontsatzerhöhung und langsames Absenken bei Diskontsatzsenkung wird vermieden.

– Diskontkredit

Der Diskontkredit ist ein kostengünstiges Instrument der kurzfristigen Unternehmensfinanzierung. Handelt es sich um rediskontfähiges Wechselmaterial, liegt der Sollzinssatz um einige Prozentpunkte unter dem des Kontokorrentkredits. Nicht rediskontfähige Wechsel werden zum sogenannten Barsatz, das heißt zum Kontokorrentzinssatz, angekauft.

Eine Diskontprovision wird bereits seit 1975 nicht mehr erhoben und die Wechselsteuer fiel am 1.1.1992 weg. Mit dem Wegfall dieser Nebengebühren beschränken sich die Kosten für den Diskontkredit auf den Sollzinssatz, da die Courtage meist mit in die Bankenmarge eingerechnet wird. Dadurch, daß dem Unternehmen nur der Wechselbarwert, das heißt die Wechselsumme abzüglich des Diskonts, gutgeschrieben wird, liegt der Effektivzinssatz allerdings über dem Sollzinssatz. Für einen Kostenvergleich von Finanzierungsalternativen eignet sich am besten der Effektivzinssatz in Prozent p.a.

– Lieferantenkredit
Der Lieferantenkredit ist ein Mittel der Absatzförderung. Er wird ohne größere Formalitäten bewilligt. Häufig wird als einzige Sicherheit der Eigentumsvorbehalt an der gelieferten Ware vereinbart.

In aller Regel ist der Lieferantenkredit ein sehr teurer Kredit. Die Zinssätze p.a. erreichen meistens zweistellige Prozentzahlen. Seine Gesamtkosten sind abhängig vom Skontosatz und der Skontobezugsspanne (Zahlungsziel ./. Skontofrist). Der Jahreszins p errechnet sich wie folgt:

$$\frac{Skontosatz}{Skontobezugsspanne} \times 360 = p$$

Der Jahreszinssatz steigt/fällt mit zunehmendem/abnehmendem Skontosatz und abnehmender/zunehmender Skontobezugsspanne.

Um die hohen Kosten des Lieferantenkredits zu vermeiden, wird häufig zur Nutzung des Skontos der Kontokorrentkredit in Anspruch genommen. Noch kostengünstiger ist der Umkehrwechsel. Allerdings ist diese Finanzierung nur dann durchsetzbar, wenn man eine starke Verhandlungsposition gegenüber seinen Lieferanten hat.

Wenn dennoch der Lieferantenkredit gewährt und auch in Anspruch genommen wird, so macht dies betriebswirtschaftlich nur Sinn bei entsprechend langem Zahlungsziel. In diesem Zusammenhang ist die kritische Zahlungszieldauer zu ermitteln. Beispielsweise ist der Lieferantenkredit kostengünstiger als der Kontokorrentkredit, wenn folgende Bedingungen gelten: Kontokokorrentzinssatz 12 Prozent, Skontosatz 3 Prozent, Zahlungsziel länger als 90 Tage.

(2) Innovative Instrumente

– Leihgeld: Overnight-Kredit auf FIBOR-Basis
Unter Leihgeld versteht man eine kurzfristige DM-Kredittranche, die von der Bank innerhalb einer Geldhandelslinie für einen Tag bis zu sechs

Monaten zur Verfügung gestellt wird. Sie stellt zur Zeit die einzige Möglichkeit dar, für einen Tag (Overnight) einen Kredit zu Geldmarktkonditionen zu bekommen. Die Kosten betragen FIBOR zuzüglich einer Mindestmarge von 0,25 Prozent. Somit kann im Rahmen des Cash Management ein plötzlich auftretender Finanzierungsbedarf telefonisch kostengünstig abgedeckt werden. Die Gewährung erfolgt blanko, so daß auch keine zusätzlichen Kosten für eine Sicherheitenstellung erfolgen. Voraussetzung hierfür ist allerdings eine erstklassige Bonität.

– Euro-Barvorschuß: Kontokorrentkredit auf Eurobasis
Der Euro-Barvorschuß wurde von den Banken entwickelt, um eine kurzfristige und schnell verfügbare Kreditlinie zu geldmarktnahen Konditionen bereitstellen zu können. Die Refinanzierung der Bank erfolgt über ihre Töchter in London und Luxemburg am Eurogeldmarkt.

Die Inanspruchnahme erfolgt innerhalb der zugesagten Kontokorrentkreditlinie auf roll-over-Basis, das heißt, daß das Zinsänderungsrisiko vom Unternehmen getragen wird. Als Referenzzinssatz dient der LIBOR zuzüglich einer Bankenmarge von 0,5–1 Prozent p.a. Grundsätzlich gilt, daß mit der Höhe des Betrages die Verhandlungsstärke bei der Marge zunimmt. Knappe Margen auf große Kreditsummen sind für die Bank immer noch profitabel, insbesondere da der Arbeitsaufwand unabhängig von der Kredithöhe ist. Der Mindestbetrag liegt bei rund einer Million DM. Durch die wahlweise Inanspruchnahme in DM oder Fremdwährung entsteht ein flexibles Instrument zur Begleichung von Devisenverbindlichkeiten. Die Laufzeit beträgt 30 Tage bis zu einem Jahr.

Der Euro-Barvorschuß stellt für das Unternehmen ein flexibles und einfach handhabbares Finanzierungsinstrument mit transparenten und geldmarktnahen Finanzierungskosten dar.

5.2 Erhöhung des Finanzertrags

Ist das Ergebnis der Finanzplanung ein Finanzmittelüberschuß, so muß es das Ziel sein, diesen ertragbringend anzulegen. Gleichermaßen ist die Rentabilität der zu haltenden Liquiditätsreserve zu maximieren. Ebenso wie bei den Kosten ist es bei den Erträgen wichtig, die Kalkulation der Gegenseite (meistens Banken) zu kennen, welche sich im Groben wie folgt darstellt:

Referenzzinssatz,
./. Mindestreservekosten,
./. Gewinnmarge,
= gewährter Kundenzinssatz.

Gemäß § 16 Bundesbankgesetz und der Anweisung der Deutschen Bundesbank über Mindestreserven sind Kreditinstitute verpflichtet, für Sicht-, Termin- und Spareinlagen eine zinslose Mindestreserve bei der Deutschen Bundesbank zu unterhalten. Diese stellt für die Bank Kosten dar, da dieses Geld nicht weiterverliehen werden kann.

– Tagesgeld
Bei Tagesgeld handelt es sich um täglich fällige Gelder, die bei Nichtabruf automatisch um einen weiteren Tag prolongiert werden. Die Verzinsung orientiert sich täglich neu am Interbankengeldmarkt, unter Berücksichtigung der Mindestreservekalkulation, wobei auf der Basis der Euro-Zinsmethode (tagegenau) abgerechnet wird.

Das Mindestvolumen beträgt circa eine Million DM, und die Dispositionsbeträge liegen bei 100 000,– DM oder einem Vielfachen davon. Die Marge für die Bank liegt bei circa 0,2–0,75 Prozent in Abhängigkeit von der jeweiligen Machtposition des Kunden und der Konkurrenzsituation am Platz.

Es ist durchaus lohnend, die einzelnen Geschäftsbanken am Vormittag nach ihren Tagesgeldsätzen abzufragen. Mit einer Blitzgiroüberweisung wandert das Geld zum Institut mit den besten Konditionen.

Der Vorteil für das Unternehmen liegt in für diese Laufzeit hohen Zinserträgen mit täglicher Verfügbarkeit. Hohe Guthabenbeträge auf dem Kontokorrentkonto zu einem Zinssatz von 0,5 Prozent dürften heute eigentlich nicht mehr vorkommen.

– Terminiertes Tagesgeld
Terminiertes Tagesgeld unterscheidet sich vom Tagesgeld durch eine fest vereinbarte Laufzeit zwischen 2 und 29 Tagen. Der Zinssatz liegt nur minimal über dem des Tagesgeldsatzes, so daß das terminierte Tagesgeld eher Vorteile für die Bank als für das Unternehmen hat. Für die Bank bedeutet es nämlich eine verbesserte Liquiditätsdisposition und genauere Mindestreservekalkulation, für das Unternehmen hingegen eine unnötige Bindung an ein Institut. Der einzige Vorteil für das Unterneh-

men besteht in der Plazierung kleinerer Beträge, da das Mindestvolumen bei circa 50 000,– DM liegt.

– Termingeld
Beim Termingeld handelt es sich um eine feste Geldeinlage mit einer unwiderruflich vereinbarten Laufzeit von mindestens 30 Zinstagen. Trotz Nachlassen der inversen Zinsstruktur wird die längerfristige Überlassung von Geld kaum mit höheren Zinssätzen honoriert, so daß dem Tagesgeld aufgrund seiner höheren Flexibilität stärkere Bedeutung im Cash Management zukommen sollte. Nur bei kleineren Beträgen, bei denen die Überweisungsgebühren einen zusätzlichen Ertrag deutlich verringern bzw. aufheben, lohnt sich die längerfristige Überlassung als Termingeld.

In diesen Fällen ist darauf zu achten, daß Termingeldeinlagen von Seiten der Bank nur mit weniger als der Hälfte der Mindestreservekosten belastet sind als Einlagen von bis zu 29 Tagen. Insofern ist der Verhandlungsspielraum der Bank bei Termingeldeinlagen recht groß, sodaß Zinsabweichungen bei verschiedenen Kunden von bis zu einem Prozent Laufzeit keine Seltenheit sind.

– Eurogeldanlagen
Eurogeldanlagen sind DM-Anlagen bei den Banktöchtern in London oder Luxemburg. Sie stellen eine gute Alternative zum Termingeld dar, da die Verzinsung für das Unternehmen höher als im Inland ist, weil diese Gelder nicht der Mindestreservepflicht unterliegen.

Die Laufzeit beträgt mindestens sieben Tage, wobei das Mindestvolumen eine Million DM. beträgt und die Anlage nach ausländischem Recht erfolgt und somit minimale Abstriche bei der Sicherheit gemacht werden müssen.

6. Schlußbemerkung

Es ist erkennbar, daß sich die Finanzabteilungen der Unternehmen in zunehmendem Maße von einem Cost-Center zu einem Profit-Center entwickeln. Finanzdispositionen werden weitgehend autonom durchgeführt. Dies gilt gleichermaßen für die kostengünstige Deckung des Finanzmittelbedarfs wie für die ertragreiche Anlage von Überschüssen.

Darüber hinaus erbringen die Finanzabteilungen der Unternehmen verstärkt Dienstleistungen, die bisher von den Banken wahrgenommen wurden. Insgesamt leistet das Finanzmangement einen eigenen Beitrag zur Rentabilitätsverbesserung des Unternehmens. Unterstützt wird diese Entwicklung von zahlreichen neuen Produkten im Bankensektor, die unter dem Begriff Finanzinnovationen zusammengefaßt werden können. Für das Controlling ergeben sich dadurch neue Herausforderungen. Die Aktivitäten des Finanzmanagement sind mit Planungs-, Kontroll- und Steuerungsmechanismen zu unterstützen.*

* Für die wertvolle Unterstützung bei der Anfertigung des Beitrags danke ich Herrn Stephan Müller.

Literatur

Beck, Matthias S.: Devisenmanagement. Wechselkursrisiken aus operativer und strategischer Sicht. Wiesbaden 1989.

Braunschweig, Christoph: Innovative Finanzierungsinstrumente für Unternehmen. Bonn 1989.

Büschgen, Hans E.: Finanzinnovationen, Neuerungen und Entwicklungen an nationalen und internationalen Finanzmärkten. In: Zeitschrift für Betriebswirtschaft, 56. Jg. (1986), S. 301–316.

Büschgen, Hans E.: Grundlagen der betrieblichen Finanzwirtschaft. 3. Auflage, Frankfurt/Main 1991.

Busse, Franz-Joseph: Grundlagen der betrieblichen Finanzwirtschaft. 3. Auflage, München 1993.

Christians, Wilhelm (Hrsg.): Finanzierungshandbuch. 2. Auflage, Wiesbaden 1988.

Eilenberger, Guido: Betriebliche Finanzwirtschaft. 4. Auflage, München 1991.

Hoppe, Helmut; Pistek, Nils: Der Handlungsbedarf für strategisches Finanz-Controlling. In: Controller Magazin, Heft 3, 1991, S. 133–137.

Jehle, Kurt; Blazek, Alfred; Deyhle, Albrecht: Finanz-Controlling. Planung und Steuerung von Finanzen und Bilanzen, 4. Auflage, München 1991.

Linke, Michael; Regnitter, Ralf: Die Bedeutung von Finanzinnovationen in Industrie- und Handelsunternehmen. In: Die Bank, Heft 1, 1991, S. 29–35.

Pausenberger, Ehrenfried; Glaum, Martin: Electronic-Banking-Systeme und ihre Einsatzmöglichkeiten in internationalen Unternehmungen. In: Zeitschrift für betriebswirtschaftliche Forschung, 45. Jg. (1993), S. 41–67.

Perridon, Louis; Steiner, Manfred: Finanzwirtschaft der Unternehmung. 7. Auflage, München 1993.

Reichmann, Thomas: Controlling mit Kennzahlen: Grundlagen einer systemgestützten Controlling-Konzeption. 3. Auflage, München 1993.

Schuster, Leo: In-House Banking als Instrument des Finanzmanagement von Unternehmungen. In: Die Unternehmung, 42. Jg. (1988), S. 346–361.

Süchting, Joachim: Finanzmanagement. Theorie und Politik der Unternehmensfinanzierung, 5. Auflage, Wiesbaden 1989.

Wöhe, Günter; Bilstein, Jürgen: Grundzüge der Unternehmensfinanzierung. 6. Auflage, München 1991.

Teil 2
Übergreifende Aspekte des Bereichs-Controlling

I. Qualitäts-Controlling

Alfred Kötzle
(unter Mitarbeit von Alexander Bassen)

Inhalt

1. Qualität als Wettbewerbsfaktor

Qualität wurde lange Zeit als ein selbstverständliches Merkmal deutscher Produkte angesehen. Begriffe wie »Made in Germany« und »deutsche Wertarbeit« standen weltweit als Synonyme für Qualität. Japanische und auch US-amerikanische Unternehmen haben jedoch diesen Wettbewerbsvorteil wenn noch nicht kompensiert, so doch in vielen Branchen verringert.

Qualität hat als Wettbewerbsfaktor immer mehr an Bedeutung für Entscheidungen in Unternehmen gewonnen. Zahlreiche Untersuchungen, etwa im Rahmen der PIMS-Studie (Buzzell/Gale 1989), verdeutlichen dies. Hier wird Qualität als der bedeutendste strategische Erfolgsfaktor herausgearbeitet (Meyer 1987, S. 117f., und Buzzell/Gale 1989, S. 93ff.).

Buzzell/Gale entwickelten etwa auf der Grundlage einer umfassenden Datenbank strategische Erfolgsfaktoren als Bestimmungsgrößen der Rentabilität. Die relative Qualität wurde dabei als wichtigste Einflußgröße auf die Rentabilität identifiziert. Relative Qualität setzt die eigene Qualität mit der des stärksten Konkurrenten in Relation. Eine hohe relative Qualität ermöglicht einen höheren relativen Preis bei steigendem Marktanteil (Meyer 1987, S. 117). Die Stärke des Zusammenhangs zwischen Qualität und Rentabilität ist jedoch von diversen Unternehmensvariablen wie Größe, Branche und bisherigem Marktanteil abhängig. Außerdem sind die Ergebnisse nur Symptome und keine Ursachen erfolgreicher Unternehmensführung (Kötzle 1993, S. 125). Es ist deshalb für jedes Unternehmen individuell die Bedeutung der Qualität und die Ausprägung der Qualitätsfaktoren in dem betrachteten Wettbewerbssegment im Rahmen einer strategischen Analyse zu ermitteln.

Ursachen für die gestiegene Bedeutung der Qualität sind (Engelhardt/Schütz 1991, S. 394):

- steigende Kundenanforderungen,
- die Globalisierung der Märkte und
- die Erhöhung der gesetzlichen Anforderungen an die Produkte.

Mangelnde Qualität kann nicht nur zum Verlust einiger weniger Kunden, sondern durch Multiplikatoreffekte zu massiven Marktanteilsverlusten führen. Mit herkömmlichen Qualitätssicherungsmethoden kann den gestiegenden Kundenanforderungen oft nicht mehr entsprochen werden.

Zahlreiche Publikationen zum Thema Qualitätsmanagement, Total Quality Management und Qualitäts-Controlling in der aktuellen betriebswirtschaftlichen Literatur versuchen, Ursachen und Lösungen dieses Problems aufzuzeigen. Sind diese Ansätze nur »alter Wein in neuen Schläuchen«, oder kann ein Unternehmen durch qualitätsfördernde Maßnahmen Wettbewerbsvorteile schaffen? Dieser Frage nachgehend werden im folgenden die Aufgaben des *Qualitäts-Controlling* beschrieben und anschließend analysiert.

2. Aufgaben des Qualitäts-Controlling

Der Begriff des *Qualitäts-Controlling* setzt sich aus den vielfältig interpretationsfähigen Begriffen *Qualität* und *Controlling* zusammen. Das Verständnis von *Qualität* soll in den nachfolgenden Ausführungen über ein rein technisches, im Sinne von »fitness for use«, hinausgehen (Niemand/Ruthsatz/Renner 1991, S. 5ff.). Unter Qualität soll vielmehr der *Kundennutzen durch die Gesamtleistung des Unternehmens* verstanden werden (Fröhling 1993, S. 545f.). Neben der Produktqualität spielt somit auch die Prozeßqualität als Mittel zur Verbesserung der Produktqualität eine entscheidende Rolle für den Kundennutzen der erbrachten Unternehmensgesamtleistung.

Folgende Eigenschaften bestimmen bei einer sachzielorientierten Betrachtung den Kundennutzen (vgl. Pohmer/Bea 1994, S. 213):

- technische Eigenschaften (Grundnutzen wie Ausstattung, Haltbarkeit, Umweltverträglichkeit, Zuverlässigkeit),
- ästhetische Eigenschaften (Zusatznutzen wie Design, Verpackung),
- symbolische Eigenschaften (Zusatznutzen wie immaterielle Leistungsmerkmale, Markenname, Image),
- zusätzliche Eigenschaften (Kundendienst, Beratung).

Den Eigenschaften wurde bewußt nur eine Auswahl von Merkmalsausprägungen zugeordnet, da für jeden Unternehmensbereich und jede Branche unterschiedliche Merkmale von besonderer Bedeutung sind. Deutlich wird auch, daß diese Ausprägungen sich nicht nur auf das Produkt, sondern, wie bei den symbolischen und zusätzlichen Eigenschaften, auch auf Prozesse und somit die Unternehmensgesamtleistung beziehen.

Als problematisch kann sich die *Messung* einzelner Merkmalsausprägungen erweisen. Einige Größen lassen sich eindeutig definieren. So kann die Umweltfreundlichkeit etwa anhand des Anteils von wiederverwertbarem bzw. wiederverwertetem Material im Wertschöpfungsprozeß, des Emissionsausstoßes bei der Produktion sowie der Umweltverträglichkeit bei und nach der Nutzung gemessen werden. Dennoch versagen solche Kennzahlen oft, da sie von der subjektiven Qualitätserfassung des Konsumenten überlagert werden. In diesem Fall muß auf Meßinstrumente wie Imageprofile bzw. die Conjoint-Analyse zurückgegriffen werden, die in Abschnitt 7.1 beschrieben werden.

In einer dynamischen Umwelt ändert sich der mit einer Leistung zu erzielende Kundennutzen aufgrund wechselnder Erwartungen der Konsumenten ständig. Dies beeinflußt das geforderte Qualitätsniveau der verschiedenen Unternehmensbereiche. Qualität bedarf deshalb einer systematischen Planung, Steuerung und Kontrolle aller relevanter Qualitätsdimensionen. Das *Qualitäts-Controlling* soll als Querschnittsfunktion bereichsübergreifend die Unternehmensleitung bei ihrer (Qualitäts-)Managementaufgabe unterstützen. Es soll insbesondere

- ein in sich abgestimmtes System der Qualitätsplanung und -kontrolle (QPuK)
- unter Einbezug der hierfür erforderlichen Informationsversorgung konzipieren,
- die laufenden Planungs-, Kontroll- und Informationsversorgungsaufgaben koordinieren sowie
- die für die Erfüllung dieser Aufgaben erforderlichen Instrumente bereitstellen.

Ziel dieser Aktivitäten ist, eine wirtschaftlich optimale, den Kundenanforderungen an das gesamte Unternehmen entsprechende Qualität zu ermöglichen (ähnlich Niemand/Ruthsatz/Renner 1991, S. 12).

3. Planungs- und Kontrollaufgaben des strategischen Qualitäts-Controlling

3.1 Aufgaben und Ziele des strategischen Qualitäts-Controlling

Aufgabe des *strategischen Qualitäts-Controlling* ist die Unterstützung der Unternehmensführung bei Aufbau und Sicherung qualitätsbezogener Erfolgspotentiale.

Ziel der strategischen Qualitätsplanung und -kontrolle sollte sein, ein den heutigen und zukünftigen Kundenanforderungen entsprechendes, optimales Qualitätsniveau zu bestimmen, mit dem Qualitätsniveau des Unternehmens zu vergleichen und Änderungen der Qualitätsanforderungen festzustellen und umzusetzen. Diese Aufgaben mögen trivial erscheinen, sind jedoch von entscheidender Bedeutung für die Implementierung von Qualität im Unternehmen. Die rationale Analyse muß Vorrang vor einer Qualitätseuphorie haben, die zu einer über den Qualitätsnutzen des Konsumenten hinausgehenden Maximierung der Qualität tendiert.

Kern der *strategischen Planung* ist die Umwelt- und Unternehmensanalyse, aus deren Ergebnissen eine mit den strategischen Zielen zu vereinbarende Wettbewerbsstrategie abgeleitet wird. Das strategische Controlling übernimmt die Koordination dieses Prozesses.

In strategischen *Leitbildern, Grundsätzen* und *Zielen* wird abgegrenzt, wem sich das Unternehmen verpflichtet fühlt und wie diese Verpflichtungen gewichtet sind. Interessengruppen an der Unternehmung, auch als *Stakeholder* bezeichnet, sind etwa die Mitarbeiter als Entwickler der Qualität, die Anteilseigner, die aufgrund der Qualitätsstrategie eine angemessene Rendite erwarten, die Kunden, die durch eine angemessene Qualität ihren Nutzen maximieren und die Finanzgeber, die Sicherheiten aus der Unternehmensentwicklung für ihre Forderungen ableiten.

Bereits in dieser ersten Phase des Planungs- und Kontrollprozesses kann die Bedeutung der Qualität als Kundenorientierung verankert sein, indem eine besondere Verpflichtung gegenüber dem Abnehmer manifest wird. In qualitätsbezogenen Leitlinien, Grundsätzen und Zielen wird ein Korridor definiert, in dem sich das Unternehmen mit seinen strategischen Aktionen bewegen will.

3.2 Qualitätszielbezogene Umweltanalyse

Im Rahmen der *Umweltanalyse* wird die Bedeutung der Qualität im Wettbewerbssegment der Unternehmung ermittelt. Chancen und Risiken bezüglich des Erfolgsfaktors Qualität sollen hierbei herausgearbeitet werden.

In einer Analyse der *globalen Umwelt* werden Indikatoren für die Entwicklungen der Qualität auf sozio-kulturellem, technologischem, demographischem und politisch-rechtlichem Gebiet gesucht (Pearce II/ Robinson Jr. 1988, S. 99ff.). Qualitätsrelevante *sozio-kulturelle Umweltfaktoren* zeigen Veränderungen in der Einstellung der Bevölkerung an. Ein gestiegenes Umweltbewußtsein etwa, verbunden mit dem Anspruch nach längerlebigen Produkten, setzt Signale für die Bedeutung der Qualität bei Produkten und Prozessen. *Technologische Umweltfaktoren* haben Einfluß auf die verwendeten Materialien und die Prozeßstruktur.

Vom technischen Fortschritt hervorgerufene Veränderungen können eine starke Wirkung auf die Qualität ausüben. Es ist denkbar, daß durch eine Änderung des Materialeinsatzes das Produkt eine höhere Deckung mit den Kundenbedürfnissen erzielt. *Demographische und volkswirtschaftliche Umweltfaktoren* geben Auskunft über die Entwicklung der wirtschaftlichen Situation der Kunden, etwa ihre Einkommensstruktur und Konsumneigung, sowie die gesamtwirtschaftlichen Rahmenbedingungen. Mit steigendem Einkommen wird bei superioren Gütern auch ein Trend zu höheren Produktanforderungen beobachtet. Zur Erfüllung des Kundennutzens kann es somit erforderlich sein, die Produkt- und Prozeßqualität entsprechend zu erhöhen. Schließlich beeinflußen *politisch-rechtliche Umweltfaktoren* die geforderte Qualität. Gesetzliche Bestimmungen können Anforderungen an die Produkte und Prozesse festlegen, die den Kundenanforderungen mehr oder weniger entsprechen. Solche Bestimmungen können besonders länderspezifisch unterschiedliche Produktqualitäten erfordern. Mit Hilfe dieser globalen Faktoren können besonders Tendenzen in der Qualitätsentwicklung frühzeitig erkannt und genutzt werden.

Der Analyse der globalen Umwelt schließt sich eine detaillierte *Branchenanalyse* an. Sehr anschaulich werden die Wettbewerbskräfte in einer Branche von Porter dargestellt (Porter 1992, S. 26ff.). Für Porter sind neue Anbieter, Lieferanten, Ersatzprodukte, Wettbewerber der Branche sowie Abnehmer Determinanten des Branchenwettbewerbs. Die qualitätsrelevanten Wettbewerbskräfte werden nachfolgend näher untersucht.

Die *Bedrohung durch neue Anbieter* wird von der Höhe sogenannter *Markteintrittsbarrieren* determiniert. Mit Produktdifferenzierungen können Markteintrittsbarrieren geschaffen werden, indem die Qualität der Produkte und Dienstleistungen genau den unterschiedlichen Kundenbedürfnissen angepaßt wird. So ist es möglich, eine hohe Kundenloyalität zu erreichen. Einem potentiellen neuen Anbieter könnte es dann schwerfallen, dem Kunden den Zusatznutzen seines Produkts und somit einen Qualitätsvorteil aufzuzeigen. Betriebsgrößenvorteile (economies of scale) können erreicht werden, wenn durch die Produkt- und Prozeßqualität eine so hohe Übereinstimmung mit den Kundenbedürfnissen erzeugt wird, daß dies zu einer steigenden Produktionsmenge und damit zu sinkenden Stückkosten führt. Aber auch der Zugang zu Vertriebskanälen kann als Qualitätsmerkmal eine Eintrittsbarriere sein. Stiftet etwa die allgemeine Verfügbarkeit eines Produkts dem Kunden einen hohen Nutzen, kann ein Mangel an Vertriebskanälen neue Konkurrenten abschrecken.

Der Analyse der *Verhandlungsmacht der Lieferanten* sollte wegen der besonderen Bedeutung zur Erreichung der angestrebten Qualität (vgl. Abschnitt 5.1) ausreichend Raum beigemessen werden. Die Konzentration der Lieferanten ist ein wichtiger Maßstab für deren Verhandlungsmacht. Bei einer geringen Konzentration, also wenigen Anbietern, steigt deren Macht, was sich preissteigernd bzw. qualitätsmindernd auswirken kann. Besteht nicht die Möglichkeit, auf andere Lieferanten auszuweichen, kann das Ziel, dem Kunden die geforderte Qualität zu einem adäquaten Preis zur Verfügung zu stellen, verfehlt werden. Eine starke Verhandlungsmacht der Lieferanten kann sich somit negativ auf die Qualität und die Wettbewerbspostion des Unternehmens auswirken.

Ersatzprodukte können ebenfalls die Intensität des Wettbewerbs erhöhen. Diese sind dadurch gekennzeichnet, daß sie die gleichen Funktionen erfüllen wie das eigene Produkt. Dem Druck durch Substitute kann ausgewichen werden, indem für besonders wichtige Qualitätsfaktoren eine Differenzierung durchgeführt wird, die das Produkt optimal an die Kundenanforderungen anpaßt.

Gleiches gilt für den *Grad der Rivalität* unter den bestehenden Wettbewerbern der Branche. Auch hier kann durch eine an den Kundenbedürfnissen orientierte Produktdifferenzierung einem drohenden Preiswettbewerb ausgewichen werden.

Ein Schwerpunkt der Betrachtung muß bei der *Verhandlungsstärke der Abnehmer* liegen, denn letztendlich entscheiden die Abnehmer darüber, was Qualität ist. Mit einem steigenden Wettbewerb steigt auch die Verhandlungsmacht der Abnehmer, so daß in diesem Fall intensiv auf die Kundenanforderungen einzugehen ist. Mit Hilfe eigener Markterhebungen bzw. der Auswertung öffentlich zugänglicher Informationen ist das Qualitätsanforderungsprofil der Abnehmer zu ermitteln. Ziel des Unternehmens sollte es aber auch sein, diesem Anforderungsprofil selbst bei geringer Verhandlungsstärke der Kunden zu entsprechen. Der Mehraufwand einer zu hohen Qualität wird vom Abnehmer allerdings insofern nicht honoriert, als er nicht bereit ist, eine zu hohe Qualität mit einem höheren Preis anzuerkennen (Pfeifer 1993, S. 22f.).

3.3 Qualitätsorientierte Unternehmensanalyse

Zur Ermittlung des optimalen, die oben angesprochenen Chancen in der Unternehmensumwelt ausschöpfenden Niveaus der Qualität der Unternehmensgesamtleistung sowie der Potentiale des Unternehmens wird eine *Unternehmensanalyse* durchgeführt. Diese Analyse kann an der von Porter ausgearbeiteten Wertkette ausgerichtet werden (Porter 1992, S. 62, siehe auch ausführlich Abschnitt 5.1): Alle in der Wertkette aufgezeigten primären und unterstützenden Aktivitäten müssen auf ihre Leistung und ihr Potential bezüglich des Wettbewerbsfaktors Qualität analysiert werden.

Ziel der Unternehmensanalyse ist es, Stärken und Schwächen der Unternehmung in Relation zu den – insbesondere in Markt- und Konkurrentenanalysen identifizierten – (qualitätsbezogenen) Umweltchancen und -risiken darzustellen. Hieraus lassen sich konkrete Produkt- und Prozeßelemente herausarbeiteten, die als strategische Qualitätserfolgsfaktoren fungieren können.

3.4 Qualitätsorientierte Wettbewerbsstrategie

Aus den oben genannten Analysen kann eine *Wettbewerbsstrategie* unter Berücksichtigung der relativen Bedeutung der Qualität als strategischem Erfolgsfaktor abgeleitet werden.

Besonders die von Porter vorgeschlagene Strategie der *Differenzierung* ermöglicht eine qualitätsbezogene Unternehmensführung. Es wird hierbei eine Abhebung von der Konkurrenz bezüglich einer oder mehrerer Qualitätsdimension(en) angestrebt. Eine Differenzierung kann auf jeder Stufe der Wertkette erfolgen. Die Gefahr bei dieser Strategie besteht darin, daß die Qualitätsdimension eine zu große, die Kostenstruktur jedoch zu geringe Beachtung findet. Der geringere Kundennutzen aufgrund eines daraus resultierenden höheren Preises kann so unterschätzt werden. Als Beispiel für die Probleme, die bei einer Differenzierungsstrategie auftreten können, lassen sich die Erfahrungen von Porsche und Audi auf dem amerikanischen Markt anführen. Toyota hatte mit dem Lexus Ende der 80er Jahre ein Fahrzeug mit vergleichbarer Differenzierung zu einem sehr viel geringeren Preis im Marktsegment der Oberklasseautomobile plaziert. Sowohl Audi als auch Porsche hatten hierdurch einen starken Einbruch ihrer Absatzzahlen hinzunehmen. Der immaterielle, mit dem Produktimage verbundene Nutzen wurde im Vergleich zu jenem des Preises überschätzt.

Die Strategie der *Kostenführerschaft* konzentriert sich auf eine Kostenminimierung durch Ausnutzung von Erfahrungskurveneffekten. Dieses Verhalten kann ebenfalls qualitätsorientiert sein, da der Kundennutzen auch mit einem minimalen Preis bei einer Mindestqualität optimiert werden kann. Niedrige Produktionskosten können ferner auch ein Ausdruck überragender Prozeßqualität sein (Buzzell/Gale 1989, S. 91f.). Eine Konzentration auf den Kostenaspekt kann allerdings auch zu mangelnder Flexibilität und Anpassungsbereitschaft und damit strategischem Mißerfolg führen.

Die Bedeutung der Qualität bei der Strategie der *Konzentration auf Schwerpunkte* hängt von der Art der gewählten Nische ab. Das (zumeist kleine) Unternehmen konzentriert seine Aktivitäten auf ein regionales, abnehmer- oder produktspezifisches Segment des Gesamtmarkts, um ein für dieses Segment optimales Qualitätsniveau bereitzustellen. Die Qualität der Unternehmensgesamtleistung ist sehr differenziert auf die Kundenbedürfnisse ausgerichtet. Das Risiko bei dieser Strategie liegt darin, daß die Marktführer langfristig ebenfalls in diese Nische drängen könnten und ein diesen Kundenbedürfnissen entsprechendes Produkt bereitstellen. Es muß somit ein sehr hoher Qualitätsgrad gewährleistet sein, um die Nischenstrategie erfolgreich durchzusetzen.

3.5 Strategische Qualitätskontrolle

Als Aufgabe der strategischen Kontrolle lassen sich unterscheiden (Steinmann/Schreyögg 1991, S. 202ff.):

- strategische Prämissenkontrolle,
- strategische Durchführungskontrolle und
- strategische Überwachung.

Der *Prämissenkontrolle* kommt die Aufgabe zu, der strategischen Planung zugrundeliegende explizite Annahmen kritisch zu überprüfen. Besonders die Entwicklung der ermittelten Kundenbedürfnisse ist Gegenstand dieser Kontrollart. Da sie die Basis aller weiteren Entscheidungen sowohl über die Produkt- als auch die Prozeßqualität sind, kann eine nicht erfaßte Veränderung zu einer Fehlentwicklung in der Qualitätsausrichtung führen. Aber auch Gesetzesänderungen können Annahmen, die bereits in die Produktentwicklung eingeflossen sind, hinfällig machen. Wird beispielsweise ein wichtiger Roh- oder Hilfsstoff aus politischen Gründen mit hohen Einfuhrzöllen belegt, kann dies die Erreichung des vom Kunden akzeptierten Zielpreises erschweren, unter Umständen sogar unmöglich machen.

Bei der *strategischen Durchführungskontrolle* wird die Durchführung der ausgewählten Qualitätsstrategie anhand von Meilensteinen überwacht. Solche Meilensteine können etwa eine Imageanpassung bezüglich einer Qualitätsdimension innerhalb einer bestimmten Frist sein.

Die *strategische Überwachung* soll übergreifend alle die Größen beobachten, die im Rahmen der ersten beiden Kontrollarten nicht erfaßt werden (können). Sie umfaßt alle Rahmenbedingungen, die nur als implizite Prämissen berücksichtigt wurden, aber trotzdem die Durchführung der Qualitätsstrategie beeinflussen. Hier kann z. B. ein Wertewandel in der Gesellschaft mit daraus folgender Änderung an die Qualitätsanforderungen eine Rolle spielen. Aber auch Entwicklungen in anderen Ländern oder Branchen können Einfluß auf die relative Qualität der Unternehmensgesamtleistung haben und Gegenstand der strategischen Überwachung sein. Eine graphische Darstellung aller drei Kontrollarten findet sich in Abbildung 1.

Abschließend soll am Beispiel des britischen Automobilherstellers *Rolls Royce* die erfolgreiche Umsetzung einer Qualitätsstrategie vorgestellt werden (vgl. zu diesem Beispiel Gatermann/Krogh 1993, S. 202ff.). Rolls Royce erscheint als ein besonders geeignetes Beispiel, da Produktqualität hier als eine selbstverständliche Eigenschaft der Fahrzeuge angesehen, jedoch oft nur durch zahlreiche Kontrollen und Nachbesserungen nach der Produktion erreicht wurde. Auch eine Analyse der Kundenbedürfnisse hielt Rolls Royce bis in die jüngste Zeit nicht für notwendig, da man glaubte, die Kunden zu kennen.

Nach mehreren Unternehmenskrisen, etwa hervorgerufen von der Ölkrise 1973, brach der Absatz von Rolls Royce 1991 um knapp 50 Prozent ein. Die finanziellen Ressourcen zur möglichen Entwicklung eines neuen Modells waren erschöpft. Die Manager sahen die einzige Möglichkeit zum Erhalt des Unternehmens in einer völligen Neuausrichtung.

Im Mittelpunkt sollte der Kunde stehen. Es wurden weltweit Kundenbefragungen im Rahmen eines *»Owner Satisfaction Program«* durch-

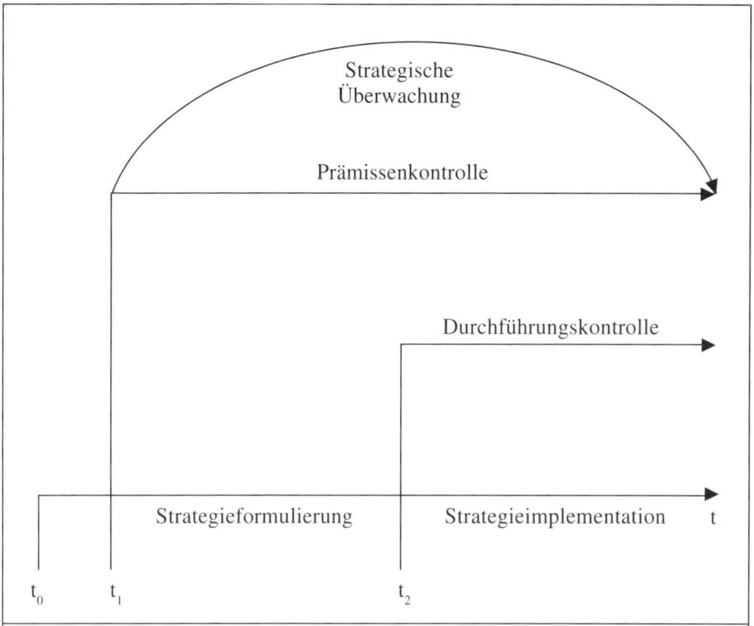

Quelle: Steinmann/Schreyögg 1991, S. 203

Abbildung 1: Der strategische Kontrollprozeß

geführt. Ein wichtiges Ergebnis dieser Befragung bestand darin, daß bestimmte Elemente für den Kunden bedeutend sind, deren Ausführung oder Einbau von Rolls-Royce-Konstrukteuren bisher als Stilbruch angesehen wurde. Schrille Lackfarben und Bildschirme in den Rücksitzen sind Beispiele für solche Sonderwünsche. Die Ermittlung dieser Kundenbedürfnisse war der erste Schritt in Richtung einer am strategischen Erfolgsfaktor Qualität ausgerichteten Strategie.

Aber auch die in der Wertkette beschriebenen Aktivitäten wurden auf ihre Effizienz untersucht. In diesem Zusammenhang wurden besonders Probleme bei der Zusammenarbeit von Produktion und Technologieentwicklung entdeckt: Nicht ein Miteinander, sondern ausgeprägter Ressortegoismus prägten das Bild. Es erfolgte darauf eine Umstrukturierung in prozeßbezogene, eigenverantwortliche Bereiche. Externe Inspektoren wurden durch teaminterne Auditoren ersetzt. Auch die Zusammenarbeit zwischen den Unternehmensbereichen wurde intensiviert, damit die Arbeitsergebnisse der im Wertschöpfungsprozeß nachfolgenden Bereiche nicht negativ von Fehlern der vorausgehenden beeinflußt wurden. Die Komponentenproduktion wurde auf die mögliche Vorteilhaftigkeit des Outsourcing geprüft. Mit diesen Maßnahmen konnte das Unternehmen eine Kostenreduzierung um 55 Prozent erzielen. Der Break-Even-Punkt wurde von über 2600 auf 1300 Fahrzeuge gesenkt. Solche Ergebnisse lassen sich jedoch meist nicht kurzfristig realisieren, sondern stehen am Ende eines Prozesses der langfristigen Steigerung der Effizienz.

4. Target Costing als Instrument des strategischen Qualitäts-Controlling

Für ein strategisches Qualitäts-Controlling lassen sich grundsätzlich alle Instrumente strategischer Planung und Kontrolle einsetzen. Aufgrund der besonderen Bedeutung sowie der noch geringen Verbreitung in deutschen Unternehmen soll ein Instrument herausgegriffen werden, das Target Costing.

Target Costing, im deutschsprachigen Raum mit dem Begriff »(marktorientiertes) Zielkostenmanagement« belegt, ist ein von japanischen Unternehmen seit den 70er Jahren angewandtes Kostenmanagementkonzept, das erst Ende der 80er Jahre Einzug in die westliche Literatur hielt (Seidenschwarz 1993, S. 5). Im folgenden soll die für die Durchführung des Qualitäts-Controlling am besten geeignete Version des Target Costing, das *Market into Company,* vorgestellt werden. (Zu den weiteren Ansätzen und Arten des Target Costing vgl. Seidenschwarz 1993, S. 6ff. und S. 115ff.)

Ziel des Target Costing ist es, den Preis und die Merkmale eines Produkts konsequent auf den Kunden auszurichten und so die Schnittstelle zwischen Markt und Unternehmen zu überwinden. Die Preiskalkulation erfolgt im Unterschied zu den traditionellen Methoden der Kalkulation retrograd: Im Vordergrund steht nicht mehr die Frage, was ein Produkt kosten *wird,* sondern was es kosten *darf.* Die Zielkosten ergeben sich aus dem Zielverkaufspreis, bezogen auf die erwartete Absatzmenge, abzüglich der vom Unternehmen festgelegten Bruttogewinnspanne (Seidenschwarz 1993, S. 116). Der Prozeß des Target Costing ist in Abbildung 2 dargestellt.

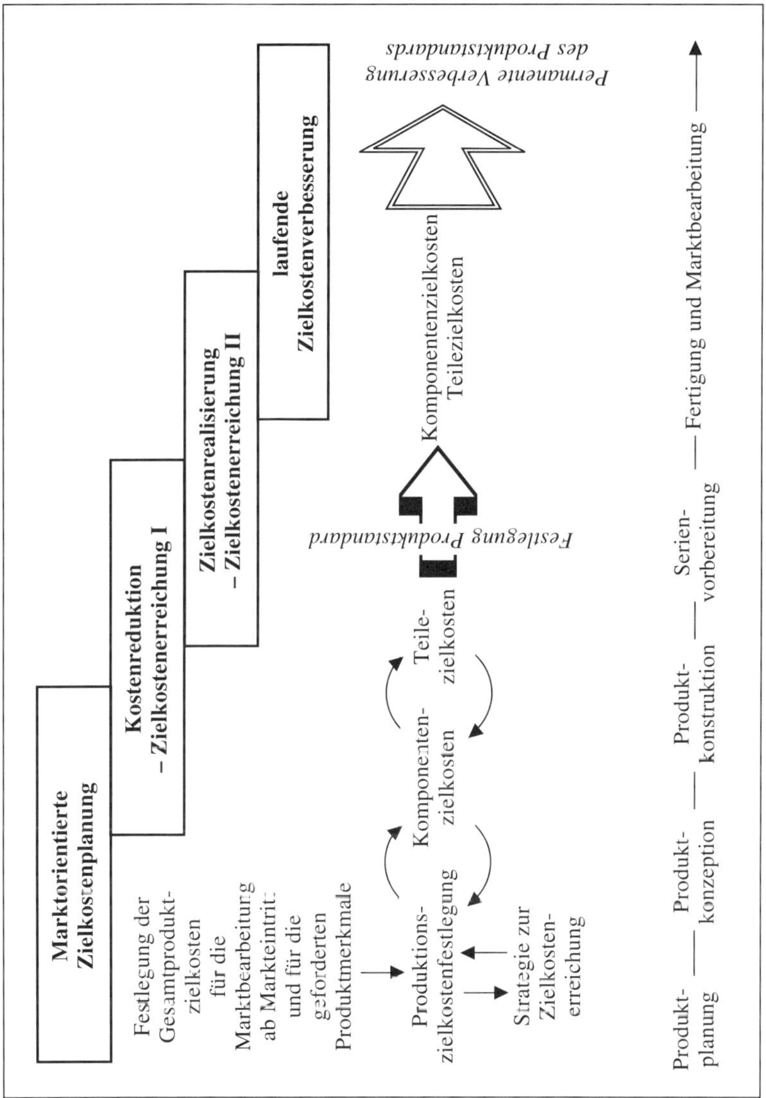

Quelle: Seidenschwarz 1993, S. 143

Abbildung 2: Phasen marktorientierten Zielkostenmanagements

Die *Zielkostenplanung* leitet sich aus dem von den Kundenanforderungen und den Wettbewerbsbedingungen bestimmten *Zielverkaufspreis* ab. Durch die Subtraktion des Zielgewinns vom Zielverkaufspreis erhält man die Zielkosten. Die Zielkostenfestlegung erfolgt also über den Markt. Dies birgt den Vorteil in sich, daß von einer hohen Akzeptanz dieser Kostenvorgabe im Unternehmen ausgegangen werden kann. Allerdings sind auch intensive Abstimmungsprozesse zwischen den Funktionsbereichen im Unternehmen notwendig (Seidenschwarz 1991, S. 199f.). Bei der Zielkostenplanung wird der Bezug des Target Costing zur kunden- und qualitätsorientierten Betrachtungsweise und der Koordinationsaufgabe des Qualitäts-Controlling zur Überwindung der Schnittstellenproblematik besonders deutlich.

Der vom Markt vorgegebene Preis ist nicht fix, sondern ändert sich in Abhängigkeit von der Lebenszyklusphase des Produkts und den Wettbewerbsbedingungen, hier besonders dem Preis der Konkurrenten (Seidenschwarz 1993, S. 117f.). Im Rahmen des Target Costing wird dies berücksichtigt, indem ein Durchschnittspreis über alle Perioden gebildet wird, der sich, je nach Risikofreudigkeit, am minimal oder maximal zu erzielenden Preis orientiert. Die Vorgabe des geplanten Gewinns kann sich an der Kapitalrentabilität oder der Umsatzrentabilität orientieren. Wichtig ist aber, daß die Größe fix ist, da der Gewinn sonst als Puffer zwischen Zielkosten und Zielverkaufspreis zur Verwässerung des Kostenziels beitragen könnte (Seidenschwarz 1993, S. 122).

Als Vorstufe der *Zielkostenerreichung* müssen die Zielkosten gespalten werden (Seidenschwarz 1993, S. 152). Aus Gesamtzielkosten werden Zielkosten für

- Produktfunktionen,
- Produktkomponenten,
- Produktteile.

abgeleitet (Seidenschwarz 1991, S. 200). Die Aufspaltung des Produkts in die Funktionen erfolgt nach den Produkteigenschaften und der – etwa mit der Conjoint-Analyse (vgl. Abschnitt 7.1) ermittelten – Bedeutung dieser Eigenschaften für den Kunden. Diese strikte Orientierung am Kundennutzen steht auch bei der Bewertung von Produktkomponenten und Produktteilen und damit bei der Vorgabe von Zielkosten im Vordergrund. Das Target Costing integriert somit neben den Schnittstellen zum

Markt auch die Schnittstellen zwischen den Funktionsbereichen innerhalb des Unternehmens.

Da die Zielkosten in einer durch intensiven Wettbewerb geprägten Umwelt oft niedriger sind als bei den Vorgängerprodukten, müssen Möglichkeiten der *laufenden Zielkostenverbesserung* in den einzelnen Segmenten entsprechend ihrer Bedeutung für den Kunden gesucht werden. Liegt etwa der Kostenanteil über der relativen Bedeutung einer Produktkomponente, sind hier Maßnahmen zur Kostensenkung zu ergreifen.

5. Planungs- und Kontrollaufgaben des operativen Qualitäts-Controlling

Gegenstand des operativen Qualitäts-Controlling ist die wirtschaftliche Umsetzung der Qualitätsstrategie (Niemand/Renner/Ruthsatz 1990, S. 15). Es ist zum einen ein Rahmen zur *Planung, Kontrolle* und zur *Informationsversorgung* aller Prozesse zu erarbeiten, die zur Durchsetzung des Wettbewerbsfaktors Qualität im Unternehmen erforderlich sind. Zum anderen sind die laufenden Planungs-, Kontroll- und Informationsversorgungsaufgaben innerhalb dieses Systemrahmens aufeinander abzustimmen. Die Notwendigkeit der Koordination der Planungs- und Kontrollaufgaben entsteht unter anderem durch Schnittstellen im Unternehmen und zwischen Unternehmen und Umwelt, die im Mittelpunkt der weiteren Betrachtung stehen werden.

Ausgangspunkt aller Planungs- und Kontrollaktivitäten bilden die im strategischen Qualitäts-Controlling bereits definierten Unternehmensziele. Diese *Ziele* sind so zu operationalisieren, daß sie für die einzelnen Unternehmensbereiche als Vorgaben dienen können. Sinnvoll kann dies mit Hilfe einer Zielhierarchie geschehen, um so ein widerspruchsfreies Zielsystem aufzubauen. Ziele müssen nicht nur in inhaltlicher, sondern auch in zeitlicher und quantitativer Hinsicht abgegrenzt werden. Dies würde für den Kundendienst beispielsweise bedeuten: Die Kundenbeschwerden nach der Nutzung des Produkts sollen in diesem Jahr um 10 Prozent zurückgehen.

Eine hohe Identifikation der Mitarbeiter in den Unternehmensbereichen mit den Qualitätszielen ist unerläßlich, da nur so ein Interesse an der Erreichung der Ziele und damit der Implementierung von Qualität im Unternehmen besteht. Dafür müssen alle Mitarbeiter über die Ziele und Zieländerungen informiert werden (Wonigeit 1994, S. 70). Diese Ziele gelten als Vorgaben für alles weitere Handeln. Zu den Zielvorgaben zählen auch die aus dem Target Costing ermittelten Zielkosten. Sie dienen hauptsächlich zur Überwindung der Schnittstelle zwischen strategischem und operativem Bereich.

5.1 Koordination in den Funktionsbereichen

Die Analyse der QPuK-Aufgaben in den Funktionsbereichen soll an der Wertkette von Porter ausgerichtet werden, der zwischen primären Aktivitäten und unterstützenden Aktivitäten unterscheidet (Porter 1992, S. 62). Aus den unterstützenden Aktivitäten – bestehend aus Unternehmensinfrastruktur, Personalwirtschaft, Technologieentwicklung und Beschaffung – wird nachfolgend die Technologieentwicklung und Beschaffung analysiert. Da die allgemeinen Controlling-Aufgaben bei den primären Aktivitäten in den jeweiligen Abschnitten zum Funktionsbereichs-Controlling analysiert werden, sollen im folgenden die Besonderheiten des Qualitäts-Controlling in diesen Funktionsbereichen herausgestellt werden.

(1) Qualitäts-Controlling im Marketing

Bei der Optimierung des Marketing-Mix, bestehend aus Produkt-, Distributions-, Kontrahierungs- und Kommunikationspolitik, können zahlreiche Maßnahmen zur Erreichung der optimalen Qualität geplant und durchgeführt werden.

Qualitätsbezogene Ziele im Marketing sind die Analyse und Beobachtung von Märkten, die Ermittlung und Beobachtung der Entwicklung von Kundenbedürfnissen, die Erreichung einer bestimmten Imagedimension sowie die Information der Kunden über die Produktqualität (Qui 1991, S. 110). Es wird deutlich, daß das Marketing auf den Kunden und somit qualitätsorientiert auszurichten ist. Die dem Marketingbereich zugeordneten Kosten sollten ebenfalls den im Rahmen des Target Costing entwickelten Zielkosten entsprechen (vgl. Abschnitt 4).

Die zentrale Aufgabe des Marketing im Rahmen des Qualitäts-Controlling liegt in der Ermittlung der Verbraucherbedürfnisse und deren Umsetzung in Produkte.

Ziel sollte es sein, eine möglichst große Deckung von Bedürfnissen und der Erfüllung dieser Bedürfnisse durch das Produkt zu erreichen, entweder auf dem Wege einer Beeinflussung der Kundenbedürfnisse mit Hilfe der Kommunikationspolitik oder mit einer geeigneten Anpassung oder Entwicklung der Produkte.

Es gibt drei Möglichkeiten der Ermittlung von Kundenanforderungen: Beobachtungen, Befragungen und Experimente (Bruhn 1994, S. 334ff.). Außerdem sind selbstverständlich Kombinationen dieser Verfahren denkbar. Im Rahmen von *Beobachtungen* wird anhand objektiver Merkmale ein Bild über das Konsumentenverhalten und den Markt gezeichnet. *Befragungen* dienen dazu, die Meinung der Konsumenten zu ermitteln bzw. nicht beobachtbares Verhalten zu interpretieren. Besonders die subjektiven Qualitätsdimensionen wie etwa das Image können so aufgezeigt werden. Im Rahmen von *Experimenten* wird schließlich versucht, die Wirkung der Marketing-Instrumente auf den Verbraucher mittels unterschiedlicher Tests festzustellen.

Die so ermittelten Qualitätsanforderungen werden in einem *Pflichtenheft* festgehalten (vgl. zur Einbindung des Pflichtenhefts in den Qualitätsplanungsablauf Abbildung 3, S. 252). In diesem sind die unterschiedlichen Qualitätsmerkmale mit ihrer Bedeutung für den Konsumenten detailliert aufzulisten. Es sollte ferner Angaben über den Anwendungsbereich des Produkts und ein Kundenprofil enthalten. Dieses Heft muß fortlaufend erneuert werden. Ein verbesserter Informationsstand, etwa aufgrund weiterer Befragungen oder einer fortgeschrittenen Produktentwicklung, führt zu einer Veränderung des Pflichtenhefts. Mit fortlaufender Entwicklung nimmt der Detaillierungsgrad des Hefts zu; es kann somit als Grundlage für Entscheidungen über die Ausgestaltung der Qualitätsdimensionen dienen.

(2) Ausgangslogistik und Kundendienst

Aufgaben der Ausgangslogistik und des Kundendienstes werden in der Regel dem Marketing zugeordnet. Aufgrund der zunehmenden Bedeutung vor allem des Kundendienstes als Qualitätsdimension sollen diese Bereiche in Anlehnung an die Wertkette von Porter gesondert analysiert werden. Unter Kundendienst sind alle Aktivitäten des Unternehmens zur Werterhaltung und -förderung der verkauften Produkte zu verstehen (Porter 1989, S. 69). Die Funktion des Kundendienstes geht dabei über die eines

»schlechten Gewissens des Unternehmens« aufgrund unvermeidlicher Produktmängel hinaus (Winkler 1994, S. 656). Der Kundendienst ist eine wichtige Dienstleistung und »Ohr« des Unternehmens, da er den direkten Kontakt zum Kunden während der Produktnutzung herstellt.

Qualitätsziele des Kundendienstes sind eine kostenoptimale Werterhaltung und -förderung während der Nutzung. Auch im Bereich des Kundendienstes hat sich die Leistung an den Kundenanforderungen zu orientieren, die mit den beschriebenen Methoden ermittelt werden. Elemente sind beispielsweise Aufstellung, Inbetriebnahme, Schulung, Instandhaltung, technische Unterstützung und Aufnahme von Beschwerden.

Dienstleistungen als Teil der Unternehmensgesamtleistung wurde in der Vergangenheit in einigen Branchen oft weniger Beachtung im Zusammenhang mit dem Wettbewerbsfaktor Qualität gewidmet als etwa der unmittelbaren Produktqualität. Insbesondere bei Kundendienstaktivitäten findet sich noch ein breites Feld zum Ausbau von Qualitätsvorteilen. Allerdings sind Kundendienstleistungen schwieriger zu standardisieren als die Produktion von Gütern. Eine hohe Bedeutung kommt dabei den Mitarbeitern zu, die auf unterschiedliche Situationen flexibel reagieren müssen. Um Probleme zu identifizieren und die Mitarbeiter darauf vorzubereiten, sollte der Prozeß der Kundendienstleistung soweit wie möglich standardisiert werden. Dafür wird folgendes Vorgehen vorgeschlagen (Oess 1993, S. 279ff.):

- Zuerst müssen diejenigen Kundenbedürfnisse ermittelt werden, die die Dienstleistung erfüllen sollen.
- Zu diesem Zweck wird der Prozeß der Dienstleistungserfüllung in systematischer Weise, etwa mit Hilfe eines Flußdiagramms, beschrieben und in Teilprobleme zerlegt.
- Es müssen geeignete Lösungen für die Teilprobleme gefunden werden, um so einen stabilen Prozeß zu erhalten.
- Es müssen geeignete Mitarbeiter zur Durchführung des Service eingestellt oder ausgebildet werden.
- Die Art des Kontakts zum Kunden muß festgelegt werden. Soll der Kunde etwa in regelmäßigen Abständen oder nur bei akuten Problemen besucht werden?
- Die Kosten der Alternativen müssen verglichen werden.
- Abschließend muß der Service für den Kunden verfügbar gemacht werden.

Letztendlich hängt der Erfolg des Kundendienstes hauptsächlich von den Mitarbeitern und deren Persönlichkeit ab. Dies gilt sowohl für die Mitarbeiter im Innendienst (etwa dem Telefondienst, der für die Annahme von Beschwerden verantwortlich ist) als auch im Außendienst (Reparaturservice, Schulung).

(3) Produkt- und Prozeßqualität im Rahmen der Produktion

Ziel der Produktion ist es, die Produkte qualitäts- und kostengerecht zur Verfügung zu stellen. Auch hier ist der Begriff kostengerecht wieder im Sinne der Vorgaben des Target Costing zu verstehen: Den einzelnen Elementen des Produktionsprozesses werden Kosten als Zielgrößen vorgegeben.

Drei wichtige Problembereiche sind bei der Planung und Implementierung von Qualität in der Produktion zu beachten (Wildemann 1992, S. 26f.):

- Festlegung des kundengerechten Arbeitsergebnisses für jeden Teil des Prozesses,
- Abgrenzung der Befugnisse der Mitarbeiter im Produktionsprozeß,
- störungs- und bedienungsfehlersichere Prozesse.

Für jeden Teilprozeß müssen die Arbeitsergebnisse kundenorientiert festgelegt werden. Dem Mitarbeiter muß die Möglichkeit gegeben werden, seine Arbeitsergebnisse anhand vorgegebener Maßgrößen zu beurteilen und gegebenenfalls zu korrigieren. Hierfür muß ihm ein klar formulierter Kompetenzbereich zugeordnet werden. Unterstützt werden muß der Mitarbeiter ferner durch eine Prozeßgestaltung, die ihm eine fehlerfreie Arbeit ermöglicht bzw. erleichtert.

Wichtige Anforderungen an die Mitarbeiter sind Flexibilität, Qualifikation und Motivation. Die Qualifikation bezieht sich auf das technische und praktische Wissen sowie auf Kenntnisse über das Qualitätswesen und die Techniken der Qualitätssicherung. Von besonderer Bedeutung ist jedoch die Motivation wegen ihrer Auswirkung auf die Produktivität der Mitarbeiter. Es ist anzustreben, möglichst vielen Mitarbeitern Verantwortung für ihre eigene Arbeit zu übertragen. Mitarbeiter der durchführenden Ebene können beispielsweise in den Kontrollprozeß integriert werden. Man spricht in diesem Zusammenhang von

Qualitätssicherung durch Selbstkontrolle. Jeder Mitarbeiter kontrolliert eigenständig sein Arbeitsergebnis mit dem Ziel, die Qualitätskosten niedrig zu halten (Wildemann 1992, S. 26f.). Die demotivierende Trennung zwischen Ausführung und Kontrolle entfällt, es wird eine »Einheit von Hand- und Kopfarbeit« geschaffen (Wonigeit 1994, S. 177).

In der japanischen Autoindustrie gehen die Kompetenzen der Bandmitarbeiter teilweise so weit, daß sie für kleinere Reparaturen an den Maschinen sowie für die Materialbestellung in reglementiertem Umfang selbst verantwortlich sind (Womack/Jones/Roos 1990, S. 56). Die Einführung einer Qualitätsprämie als Motivator zur Unterstützung der Qualitätsleistung ist oft nicht notwendig; sie kann sogar kontraproduktiv sein, wenn sie bewirkt, daß Qualität nicht mehr als selbstverständlich, sondern als Zusatzleistung des Mitarbeiters angesehen wird.

Besonders die Sicherheit der *Prozesse* spielt zur Unterstützung der Qualitätssicherungsaufgabe der Mitarbeiter eine entscheidende Rolle, weil Menschen Fehler machen. Ein wichtiges Element hierfür sind die *Maschinen,* die qualitätsfähig sein müssen (Oess 1993, S. 241). Auch hier hat die japanische Industrie ein wirksames System ausgearbeitet. Bei Fehlbedienungen wird ein Signal ausgelöst und die Maschinen werden – meist gut sichtbar für alle anderen Mitarbeiter – angehalten (Oess 1993, S. 241). Die Maschine übernimmt so Teile der Kontrolle für den Mitarbeiter. Diese Art der Qualitätssicherung durch Automation wird aufgrund der steigenden Komplexität der Produkte immer häufiger installiert, da eine Fehlersuche durch den Mitarbeiter oft nicht mehr möglich ist bzw. den Arbeitsprozeß unnötig und kostenintensiv verlängern würde.

(4) Technologieentwicklung

Der *Technologieentwicklung* – und hier besonders der Forschung und Entwicklung (F&E) – kommt als präventiver Maßnahme zur Qualitätssicherung, Kostenvermeidung und Umsetzung der Kundenforderungen eine hohe Bedeutung zu. Es muß nicht nur die Zielorientierung des Entwicklungsprozesses selbst, sondern auch die des zu entwickelnden Produkts unter Einbezug der Auswirkungen auf die nachfolgenden Unternehmensbereiche beurteilt werden.

Qualitätsziele sind die im Sinne des Target Costing kostenoptimale und termingerechte Entwicklung von Produkten, die den Qualitätsanforderungen der Abnehmer in der Zukunft entsprechen. Die Ist-Entwurfsqualität muß der Soll-Entwurfsqualität entsprechen. Es muß ferner sichergestellt werden, daß die Produkte mit einer anwendbaren Produktionstechnologie hergestellt und fehlerfrei produziert werden können (Qui 1991, S. 95).

Das bereits unter Punkt (1) dieses Abschnitts erwähnte Pflichtenheft dient als Basis für alle Phasen des Entwicklungsprozesses, das heißt für Entwicklungsplanung, -realisation und -prüfung. Die einzelnen Qualitätssicherungsaufgaben werden von Seghezzi in einem Ablaufdiagramm zusammengefaßt, dessen Ergebnis die Entwicklung eines Prototyps ist (vgl. Abbildung 3). Das zu entwickelnde Produkt muß bezüglich seiner Eigenschaften und Merkmale den geforderten Eigenschaften entsprechend gestaltet werden. Die Erfüllung der Eigenschaften muß ständig überprüft und dokumentiert werden, um Fehlentwicklungen vorzubeugen. Dies beinhaltet auch eine Kontrolle der Zielkosten für die einzelnen Produkteigenschaften.

(5) Beschaffung

Das qualitätsorientierte *Ziel* im Beschaffungsbereich muß es sein, »qualitätsgerechte Materialien, Werkstoffe und Bauteile zum richtigen Zeitpunkt, in den richtigen Mengen, zu minimalen Kosten für die Produktion bereitzustellen« (Qui 1991, S. 104). Die »minimalen Kosten« sind als im Rahmen des Target Costing abgeleitete Zielkosten der einzelnen Komponenten des Produkts zu verstehen, die aus dem Kundennutzen der Komponenten abgeleitet sind.

Zuerst wird hierfür die Soll-Qualität gemäß den Kundenanforderungen ermittelt und dokumentiert. Diese Beurteilung ist besonders wichtig, da sich an ihr die für die Produkt- und Prozeßqualität sehr wichtige Auswahl der Lieferanten orientiert. Die Wahl der Lieferanten soll anhand qualitätsorientierter Kriterien erfolgen, etwa nach (Oess 1993, S. 218 und Qui 1991, S. 105f.):

- Beschaffenheit der Fertigungs- und Prufanlagen,
- Überwachung der Fertigungs- und Prüfanlagen,
- Nutzen der Produkte der Zulieferer,
- Qualitätssicherungssystem des Lieferanten,
- Qualitätszertifikate beim Lieferanten (ISO 9000 u. a.),
- Qualitätsbewußtsein des Personals.

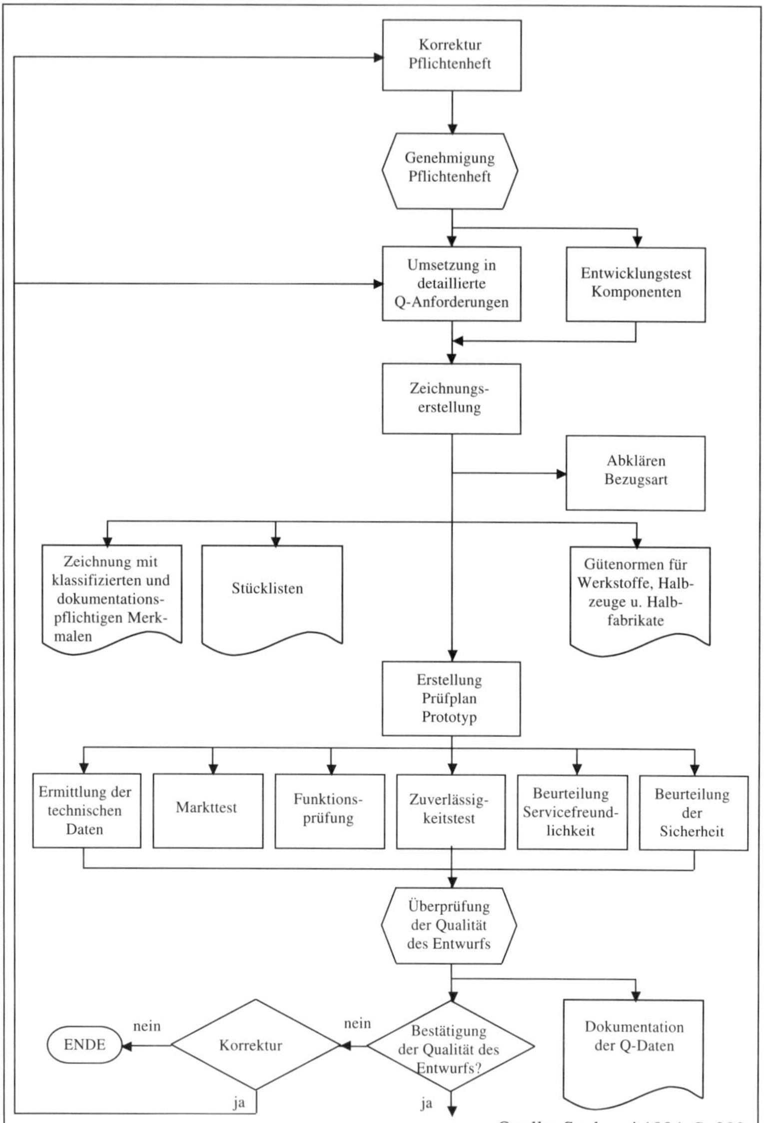

Quelle: Seghezzi 1994, S. 382

Abbildung 3: Qualitätsplanungsablauf in der Prototypphase

Anhand dieser Kriterien kann eine Vorauswahl von Lieferanten vorgenommen werden. Sind diese Qualitätsanforderungen erfüllt, spielen selbstverständlich auch die Preis- und Terminkriterien eine wichtige Rolle, denn das Ziel besteht darin, eine optimale, nicht maximale Qualität zu erreichen.

An den oben genannten Kriterien wird deutlich, daß sich die Aufgabenverteilung zwischen Zulieferer und Abnehmer in einem Wandel befindet. Die Qualitätssicherung der Zulieferteile wird in einigen Branchen zunehmend vom Abnehmer auf den Lieferanten verlagert mit dem Ziel, auf der Basis einer Kooperation das Qualitätsniveau der Teile zu erhöhen und Kosten zu senken (Wildemann 1992, S. 30). Dabei findet ein Übergang von einer hundertprozentigen Eingangsprüfung zur Stichprobenprüfung statt. Als Ziel wird genannt, langfristig auf Eingangskontrollen ganz zu verzichten und so die Qualitätskosten zu senken (Wonigeit 1994, S. 148). Aufgabe des Qualitäts-Controllers im Rahmen dieser Entwicklung ist es darauf zu achten, daß die Auslagerung der Eingangskontrollen von einem Qualitätsmanagement begleitet wird und somit nicht nur Kostenverlagerung, sondern auch Kostensenkung in der gesamten Wertschöpfungskette erzielt wird. In Japan und teilweise auch in Europa zeigt sich in einigen Branchen, daß die Unternehmen der *Zusammenarbeit* zwischen Herstellern und Lieferanten eine zunehmend höhere Bedeutung beimessen. Setzt sich auch beim Lieferanten (als Hersteller) Qualitätsbewußtsein im Sinne von Kundenorientierung durch, können beim Abnehmer (als Kunden) Wareneingangsprüfungen verringert werden oder ganz wegfallen. Es kann so zu einer Verringerung der Transaktionskosten kommen. Die Umsetzung eines Qualitäts-Controlling beim Lieferanten wirkt sich somit positiv auf die eigenen Produkte und Kosten aus.

5.2 Koordination zwischen den Funktionsbereichen

Der Koordinationsbedarf der QPuK zwischen den Funktionsbereichen ergibt sich aus den bereichsubergreifenden Aufgaben der Qualitätssicherung. Nicht einzelne, sondern alle Funktionsbereiche sind gemeinsam verantwortlich für die Erfüllung des Kundennutzens durch die Unternehmensgesamtleistung. Exemplarisch werden die Schnittstellen zwischen den Bereichen Marketing, Forschung & Entwicklung, Beschaffung und Produktion im folgenden herausgegriffen.

Die Erreichung einer optimalen Qualität setzt bei der *Produktentwicklung* eine enge Zusammenarbeit der genannten Bereiche voraus. So wird die F&E bereits bei der Ermittlung der Qualitätsanforderungen mit einbezogen, um ein besseres Verständnis für den Kundennutzen und die notwendige Ausrichtung der F&E-Aktivitäten zu erhalten. Die Erreichung der Qualitätsanforderungen ist dann Aufgabe der F&E, allerdings in enger Zusammenarbeit mit der Produktion und der Beschaffung. Die Prüfung der erreichten Qualitätsanforderungen erfolgt von allen vier Bereichen gemeinsam. Das Marketing prüft, ob die entwickelten Qualitätsausprägungen mit den Qualitätsanforderungen übereinstimmen. Die Beschaffung überprüft die Realisierbarkeit hinsichtlich der Inputfaktoren, die Produktion hinsichtlich des Produktionsprozesses.

Nach Beginn des Produktionsprozesses ist die Schnittstelle zwischen Beschaffung und Produktion, die *Eingangslogistik* bedeutend. Besonders gilt dies bei einer Beschaffungsorganisation nach dem »Just-in-Time«-Prinzip, bei der eine zeitgerechte Anlieferung bei Bedarf erfolgt und zur Kostensenkung auf Lagerhaltung der Input-Faktoren und damit auf die Pufferfunktion des Lagers verzichtet wird. Hierfür ist eine hohe Qualität des Input eine unabdingbare Voraussetzung. Das Einplanen von Reserveteilen entfällt. Dies bedeutet, daß ein Ausschußteil zu Versorgungsengpässen auch in den nachfolgenden Bereichen führen kann (Wonigeit 1994, S. 151f.). Vermeiden läßt sich dies, wenn aufgrund der eingangs beschriebenen Maßnahmen keine Qualitätsschwankungen mehr bei den Zulieferern auftreten.

Ein weiterer Ansatz zur Lösung operativer Koordinationsprobleme zwischen den Funktionsbereichen des Qualitäts-Controlling sind *Quality Circles* (auch *Qualitätskreise* genannt). Ziel von Qualitätskreisen ist die Ausnutzung von ungenutztem Problemlösungspotential bei den Mitarbeitern. Es wird davon ausgegangen, daß Probleme dort am besten erkannt und beseitigt werden können, wo sie auftreten (Corsten 1987, S. 197). Erreicht werden soll eine aktive Mitarbeit in Arbeitsgruppen. Dazu treffen sich die Mitarbeiter der unterschiedlichen Abteilungen oder Bereiche in regelmäßigen Abständen, um selbstformulierte oder vorgegebene Probleme zu diskutieren und mit Hilfe von Kreativitätstechniken – wie beispielsweise Brainstorming, Brainwriting oder Synektik – Lösungen zu erarbeiten (Berndt 1990, S. 45ff.). Die Qualitätskreise werden von erfahrenen und eventuell auch wechselnden Mitarbeitern geleitet. Auch die Zusammensetzung der Mitarbeiter in den Kreisen kann je nach Problemstellung verändert werden. Bisher wurden Qualitätskreise hauptsächlich in der Produktion eingerichtet. Die Schaffung eines Wettbewerbsvorteils durch Qualität spielt jedoch nicht nur dort eine Rolle, sondern auch in anderen Unternehmensbereichen können durchaus Qualitätskreise vor allem bereichsübergreifend sinnvoll angewendet werden (Niemand/Ruthsatz 1990, S. 53).

6. Informationsversorgungsaufgaben des operativen Qualitäts-Controlling

Eine weitere zentrale Aufgabe des Controlling, die Informationsversorgung, wurde bereits in den vorangegangenen Abschnitten angesprochen. Hier soll der Ablauf der Beschaffung, Verarbeitung und Bereitstellung von Informationen als Aufgabe des Qualitäts-Controlling zusammenhängend vorgestellt werden.

Die Informationsversorgung stellt einen Informationsfluß sicher, der den gesamten Prozeß der Wertschöpfung begleitet und es dem Entscheider ermöglicht, auf Defizite bei der Erreichung des angestrebten Qualitätsniveaus sowie auf Kostenabweichungen zu reagieren. Von der Eignung der Informationen zur Problemlösung sowie deren Form und Zeitpunkt der Bereitstellung hängt die Qualität der Prozesse und Produkte ab.

6.1 Informationsbeschaffung und Informationsverarbeitung in der Kosten- und Leistungsrechnung

Der Begriff *Qualitätskosten* ist aus der Übersetzung des englischen Begriffs »quality costs« entstanden. Die Begriffswahl ist nicht eindeutig, da suggeriert wird, Qualität verursache Kosten. Das muß jedoch nicht so sein. Qualität kann zur Kostensenkung führen, wie nachfolgend noch aufgezeigt wird. Außerdem wurde eingangs erläutert, daß bei steigender Qualität unter bestimmten Voraussetzungen auch mit steigender Rendite gerechnet werden kann. Deswegen wird im folgenden auf den Begriff *qualitätsbezogene Kosten* zurückgegriffen (Steinbach 1994, S. 65f.). Die Deutsche Gesellschaft für Qualitätssicherung e.V. (DGQ) definiert diese Kosten als »diejenigen, welche durch das Sicherstellen und Sichern zufriedenstellender Qualität verursacht sind, also auch die Verluste infolge Nichterreichens zufriedenstellender Qualität« (DGQ 1993, S. 44). Qualitätskosten lassen sich in die folgenden Qualitätskostenarten untergliedern (DGQ 1985, S. 13ff.):

(1) Prüfkosten,
(2) Fehlerkosten,
(3) Fehlerverhütungskosten.

Zur Erfassung dieser Kostenarten ist kein neues Kostenrechnungssystem notwendig. Allerdings muß das vorhandene System um eine weitere, qualitätsorientierte Dimension ergänzt werden. Die Art der Ermittlung sowie die bei der Ermittlung auftretenden Probleme werden für die einzelnen Qualitätskostenarten nachfolgend erläutert.

(1) Unter *Prüfkosten* werden alle Kosten der Produkt- und Prozeßprüfung während der Qualitätssicherung zusammengefaßt. Es handelt sich um die im Zuge einer Prüfung der Übereinstimmung der Ist-Qualität mit der Soll-Qualität entstehenden Kosten. Dies sind vor allem Kosten für das Prüfungspersonal, für die eingesetzten Prüfmittel sowie die zur Prüfung genutzen Räume. Im einzelnen entstehen diese Kosten beispielsweise durch:

- Eingangsprüfung,
- Fertigungsprüfung,
- Endprüfung,
- Abnahmeprüfung,
- Laboruntersuchung,
- Instandhaltung der Prüfmittel.

Vor dem Hintergrund der zunehmenden Automatisierung der Produktions- und Prüfungsprozesse wird eine Trennung zwischen Prüfkosten und Fehlerverhütungskosten in einigen Branchen immer schwieriger. Die nachträgliche Prüfung des Produkts wird dort immer mehr zur Ausnahme. Vielmehr werden während des Prozesses bereits bei geringen Abweichungen Gegensteuerungsmaßnahmen eingeleitet. Somit gehen die Prüfkosten zurück, die Fehlerverhütungskosten steigen, was sinnvoll ist, weil die Kosten durch Verringerung von Ausschuß dadurch erheblich gesenkt werden können.

Erfaßt werden Prüfkosten im Rahmen der betrieblichen Kostenrechnung als Personal-, Material- oder Raumkosten der jeweiligen Kostenstellen. Bei Auslagerung der Prüfung in Zentralabteilungen können die Prüfkosten mit dem Instrumentarium der innerbetrieblichen Leistungsverrechnung umgelegt werden. In Kostenstellen, die nicht ausschließlich der Prüfung dienen, muß mittels Bezugsgrößen (etwa Zeitaufwand für die Prüfung) der Anteil der Prüfkosten ermittelt werden.

(2) *Fehlerkosten* entstehen dadurch, daß Produkte und Prozesse von den definierten Qualitätsanforderungen abweichen. Sie lassen sich in interne und externe Fehlerkosten unterteilen (DGQ 1985, S. 19 ff).

Interne Fehlerkosten entstehen durch innerbetriebliche Korrektur dieser Abweichungen. Hierunter fallen besonders Kosten für

- Ausschuß,
- Nacharbeiten,
- Wertminderung durch Qualitätsmangel (etwa niedrigerer Verkaufspreis),
- qualitätsbedingte Ausfallzeit.

Interne Fehlerkosten lassen sich oft nicht direkt aus der Kostenrechnung ableiten. Es ist jedoch möglich, mit Hilfe der Herstellkosten aus der Kostenträgerrechnung die wichtigsten internen Fehlerkostenarten abzuleiten, wie nachfolgend gezeigt wird (hierzu Steinbach 1994, S. 78f., und Diebel/Niemand/Renner/Ruthsatz 1990, S. 126).

Die *Ausschußkosten* lassen sich mit Hilfe der Zuschlagskalkulation als Kosten, die in den jeweiligen Produktionsschritten bis zum Ausschuß entstanden sind, ermitteln. Es werden dafür die anteiligen Kosten in den Kostenstellen, die das Produkt bis zum Ausfallzeitpunkt durchlaufen hat, addiert. Man erhält so die Herstellkosten des Produkts zum Zeitpunkt des Ausfalls. *Nacharbeitungskosten* entstehen durch zusätzliche Arbeitsgänge, um entstandene Fehler zu beseitigen. Sie setzen sich aus Einzel- und Gemeinkosten dieser Nacharbeit, aus den Personal- und Materialkosten der für die Nachbesserung eingesetzten Ressourcen zusammen. Sollte das Produkt zur Nachbesserung erneut einzelne Phasen des Produktionsprozesses durchlaufen, sind wie bei der Ermittlung der Ausschußkosten durch Zuschlagskalkulation die Kosten der mehrfach durchlaufenen Kostenstellen anteilig als Nacharbeitungskosten festzuhalten. Fehlerkosten durch *Wertminderung* entstehen, wenn für die Produkte aufgrund mangelnder Qualität nicht der volle Preis erzielt werden kann. Sie ergeben sich als Differenz zwischen dem angestrebten und dem aufgrund der mangelnden Qualität erzielten Preis.

Externe Fehlerkosten entstehen durch notwendige Maßnahmen nach Auslieferung der mangelhaften Ware an den Kunden. Unterscheiden lassen sich hierbei Kulanzkosten, bei freiwilliger Nachbesserung zur Imageerhaltung, und Garantiekosten, bei Leistungen aufgrund gesetzlicher bzw. vertraglicher Regelungen (Diebel/Niemand/Renner/Ruthsatz 1990, S. 123f.).

Die Erfassung dieser Kosten erscheint auf den ersten Blick recht einfach, da etwa Monteurkosten, Materialkosten und Kosten für Ersatzprodukte zur Nachbesserung in der Kostenrechnung erfaßt sind. Probleme können sich dann ergeben, wenn die Produkte zwar den definierten und vorgegebenen Qualitätsanforderungen, letztere jedoch aufgrund fehlerhafter Erhebungen bzw. geänderter Anforderungen nicht den Erwartungen der Kunden entsprechen (Steinbach 1994, S. 65f.). Die Erfassung dieser Kosten ist deswegen schwierig, da das Unternehmen nur dann von ihrer Existenz erfährt, wenn der Kunde das Unternehmen auf sein Problem direkt anspricht. Mögliche entgangene Erlöse durch solche Qualitätsmängel sind nur zu schätzen. Neben den aus der traditionellen Kostenrechnung abgeleiteten Größen müssen somit auch sogenannte »soft facts« erfaßt werden (Diebel/Niemand/Renner/Ruthsatz 1990, S. 127). Diese können mit Hilfe von Befragungen der Marktforschung und des Außendienstes ermittelt werden.

(3) *Fehlerverhütungskosten* sind alle Kosten, die im Rahmen der Qualitätssicherung durch fehlerverhütende und fehlervorbeugende Maßnahmen verursacht werden (DGQ 1985, S. 15). Sie fallen in allen Bereichen der Wertschöpfung an. Zu ihnen gehören allgemein Kosten der Qualitätsplanung, -steuerung und -kontrolle. Dieses sind speziell Kosten für

- die Leitung des Qualitätswesens,
- die Prüfplanung,
- die Schulung der Qualitätssicherung,
- das Qualitätsberichtswesen,
- die Lieferantenbeurteilung.

Wie bereits angesprochen, erweist sich die Abgrenzung von den Prüfkosten oft als problematisch. Insbesondere die Fehlerverhütungskosten aus dem Block der Personalkosten herauszufiltern kann Probleme aufwerfen, wenn es Aufgabe jedes Mitarbeiters ist, Qualität zu erzeugen und somit Fehler zu vermeiden (Diebel/Niemand/Renner/Ruthsatz 1990, S. 127). Eindeutig zu erfassen bzw. zuzuordnen sind nur die Schulungskosten.

Qualitätskosten

Fehlerverhütungskosten	**Prüfkosten**	**Fehlerkosten**	
Qualitätsplanung	Eingangsprüfung	innerbetrieblich	außerbetrieblich
Qualitätsfähigkeitsuntersuchungen	Fertigungsprüfung	Ausschuß	Ausschuß
Lieferantenbeurteilung und -beratung	Endprüfung	Nacharbeit	Nacharbeit
Prüfplanung	Qualitätsprüfung bei eigenen Außenmontagen	Mengenabweichung	Gewährleistung
Qualitätsaudit	Abnahmeprüfung	Wertminderung	Produzentenhaftung
Leitung des Qualitätswesens	Prüfmittel	Sortierprüfung	sonst. Kosten außerbetrieblich festgest. Kosten
Qualitätslenkung	Instandhaltung von Prüfmitteln	Wiederholungsprüfung	
Schulung in Qualitätssicherung	Qualitätsgutachten	Problemuntersuchung	
Qualitätsförderungsprogramme	Laboruntersuchungen	Qualitätsbedingte Ausfallzeit	
Qualitätsvergleiche mit dem Wettbewerb	Prüfdokumentation	sonst. Kosten innerbetrieblich festgest. Fehler	
sonst. Maßnahmen der Fehlerverhütung	sonst. Maßnahmen und Anschaffungen zur Qualitätsprüfung		

Quelle: Deutsche Gesellschaft für Qualität 1985, S. 15

Abbildung 4: Gliederung der Qualitätskosten

Eine Aufschlüsselung der Personalkosten zur Ermittlung der Fehlerverhütungskosten sollte nur bei einem vernünftigen Kosten-Nutzen-Verhältnis geschehen. Diese könnte dann etwa durch Mitarbeiterbefragungen ermittelt werden. Die Mitarbeiter müßten hier die Zeit für die Qualitätssicherung angeben, aus der dann durch Multiplikation mit den Lohn- und Gehaltssätzen die Fehlerverhütungskosten ermittelt werden (Diebel/Niemand/Renner/Ruthsatz 1990, S. 127).

Eine Zusammenfassung der beschriebenen Qualitätskostenarten findet sich in Abbildung 4 (S. 259).

6.2 Informationsbereitstellung in Berichts-und Kennzahlensystemen

Der Ausweis absoluter qualitätsbezogener Kosten sagt in der Regel wenig über die Kostensituation des Unternehmens aus. Erst der Vergleich mit einer oder mehreren Vergleichsgrößen macht die Ermittlung von Qualitätskosten sinnvoll. Hierdurch sollen, im Rahmen der Kontrolle der Qualitätsaktivitäten, mögliche Schwachstellen bezüglich des Wettbewerbsfaktors Qualität erkannt werden. Von der DGQ werden dabei folgende Vergleichsarten vorgeschlagen (DGQ 1985, S. 32ff.):

- Plan-Ist-Vergleiche,
- Zeitvergleiche mit Kennzahlen,
- Vergleiche mit unterschiedlichen Bezugsobjekten, etwa Werke, Abteilungen, Kostenstellen oder Produktgruppen.

Die ermittelten Qualitätskostenarten können zunächst als absolute Größen in Qualitätskostenberichten gesammelt und zusammengefaßt werden. Ein Beispiel für einen solchen Bericht zeigt Abbildung 5. Hieraus können auch die Anteile der verschiedenen Kostenarten an den gesamten Qualitätskosten sowie deren Veränderung im jährlichen, quartalsweisen, monatlichen oder kürzeren Vergleich abgeleitet werden (Wilken 1993, S. 172f.).

Relative Qualitätskosten ergeben sich, wenn die im Qualitätskostenbericht erfaßten Qualitätskosten zu einer bestimmten Bezugsgröße in Relation gesetzt werden. Aussagekräftige Kennzahlen im Bereich der Qualitätskosten lassen sich aus der Aufstellung in Abbildung 6 (S. 262) ableiten.

Die so ermittelten Größen können mit Vergangenheitsgrößen, Ergeb-

Qualitätskostenbericht				
Verhütungs-kosten	**Untern.-bereich A**	**Untern.-bereich B**	**Untern.-bereich C**	**Gesamt**
Schulung in Qualitätssicherung	4000	1000	500	5500
Prüfplanung	3000	800	0	3800
Leitung Qualitätswesen	2000	600	0	2600
sonstige	1200	400	0	1600
Prüfkosten				
Fertigungsprüfung	6000	2500	1000	9500
Laborgutachten	6000	2500	1000	9500
Endprüfung	2000	500	0	2500
sonstige	2500	600	400	3500
Summe Verhütungs- und Prüfkosten	26700	8900	2900	38500
Interne Fehlerkosten				
Ausschußkosten	3000	2500	500	6000
Nacharbeitskosten	2700	2500	1000	5900
Wiederholungsprüfungen	600	400	200	1200
sonstige	300	200	0	500
Externe Fehlerkosten				
Garantieleistungen	400	600	12000	13600
Haftungskosten	300	600	4000	4000
sonstige	300	1000	8000	9000
Summe Fehlerkosten	7600	7500	25700	40800
Gesamte Qualitätskosten	34300	16400	28600	79300
Quelle: Wilken 1993, S. 173				

Abbildung 5: Beispiel eines Qualitätskostenberichts

nissen aus anderen Unternehmensbereichen und Werken verglichen werden, um Schwachstellen deutlich zu machen. Auch ein Vergleich mit Qualitätskennzahlen der Konkurrenz – soweit verfügbar – ist aufschlußreich und wünschenswert.

Die in Kennzahlen zusammengefaßten Kosteninformationen sind in adäquater Form dem Entscheider zur Verfügung zu stellen. Besonders

Qualitätskostenkennzahl mit	
Zähler aus QK	**Nenner (mögliche Bezugsgrößen)**
Gesamte Qualitätskosten, oder Fehlerverhütungs-, oder Prüf- und Fehlerkosten, oder Fehlerkosten usw.	Umsatz, Werkleistung, Herstellkosten, Produktionswert, Anzahl der produzierten Einheiten
Kosten der Fertigungs-, Zwischen- und Endprüfungen, dazu ggf. Ausschuß, Nacharbeit, Wertminderung, Kosten für Sortier- und Wiederholungsprüfungen	Werkleistung, Herstellkosten, Produktionswert, Wertschöpfung, Fertigungskosten, Fertigungslohnkosten, Fertigungspersonal (Kopfzahl), Anzahl der produzierten Einheiten
Qualitätskosten je Kostenstelle, je Abteilung oder je Unternehmensbereich	Umsatz
Kosten der Eingangsprüfung	Wert- oder mengenmäßiges Einkaufsvolumen
Quelle: Deutsche Gesellschaft für Qualität 1985, S. 36	

Abbildung 6: Konstruktion von Qualitätskostenkennzahlen

die *Art der Bereitstellung* verschleiert oft viele relevante Informationen. Es erscheint sinnvoll, wenige ausgewählte absolute bzw. relative Größen bereitzustellen und diese graphisch in Form von Balken- oder Liniendiagrammen zu veranschaulichen (Stockinger 1994, S. 688ff.).

7. Instrumente des operativen Qualitäts-Controlling

Das nachfolgend beschriebene Instrumentarium soll es dem Controller erleichtern, die Probleme im Rahmen der Umsetzung einer Qualitätsstrategie zu erkennen und zu lösen.

Dafür eignen sich drei Techniken besonders, da mit ihnen der gesamte Prozeß des Qualitäts-Controlling geplant werden kann: Conjoint-Analyse, Quality Function Deployment (QFD) und Fehlermöglichkeits- und Einflußanalyse (FMEA). Die Conjoint-Analyse ermöglicht die Ermittlung des Kundennutzens der Produktmerkmale, QFD die sukzessive Ableitung von Produktkomponenten, Fertigungsprozessen und Bedarf an Produktionsmitteln aus den Kundenbedürfnissen und die FMEA das Aufspüren von Fehlern in der Produktentwicklung. Es wird somit der gesamte Wertschöpfungsprozeß abgedeckt, wobei zwischen Conjoint-Analyse und QFD sowie zwischen QFD und FMEA Überschneidungen im Anwendungsbereich bestehen. Spezielle Techniken aus den Bereichen Produktion und Marketing werden hier nicht behandelt.

7.1 Conjoint-Analyse

Die Conjoint-Analyse (synonym wird der Begriff »Conjoint-Measurement« verwendet) ist ein Instrument zur Ermittlung der Nutzenwerte möglicher Produktmerkmale, abgeleitet aus dem Gesamtnutzen, welchen der Konsument mit dem Produkt erzielen kann (Backhaus/Erichson/Plinke/Weiber 1994, S. 499). Es wird davon ausgegangen, daß sich der auf der Basis empirischer Untersuchungen ermittelte Gesamtnutzen additiv aus den Teilnutzen der einzelnen Merkmale ergibt. Man spricht in diesem Zusammenhang deshalb von einem additiven Teilnutzenmodell (Berndt 1992, S. 184ff.). Das Vorgehen im Rahmen des Conjoint-Measurement impliziert eine strikte Ausrichtung am Markt und eine intensive Auseinandersetzung mit den Bedürfnissen des Kunden. Die einzelnen Schritte sind Gegenstand der weiteren Betrachtung.

(1) Auswahl der relevanten Produktmerkmale

Als erster Schritt der Conjoint-Analyse sind die relevanten Produktmerkmale (in Abbildung 7: Geschmack, Kaloriengehalt und Verpackung) auszuwählen und deren in Frage kommenden Ausprägungen zu ermitteln. Hierzu ist es sinnvoll, diese anhand der in Abschnitt 2 vorgenommenen Einteilung der Produkteigenschaften zu klassifizieren, um eine möglichst *überschneidungsfreie Darstellung* zu erhalten (ähnlich Fröhling 1994, S. 1144). Es sollten weiterhin nur solche Eigenschaften ausgewählt werden, von denen angenommen wird, daß sie *Einfluß auf den Gesamtnutzen* des Konsumenten haben und vom *Hersteller beeinflußbar* sind (Bauer/Herrmann/Mengen 1994, S. 82). In einem Zwischenschritt ist nachfolgend ein Datenerhebungsverfahren festzulegen (Backhaus/Erichson/Plinke/Weiber 1994, S. 505ff.). Die durch die Kombination von Merkmalsausprägungen entstehenden Produktentwürfe sind dann von einer Testperson zu bewerten.

Produktentwurf Nr.	Geschmack	Kaloriengehalt	Verpackung	Punkte
(1)	Orange	normal	0,33 l-Dose	6
(2)	Orange	normal	0,5 l-Flasche	5
(3)	Orange	kalorienarm	0,33 l-Dose	2
(4)	Orange	kalorienarm	0,5 l-Flasche	1
(5)	Zitrone	normal	0,33 l-Dose	8
(6)	Zitrone	normal	0,5 l-Flasche	7
(7)	Zitrone	kalorienarm	0,33 l-Dose	4
(8)	Zitrone	kalorienarm	0,5 l-Flasche	3
Quelle: Berndt 1992, S. 190 (modifiziert)				

Abbildung 7: Bewertung von Produktentwürfen

(2) Ermittlung der Nutzenwerte

Zur Ermittlung der Nutzenwerte sind die Produktentwürfe von der Testperson in eine Rangfolge zu bringen (Berndt 1992, S. 186). Abbildung 7 zeigt das Beispiel eines Getränkeherstellers, der die Eigenschaften Geschmack, Kaloriengehalt und Verpackung zu unterschiedlichen Produktentwürfen kombiniert hat. Die Testperson hat als Produktentwurf mit dem für sie höchsten Nutzen Nr. (5), als Produktentwurf mit dem für sie geringsten Nutzen Nr. (4) bestimmt (vgl. Punktezahl in Abbildung 7). Die Rangfolge der Produktentwürfe wird hier vereinfachend mit deren Nutzenwerten gleichgesetzt (zu anderen Verfahren Backhaus/Erichson/Plinke/Weiber 1994, S. 511ff.).

Die wohl schwierigste Phase des Conjoint-Measurement ist die Ermittlung der Teilnutzenwerte für die einzelnen Produkteigenschaften. Sie erfolgt im Rahmen eines iterativen Prozesses retrograd aus den Gesamtnutzenwerten (hierzu ausführlich Backhaus/Erichson/Plinke/Weiber 1994, S. 511ff.). Der Prozeß erfordert zwar grundsätzlich einen hohen Rechenaufwand, dieser kann aber durch Computerunterstützung (etwa mit dem Programm SPSS) erheblich vermindert werden, was die Conjoint-Analyse auch für kleinere Unternehmen durchführbar und sinnvoll macht. Für das Beispiel aus Abbildung 7 ergab die Auswertung der Teilnutzenwerte (Berndt 1992, S. 192f.):

- Zitronengeschmack wird Orangengeschmack vorgezogen,
- normaler Kaloriengehalt wird einem kalorienarmen Produkt vorgezogen,
- die 0,33l-Dose wird der 0,5 Flasche vorgezogen.

Probleme bei der Durchführung der Conjoint-Analyse ergeben sich besonders aus den hohen Anforderungen an die Testpersonen. Bereits eine geringe Zahl von Merkmalen und Merkmalsausprägungen kann zu einer extrem hohen Zahl von möglichen Produkten führen, was ein sehr hohes Differenzierungsvermögen des Teilnehmers erfordert. Trotzdem ist die Conjoint-Analyse ein besonders geeignetes Instrument zur Ermittlung des Kundennutzens unterschiedlicher Merkmalsausprägungen von Produkten. Sie bildet die Grundlage einer am Kundennutzen ausgerichteten und damit qualitätsorientierten Unternehmensführung.

7.2 Quality Function Deployment

QFD dient der Transformation von Kundenbedürfnissen in marktgerechte Produkteigenschaften, Produktkomponenten, Produktionsprozesse und Produktionsmittel. Ziel ist es, die Erfüllung der vom Kunden geforderten Produkteigenschaften während des gesamten Prozesses der Produktentstehung sicherzustellen. Es wird hierbei etwa berücksichtigt, daß ein Fehler in der Entwicklungsphase Auswirkungen auf die nachfolgenden Arbeitsprozesse hat und somit zu hohen Kostenbelastungen führt. Der Einsatzbereich von QFD ist sehr weit gestreut, auch wenn der Einsatzschwerpunkt bisher im Bereich der Produktion lag. Dies erfordert eine bereichsübergreifende Zusammensetzung des zu bildenden QFD-Teams.

Das Formblatt des QFD, das wegen seiner dachförmigen Struktur auch *House of Quality* genannt wird, soll im folgenden vorgestellt werden (vgl. Abbildung 8). Das unübersichtliche und komplex wirkende House of Quality wird bei näherer Betrachtung seiner Funktion als Träger vieler Informationen auf engem Raum gerecht (Pfeifer 1993, S. 40). Das nachfolgend gewählte Beispiel bezieht sich auf einen elektrisch verstellbaren Außenspiegel eines Automobils (vgl. Pfeifer 1993, S. 40). Die einzelnen Arbeitsschritte sind zur besseren Übersicht von (1) bis (10) durchnumeriert. Im ersten Schritt werden die Kundenanforderungen ermittelt. Dies kann etwa durch Befragungen geschehen. Die Anforderungen werden dann entsprechend der Bedeutung für den Kunden gewichtet (1), (2). Im nächsten Schritt werden Qualitätsmerkmale ermittelt, die als Eigenschaften des Produkts zur Erfüllung der Kundenanforderungen geeignet sind (3). Anschließend wird der Zusammenhang zwischen den Kundenanforderungen und den Qualitätsmerkmalen in die Matrix eingetragen. Je stärker die Erfüllung der Anforderung durch das betrachtete Qualitätsmerkmal ist, desto größer ist der einzutragende Wert (4). Die Bedeutung der einzelnen Qualitätsmerkmale ergibt sich aus der Summe der mit den Gewichten der Kundenanforderungen multiplizierten Erfüllungsgrade (5).

Die Zuordnung technischer Zielgrößen für die einzelnen Qualitätsmerkmale schließt sich der Ableitung von Qualitätsmerkmalen an. Hierbei handelt es sich im allgemeinen um quantifizierbare Größen, in dem Beispiel etwa ein Motorgeräusch < 2dB (6). Die bevorzugte Variationsrichtung der Zielgröße wird in Schritt (7) festgelegt. Ausprägungen der Variationsrichtung sind Maximierung, Minimierung und Fixierung (Zielgröße soll genau getroffen werden). Die Schwierigkeit der technischen Realisierung ist von dem QFD-Team zu schätzen. Hier spielen Erfahrungswerte eine große Rolle. Ein technisch aufwendiges Qualitätsmerkmal mit geringem Kundennutzen sollte zugunsten einer anderen Lösungsmöglichkeit nicht weiter untersucht werden (8).

Bei der Realisation der Qualitätsmerkmale kann es zu Wechselwirkungen zwischen den Merkmalen kommen. Deswegen wird im »Dach« des House of Quality eine positive oder negative Korrelation vermerkt. In dem Beispiel ist ein negativer Zusammenhang zwischen der Motorleistung und dem Motorgeräusch vermerkt: Eine höhere Motorleistung bewirkt auch ein höheres Motorgeräusch (9).

Es erfolgt abschließend ein Vergleich mit der Konkurrenz. Dazu wird die Erfüllung der Kundenanforderungen des geplanten Produkts mit der des Konkurrenzprodukts verglichen. Ein analoger Vergleich wird aus technischer Sicht mit den Qualitätsmerkmalen durchgeführt. Die Ergebnisse werden in Form von Profilen gegenübergestellt (10). Dieser Vergleich hat den Effekt, daß eine zu starke technische Orientierung gegenüber einer Kundenorientierung offengelegt wird. Schneidet ein Produkt in der technischen Bewertung sehr viel besser ab als in der Kundenbewertung, sind Fehler in der Umsetzung der Kundenanforderungen begangen worden.

Damit ist die erste von vier Phasen des QFD abgeschlossen. Aus den Kundenanforderungen sind technische Qualitätsmerkmale des Produkts

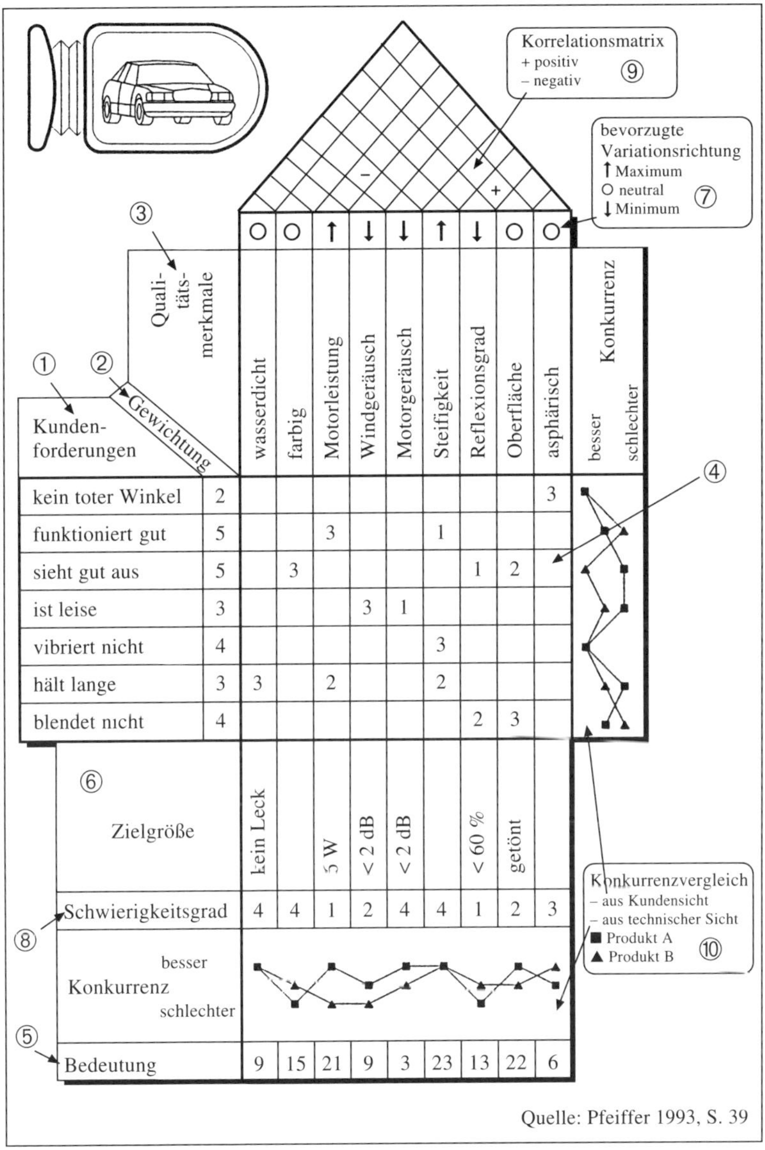

Kundenforderungen	Gewichtung	wasserdicht	farbig	Motorleistung	Windgeräusch	Motorgeräusch	Steifigkeit	Reflexionsgrad	Oberfläche	asphärisch
Variationsrichtung		O	O	↑	↓	↓	↑	↓	O	O
kein toter Winkel	2									3
funktioniert gut	5			3			1			
sieht gut aus	5		3					1	2	
ist leise	3				3	1				
vibriert nicht	4						3			
hält lange	3	3		2			2			
blendet nicht	4							2	3	
Zielgröße		kein Leck		5 W	< 2 dB	< 2 dB		< 60 %	getönt	
Schwierigkeitsgrad		4	4	1	2	4	4	1	2	3
Bedeutung		9	15	21	9	3	23	13	22	6

Abbildung 8: House of Quality

abgeleitet worden. Die nachfolgenden Phasen laufen völlig analog ab. Es werden jeweils wieder Anforderungen und Merkmale gegenübergestellt, wobei die Merkmale der vorangegangenen Stufe die Anforderungen der folgenden Stufe sind. Diese Verknüpfung wird in Abbildung 9 deutlich.

Aus den Qualitätsmerkmalen, die in Phase 2 als Anforderungen dienen, werden die Merkmale für die einzelnen Komponenten des Produkts wieder im Rahmen eines House of Quality ermittelt. Diese bilden die Anforderungen für die Beurteilung der Fertigungsprozesse in Phase 3 und der Produktionsmittel in Phase 4.

Der *Vorteil* des QFD liegt in dem hohen Erfüllungsgrad der Produkteigenschaften – gemessen an den Kundenanforderungen – sowie an der effizienten und marktorientierten Ressourcennutzung. Dies alles erfolgt in einem systematischen, bereichsübergreifenden Prozeß. Es fließen sowohl betriebswirtschaftliche als auch technische Kenntnisse und Fähigkeiten mit ein. Empirische Untersuchungen bei Toyota haben gezeigt, daß die Entwicklungskosten durch QFD um circa 60 Prozent gesenkt werden konnten (Hauser/Clausing 1988, S. 64).

Nachteilig könnte sich die sehr zeit- und damit kostenintensive bereichsübergreifende Diskussion der Fachleute in dem QFD-Team auswirken. Das House of Quality kann schon bei einfachen Produkten aufgrund der großen Datenmenge unübersichtlich werden.

Von der Conjoint-Analyse unterscheidet sich QFD durch den weitergefaßten Anwendungsbereich sowie – in Phase 1 – durch einen anderen analytischen Ansatz. Während die Conjoint-Analyse den Nutzen der Produkteigenschaften aus der Bewertung der Kunden ableitet, wird der Zusammenhang zwischen Kundenanforderung und Qualitätsmerkmalen im Rahmen von QFD von Expertenteams ermittelt. Beide Verfahren können also bei der Ermittlung der Produkteigenschaften etwa in Abhängigkeit von der Komplexität des Produkts eingesetzt werden. Es ist auch denkbar, Conjoint-Analyse und QFD zu kombinieren, um so eine kundenorientierte Bewertung der Produktmerkmale zu erhalten.

7.3 Fehlermöglichkeits- und Einflußanalyse

Die FMEA ist ein Instrument, das der präventiven Qualitätssicherung dient. Potentielle Fehler sollen aufgedeckt, bewertet sowie Maßnahmen zu ihrer Vermeidung entwickelt werden, um so Kosten in späteren Phasen des Produktlebenszyklusses zu vermeiden.

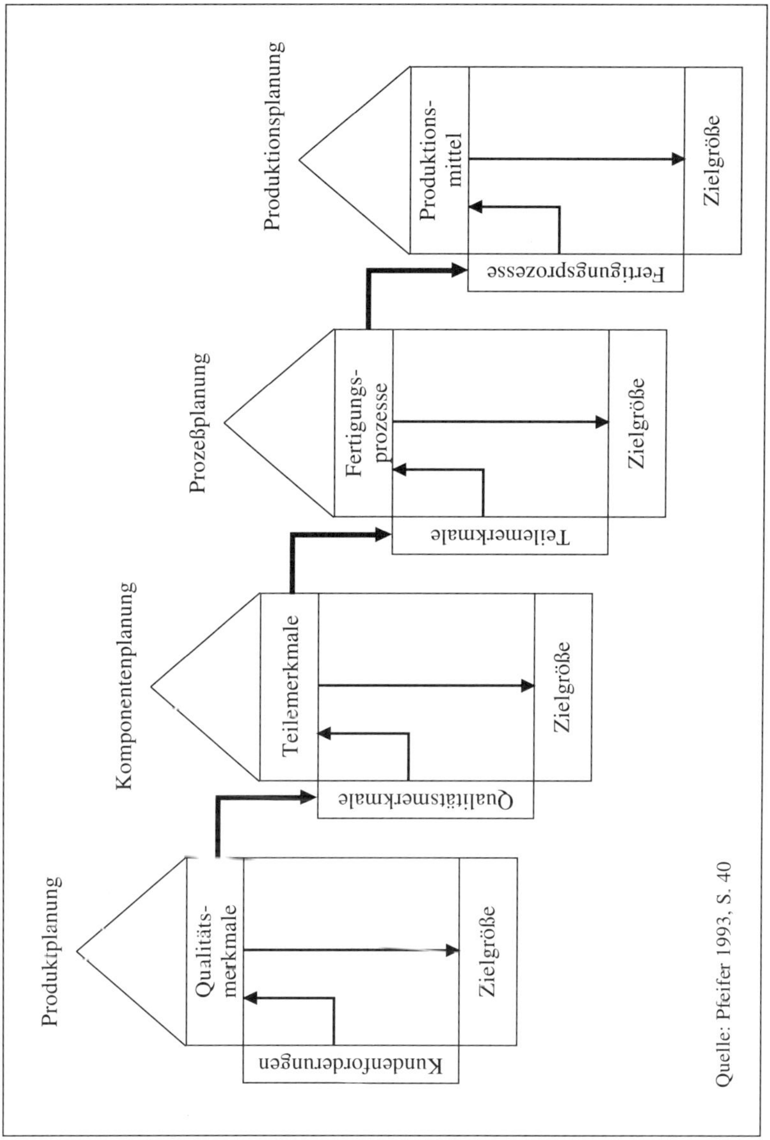

Abbildung 9: Ablauf der QFD

Drei *Arten* der FMEA können unterschieden werden: Zur Fehlervermeidung bei Produkten wird die Konstruktions-FMEA und die Entwicklungs-FMEA, zur Fehlervermeidung im geplanten Herstellungsprozeß die Prozeß-FMEA angewendet. Die FMEA kann bei folgenden Problemlösungen eingesetzt werden (Niemand/Ruthsatz/Habiger 1991, S. 69):

- Neuentwicklung und Veränderung von Verfahren und Produkten,
- Neuentwicklung und Veränderung von Komponenten,
- neue Einsatzbedingungen für bestehende Produkte.

Der *Ablauf* der FMEA ist dabei bei allen drei Einsatzgebieten identisch. Da es sich um eine bereichsübergreifende Analyse handelt, muß zuerst eine Einteilung der Mitarbeiter in Teams erfolgen. Zur Durchführung der FMEA orientiert sich das Team an einem FMEA-Formblatt (vgl. Abbildung 10). Bei der Analyse potentieller Fehler wird im Rahmen einer *Risikoanalyse* das bisherige Konzept auf mögliche Fehler durchleuchtet. Dafür sind die Prozesse, Produkte und Komponenten in ihre Elemente aufzuspalten. Die Tiefe dieser Aufspaltung hängt von deren Neuigkeitsgrad und somit von der Risikobehaftung ab. Die so identifizierten, möglicherweise fehlerhaften Elemente werden in die erste Spalte des Formblatts eingetragen. In der nächsten Spalte werden die potentiellen Fehler eines Bauteils bzw. Teilprozesses beschrieben. Aus diesen ergibt sich der Inhalt der nächsten Spalte, in der die Auswirkungen der Fehler dargestellt werden. Es soll nicht nur die Auswirkung des Fehlers auf das direkt anschließende Teil, sondern auf das Gesamtergebnis beschrieben werden. Die nächste Spalte dient dazu, mögliche Fehlerursachen aufzunehmen. Daran anschließend werden für diese Fehlerursachen die jeweiligen vorgesehenen Verhütungs- und Prüfmaßnahmen erläutert.

Nach der Risikoanalyse erfolgt die *Risikobewertung*. Der potentielle Fehler wird nach der Bedeutung sowie der Wahrscheinlichkeit des Auftretens und der Entdeckung beurteilt. Die Auftrittswahrscheinlichkeit des Fehlers kann geschätzt oder durch mathematische Verfahren aus Vergangenheitsdaten ermittelt werden. Es erfolgt jeweils eine Bewertung von 1 bis 10, wie in Abbildung 10 in der Legende dargestellt wird. Eine hohe Wahrscheinlichkeit des Auftretens und eine hohe Bedeutung des Fehlers wird jeweils mit 10, eine niedrige jeweils mit 1 bewertet.

Bei der Wahrscheinlichkeit der Entdeckung ist dies umgekehrt, eine hohe Wahrscheinlichkeit wird mit 1, eine niedrige mit 10 bewertet. Durch Multiplikation dieser Größen ergibt sich eine Risikoprioritätszahl (RPZ). Sie ist eine Maßzahl für die Priorität, mit der die Fehlerursache behoben werden muß.

Die Suche nach Maßnahmen zur Optimierung bzw. zur Qualitätsverbesserung schließt sich der Risikobewertung an. Handlungsmöglichkeiten sind prinzipiell (Kersten 1994, S. 177f.):

- Vermeiden der Fehlerursache,
- Reduzierung der Wahrscheinlichkeit des Auftretens,
- Reduzierung der Auswirkung für den Kunden,
- Erhöhung der Wahrscheinlichkeit der Entdeckung.

Ein Schwerpunkt sollte unter Berücksichtigung der Ausführungen in Abschnitt 6 in der Vermeidung der Fehlerursache liegen, da dies zu einer Senkung der Prüfkosten und Fehlerkosten – allerdings auch einem Anstieg der Fehlerverhütungskosten – führt. Die Komplexität dieser Wirkungszusammenhänge macht die Durchführung einer Kosten-Nutzen-Analyse zur Auswahl der optimalen Maßnahme sinnvoll (Niemand/ Ruthsatz/Habiger 1991, S. 78ff.).

Der *Nutzen* der FMEA liegt in der Reduzierung von Fehlern in der frühen Phase der Produktentstehung. Da 70–80 Prozent der Produktfehler ihren Ursprung in der Planung haben (Pfeifer 1993, S. 8), liegt hier ein Fehler- und damit Kostensenkungspotential. Allerdings kann die FMEA bei komplexen Prozessen und Produkten sehr arbeits- und planungsintensiv sein. Sie sollte deswegen aus Gründen der Wirtschaftlichkeit *gezielt* in problemintensiven, mit einem hohen Fehler- und somit Kostensenkungspotential behafteten Bereichen angewendet werden.

Der signifikante Unterschied zwischen FMEA und QFD ist die Beschränkung der FMEA auf möglicherweise fehlerhafte Produkteigenschaften bereits entwickelter Produkte. Für diese sollen Verbesserungen erarbeitet werden. Damit bezieht sich die FMEA auf bereits entwickelte bzw. produzierte Produkte. Beide Techniken können jedoch zur Überwachung möglicher Abweichungen während des Wertschöpfungsprozesses herangezogen werden.

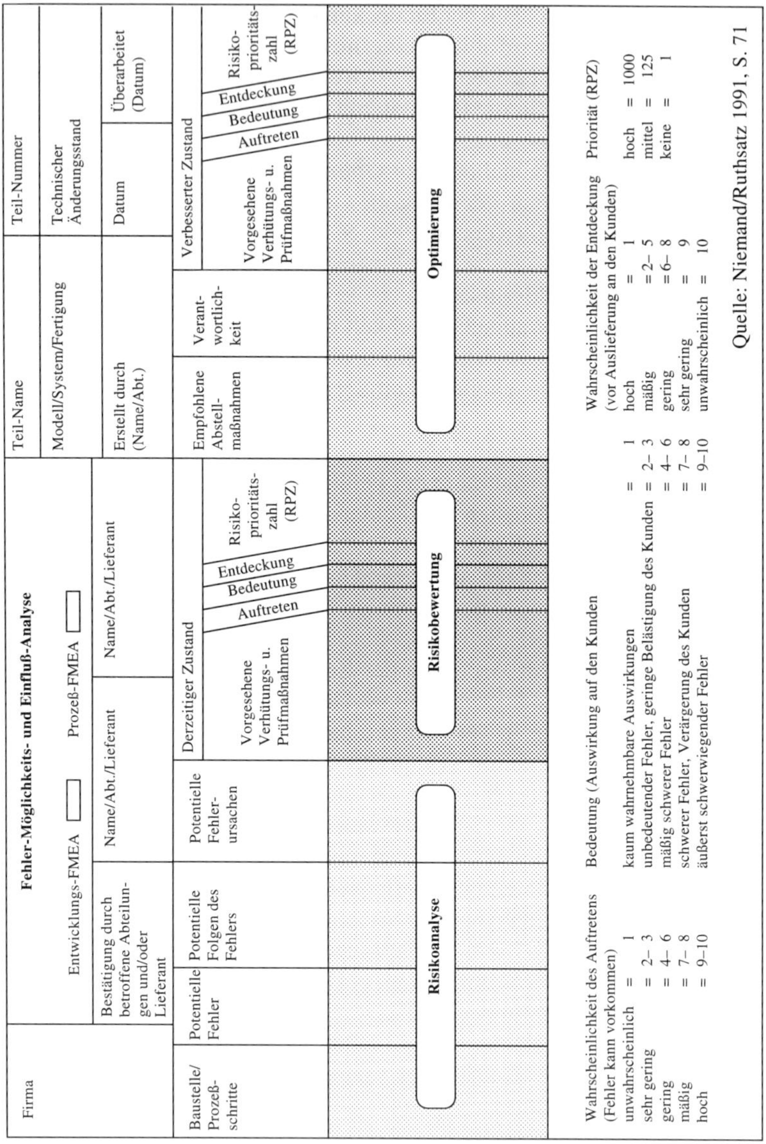

Abbildung 10: FMEA-Formblatt

Literatur

Backhaus, Klaus/Erichson, Bernd/Plinke, Wulff/Weiber, Rolf (1994): Multivariate Analysemethoden. Eine anwenderorientierte Einführung, Berlin und Heidelberg 1994.

Bauer, Hans H./Herrmann, Andreas/Mengen, Andreas (1994): Eine Methode zur gewinnmaximalen Produktgestaltung auf der Basis des Conjoint-Measurement, in: ZfB, 64. Jg. (1994), S. 91–94.

Berndt, Ralph (1992): Marketing 1. Käuferverhalten, Marktforschung, und Marketing-Prognosen, 2. verb. Auflage, Berlin und Heidelberg 1990.

Berndt, Ralph (1990): Marketing 2. Marketing-Politik, Berlin und Heidelberg 1990.

Bruhn, Manfred (1994) : Anforderungen des Marktes, in: Masing, Walter (Hrsg.): Handbuch Qualitätsmanagement, 3., gründlich überarbeitete und erweiterte Auflage, München und Wien 1994, S. 331–353.

Buzzell, Robert D./Gale, Bradley T. (1989): Das Pims-Programm. Strategien und Unternehmenserfolg, Wiesbaden 1989.

Corsten, Hans (1987): Vergleichende Gegenüberstellung des Quality Circle Ansatzes mit anderen mitarbeiterorientierten Qualitätsförderungskonzepten (I), in: WISU, 16. Jg. (1987), S. 196–200.

Deutsche Gesellschaft für Qualität (1985): Qualitätskosten, Rahmenbedingungen zu ihrer Definition, Erfassung und Beurteilung, 5. Auflage, Berlin 1985.

Deutsche Gesellschaft für Qualität (1993): Begriffe zum Qualitätsmanagement, 5. Auflage, Berlin 1993.

Diebel, Agnes/Niemand, Stefan/Renner, Andreas/ Ruthsatz, Oliver (1990): Baustein des operativen Qualitäts-Controlling: Qualitätskostenrechnung, in: Horváth, Peter/Urban, Georg (Hrsg): Qualitäts-Controlling, Stuttgart 1991, S. 115–172.

Engelhardt, Werner H./Schütz, Peter (1991): Total Quality Management, in: WiSt, 20. Jg. (1991), S. 394–399.

Fröhling, Oliver (1993): Zur Ermittlung von Folgekosten aufgrund von Qualitätsmängeln, in: ZfB, 63. Jg. (1993), S. 543–568.

Fröhling, Oliver (1994): Verbesserungsmöglichkeiten und Entwicklungsperspektiven von Conjoint + Cost, in: ZfB, 64. Jg. (1994), S. 1143–1164.

Gatermann, Michael/Krogh, Henning (1993): Silver Spirits neuer Geist, in: Manager Magazin, 23. Jg. (1993), S. 202–213.

Hauser, John R./Clausing, Don (1988): The House of Quality, in: Harvard Business Review, Vol. 66 (1988), S. 63–73.

Kötzle, Alfred (1993): Die Identifikation strategisch gefährdeter Geschäftseinheiten, Berlin 1993.

Kersten, Günter (1994): Fehlermöglichkeits- und Einflußanalyse (FMEA), in: Masing, Walter (Hrsg.): Handbuch Qualitätsmanagement, 3. gründlich überarbeitete und erweiterte Auflage, München und Wien 1994, S. 469–490.

Masing, Walter (1993): Nachdenken über qualitätsbezogene Kosten, in: Qualität und Zuverlässigkeit, 38 Jg. (1993), S. 149–143.

Meyer, Jürgen (1987): Qualität als stärkste Waffe für Marktanteilsgewinne und Rentabilitätsverbesserung, Sonderdruck aus Strategische Planung Band 2, Heidelberg 1987, S. 105–127.

Niemand, Stefan/Ruthsatz, Oliver/Renner, Andreas (1991): Einleitung, in: Horváth, Peter/Urban, G. (Hrsg): Qualitäts-Controlling, Stuttgart 1991, S. 1–16.

Niemand, Stefan/Ruthsatz, Oliver (1991): Gestaltungsaspekte des Qualitäts-Controlling, in: Horváth, Peter/Urban, G. (Hrsg): Qualitäts-Controlling, Stuttgart 1991, S. 17–62.

Niemand, Stefan/Ruthsatz, Oliver/Habiger, G. (1991): Baustein des strategischen Qualitäts-Controlling: FMEA, in: Horváth, Peter/Urban, G. (Hrsg): Qualitäts-Controlling, Stuttgart 1991, S. 63–114.

Oess, Attila (1993): Total Quality Management. Die ganzheitliche Qualitätsstrategie, 3. Auflage, Wiesbaden 1993.

Pearce II, John A./Robinson Jr, Richard B. (1988): Strategic Management. Strategy Formulation and Implementation, 3. Edition, Homewood 1988.

Pohmer, Dieter/Bea, Franz X. (1994): Produktion und Absatz, 3., neu bearbeitete Auflage, Göttingen 1994.

Porter, Michael E. (1992): Wettbewerbsvorteile. Spitzenleistung erreichen und behaupten, Frankfurt und New York 1992.

Pfeifer, Tilo (1993): Qualitätsmanagement. Strategien, Methoden, Techniken, München und Wien 1993.

Qui, Sheng (1991): Qualitätsmanagement unter Berücksichtigung des CIM-Konzepts, Diss. Giessen 1991.

Seghezzi, Hans Dieter (1994): Qualitätsplanung, in: Masing, Walter (Hrsg.): Handbuch Qualitätsmanagement, 3. gründlich überarbeitete und erweiterte Auflage, München und Wien 1994, S. 373–400.

Seidenschwarz, Werner (1991): Target Costing. Schnittstellenbewältigung mit Zielkosten, in: Horváth, Peter: Synergien durch Schnittstellencontrolling, Stuttgart 1991, S. 191–210.

Seidenschwarz, Werner (1993): Target Costing. Marktorientiertes Zielkostenmanagement, München 1993.

Steinbach, Walter (1994): Qualitätsbezogene Kosten, in: Masing, Walter (Hrsg.): Handbuch Qualitätsmanagement, 3. gründlich überarbeitete und erweiterte Auflage, München und Wien 1994, S. 65–88.

Steinmann, Horst/Schreyögg, Günter (1991): Management. Grundlagen der Unternehmensführung, 2. durchgesehene Auflage, Wiesbaden 1991.

Wildemann, Horst (1992): Qualitätsentwicklung in F&E, Produktion und Logistik, in: ZfB, 62. Jg. (1992), S. 17–41.

Wilken, Carsten (1993): Strategische Qualitätsplanung und Qualitätskostenanalyse im Rahmen des Total Quality Management, Heidelberg 1993.

Winkler, Jörg (1994): Kundendienst, in: Masing, Walter (Hrsg.): Handbuch Qualitätsmanagement, 3. gründlich überarbeitete und erweiterte Auflage, München und Wien 1994, S. 653–680.

Wonigeit, Jens (1994): Total Quality Management. Grundzüge und Effizienzanalyse, Wiesbaden 1994.

Womack, James P./Jones, Daniel T./Roos, Daniel (1990): The Machine that Changed the World, New York 1990.

II. Öko-Controlling

Reimund Franke

Inhalt

1. Umweltschutz – eine Herausforderung für die Unternehmen

Umweltschutz ist schon lange kein ausschließlich nationales Thema mehr. Unbestritten ist vielmehr, daß die Erhaltung der Umwelt ein globales, weltweites Problem ist. Der Umweltgipfel von Rio im Jahr 1992, bei dem mehr als 100 Staats- und Regierungschefs anwesend waren, hat dies nachdrücklich unterstrichen.

Die Ursachen der gegenwärtigen Umweltsituation sind vielfältig und komplex und nicht ausschließlich dem wirtschaftlichen Handeln anzulasten. Dennoch muß akzeptiert werden, daß ein Großteil der Umweltschäden auf Produktion, Vertrieb und Konsum zurückzuführen sind. Die Industrie steht in der Entstehungskette ökologischer Schäden weit vorne. Verursacht wurde und wird diese Entwicklung durch übermäßige Nutzung der natürlichen Ressourcen und durch Ausstoß großer Mengen von Schadstoffen und Abfällen. Hier hat, mit zunehmender Dynamik, ein Umdenkprozeß eingesetzt. Die Nutzung der natürlichen Umwelt ist nicht kostenlos. Im gesamten Unternehmensumfeld findet ein Bewußtseinswandel statt. Dies gilt gleichermaßen für Parteien, Verbände, Gewerkschaften wie auch für Verbraucher. In zunehmendem Maß wird von den Unternehmen die Umweltorientierung als strategischer Erfolgsfaktor erkannt.

Es gibt aber auch gegensätzliche Auffassungen, die besagen, daß das im internationalen Vergleich hierzulande vergleichsweise hohe Umweltschutzniveau Wettbewerbsnachteile verursacht. Immerhin existieren zur Zeit circa 250 Gesetze und Verordnungen, die sich vorrangig am Vorsorge-, Verursacher- und Kooperationsprinzip orientieren. Damit werden hohe Anforderungen an die technische, organisatorische und finanzielle Leistungsfähigkeit von Unternehmen gestellt. Eine Reihe von staatlichen Finanzierungshilfen in Form von zinsverbilligten Krediten trägt zu einer Entlastung der Unternehmen bei. Insgesamt ist dies eine eher kurzfristige Betrachtungsweise. Mittel- bis langfristig werden die Erfolgsfaktoren für Investitionen in den Umweltschutz überwiegen. Heute unterlassener Umweltschutz richtet Schäden an, die zukünftig mit um so höheren Kosten beseitigt werden müssen. Gehandelt werden muß also in jedem Fall, entweder zum Schutz vor oder zur Behebung von Umweltschäden. Insofern sind Ökologie und Ökonomie, wie häufig postuliert, keine Gegensätze. Vielmehr gibt es inzwischen eine Reihe von Ansatzpunkten, die aufzeigen, daß Ökologie und Ökonomie sich ergänzen:

- Ein sparsamer Umgang mit Stoffen und Energien entlastet die Umwelt und wirkt gleichzeitig kostensenkend. In die gleiche Richtung zielt die Substitution hin zu umweltverträglicheren Stoffen und Energien.
- Umweltverträgliche Produkte entlasten die Umwelt und bieten in Anbetracht des sich immer stärker verändernden Konsumentenverhaltens Wachstumschancen.
- Investitionen in den Umweltschutz verringern ein mögliches Störfallrisiko. Damit wird die Umwelt entlastet. Gleichzeitig werden kaum quantifizierbare Imageverluste vermieden.

Als Fazit kann festgestellt werden, daß es von strategischer Bedeutung ist, das Zielsystem der Unternehmung um das Umweltschutzziel zu erweitern. Es ist notwendig, daß die Unternehmensleitung aktives Umweltmanagement betreibt.

2. Öko-Controlling – mehr als ein Schlagwort

Controlling ist für das Management eine Servicefunktion zur Sicherung einer zielorientierten Führung des Unternehmens. Die Servicefunktion konkretisiert sich in der Information über interne und externe Sachverhalte und in der Koordination durch Planung, Kontrolle und Steuerung betrieblicher Aktivitäten. Ein erfolgreiches Management benötigt ein effizientes Controlling.

Der geschilderte Sachverhalt gilt auch uneingeschränkt für das Öko-Controlling, sofern das Zielsystem des Unternehmens erweitert wird. Andernfalls würde das Öko-Controlling lediglich eine Alibi-Funktion erfüllen oder zu einem PR-Instrument verkommen. Betrachtet man die konkrete Ausgestaltung des Öko-Controlling, so erkennt man jedoch deutliche Unterschiede zum allgemeinen Controlling:

- Das Öko-Controlling erfaßt in erster Linie Mengen. Es sind dies Stoff- und Energieflüsse, und zwar auf der Inputseite bezogene Materialien, Energien, Luft, Wasser etc. und auf der Outputseite Produkte, Emissionen, Abfälle etc. (vgl. Abbildung 1). Innerhalb des Unternehmens ist das Input-Output-Prinzip auf einzelne im Betrieb eingesetzte Technologien anzuwenden.
- Die Stoff- und Energieflüsse betreffen nicht nur das eigene Unternehmen, sondern auch die vorgelagerten und die nachgelagerten Stu-

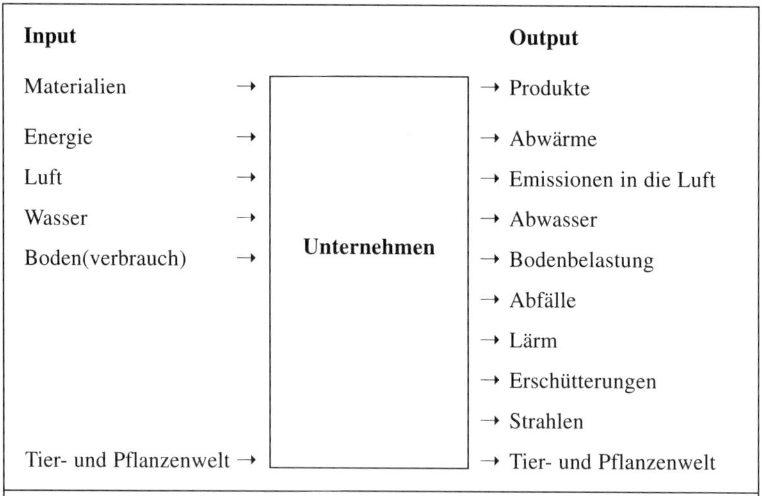

Quelle: Alb, Hartmann, Huber, Schild 1992, S. 77

Abbildung 1: Stoff- und Energieflüsse eines Unternehmens

fen. Wünschenswert, jedoch utopisch, ist die Forderung, den gesamten ökologischen Produktionslebenszyklus – von der Rohstoffgewinnung bis zur Entsorgung – zu berücksichtigen. Machbar und auch empfehlenswert ist jedoch die Einbeziehung der unmittelbar mit dem Unternehmen verbundenen Lieferanten, Kunden und Logistikunternehmen. Dadurch erhöht sich deutlich das Potential der Umweltentlastung im Vergleich zur ausschließlich unternehmensinternen Vorgehensweise.
- Während im herkömmlichen Controlling monetäre Größen eine Beurteilung auch komplexer wirtschaftlicher Sachverhalte ermöglichen, fehlt bis heute bei ökologischen Fragestellungen eine wissenschaftlich anerkannte Bewertungsmethode. Eine Bewertung oder mindestens eine Gewichtung von Stoff- und Energieflüssen ist jedoch erforderlich, da deren Auswirkungen auf die Umwelt eine unterschiedliche Tragweite haben. So ist beispielsweise die ökologische Auswirkung des Verbrauchs einer Kilowattstunde Strom aus Wind- oder Wasserkraft anders zu beurteilen als aus Atomkraft. Eine einheitliche »Umweltwährung« ist noch nicht in Sicht. Folglich belasten subjektive Einschätzungen die Aussagefähigkeit ökologisch relevanter Entscheidungen.
- Öko-Controlling erfordert wegen der umfassenden, ganzheitlichen Betrachtung eine in hohem Maße interdisziplinäre Zusammenarbeit. Betriebswirte, Ingenieure, Chemiker, Meteorologen, Physiker, Biologen sollten teamorientiert in Projekten zusammenarbeiten.

3. Implementierung eines Öko-Controlling

Inzwischen gibt es zahlreiche Anregungen und Vorschläge, in welcher Form Öko-Controlling systematisch betrieben werden könnte. Dennoch muß konstatiert werden, daß das Öko-Controlling sich noch im Entwicklungsstadium befindet. Es gibt noch kein wissenschaftlich anerkanntes und in der Praxis erprobtes Instrumentarium. Die Probleme liegen vorrangig in der Erfassung und Bewertung der Stoff- und Energieströme. Auch muß davon ausgegangen werden, daß die Naturwissenschaften weiterhin umfangreiche Forschungsarbeiten leisten müssen, um die Ursachen für bereits eingetretene oder noch zu erwartende Umweltschäden zu erkennen.

Aus dem Gesagten die Schlußfolgerung abzuleiten, die Implementierung eines Öko-Controlling zeitlich zu verschieben, wäre voreilig. Sobald Unternehmen die Umweltorientierung als Ziel konkret verfolgen, ist der Aufbau eines Öko-Controlling die logische Konsequenz. Dabei ist von vornherein darauf zu achten, daß die Problemstellung unternehmensintern vollständig und unternehmensextern so umfassend wie möglich angegangen werden muß. Für den Aufbau eines Öko-Controlling wird, aus heutiger Sicht, folgende Vorgehensweise vorgeschlagen:

Abbildung 2: Aufbau eines Öko-Controlling

3.1 Öko-Bilanz

Die Öko-Bilanz ist der Einstieg in das Öko-Controlling. Sie ist eine Input-Output-Rechnung (vgl. Abbildung 1). Untersucht werden die in einem Unternehmen eingesetzten Stoffe, Energien etc. (Input) und die Produkte, Emissionen etc. (Output). Erfaßt werden Mengen, Stoffe in der Maßeinheit »Kilogramm«, Energien in der Maßeinheit »Kilowattstunde« oder »Joule«. Der Begriff Bilanz ist berechtigt, da aufgrund des physikalischen Massen- und Erhaltungsgesetzes sich die stofflichen und energetischen Input- und Outputströme entsprechen müssen. In der Praxis ist es jedoch unmöglich, sämtliche Stoff- und Energieströme zu erfassen. Neben der Messung wird man auch Berechnungen und Schätzungen vornehmen müssen.

Zweck einer Öko-Bilanz ist das Erkennen von ökologischen Schwachstellen. Um diesem Ziel möglichst nahe zu kommen, also mehr Transparenz über die ökologischen Zusammenhänge zu erhalten, wird die Öko-Bilanz in Teilbilanzen gegliedert. Entsprechend der vom Institut für ökologische Wirtschaftsforschung (»IÖW«) entwickelten Methodik werden vier Teilbilanzen unterschieden. Auch hier wird das Input-Output-Prinzip angewendet:

- Betriebsbilanz,
- Prozeßbilanzen,
- Produktbilanzen,
- Substanzbetrachtung.

(1) Betriebsbilanz

Die Betriebsbilanz erfaßt alle Stoffe und Energien für das Unternehmen als Ganzes. Die einzelnen Betriebsteile bleiben unberücksichtigt. Es wird die Frage beantwortet: Welche Stoff- und Energieströme sind angefallen?

(2) Prozeßbilanzen

Prozeßbilanzen untersuchen die betrieblichen Verfahrensabläufe und einzelne Produktionsprozesse. Berücksichtigt werden nicht nur maschinelle, sondern auch manuelle Abläufe. Es wird die Frage beantwortet: Wo sind Stoff- und Energieströme angefallen?

(3) Produktbilanzen

Produktbilanzen untersuchen die ökologische Verträglichkeit der Fertigfabrikate. Es wird die Frage beantwortet: Wofür sind Stoff- und Energieströme angefallen? Dies erfordert nicht nur eine unternehmensinterne, sondern auch vor allem eine unternehmensexterne Betrachtung. Es wurde bereits darauf hingewiesen, daß es unmöglich ist, den gesamten ökologischen Produktlebenszyklus zu erfassen. Man muß sich vielmehr auf unmittelbar mit dem Unternehmen verbundene Lieferanten, Kunden und Logistikunternehmen beschränken.

(4) Substanzbetrachtung

Die Substanzbetrachtung betrifft die standortspezifische Nutzung der natürlichen Umwelt. Gelegentlich wird auch der Begriff Standortbilanz verwendet. Es wird die Frage beantwortet: In welchem Umfang nimmt das Unternehmen die standortspezifische Umwelt in Anspruch? Hier geht es um Boden-, Luft- und Grundwasserverunreinigung, um Bodenerosion und Altlastenproblematik.

Im Anschluß an die Aufstellung der Bilanzen ist eine Bewertung der Umweltbelastung vorzunehmen. Welche Schwachstelle ist vorrangig zu beseitigen, welche Prioritäten sollen gesetzt werden? Ist beispielsweise ein erkanntes Abwasserproblem kritischer einzuschätzen als eine Luftverschmutzung? Hier besteht eine methodische Schwachstelle im System des Öko-Controlling. Es gibt kein wissenschaftlich fundiertes Verfahren, das die erkannten Stoffe z. B. nach ihrer Toxizität klassifiziert. Diese Wissenslücke hat dazu geführt, daß mehrere Verfahren entwickelt wurden, die eine Gewichtung der ökologischen Bedeutung von Stoffen und Energien unter pragmatischen Gesichtspunkten ermöglichen sollen.

Wenn hier dem »ABC-Rasterverfahren« des Instituts für ökologische Wirtschaftsforschung (IÖW) der Vorzug gegeben wird, dann deshalb, weil dieses Verfahren – im Vergleich mit den anderen Methoden – einfach zu handhaben ist. Die Bewertung der Input-Output-Größen erfolgt auf der Grundlage von sechs umweltrelevanten Kriterien. Dazu gehören z. B. Einhaltung der gesetzlichen Anforderungen, Berücksichtigung gesellschaftlicher Anforderungen, Beeinträchtigung der Umwelt durch potentielle Störfälle. Die Beurteilung der Input-Output-Größen im Hinblick auf ihre Umweltverträglichkeit erfolgt für jedes einzelne Kriterium mit Hilfe der bekannten ABC-Analyse. »A« deutet daraufhin, daß ein akutes ökologisches Problem besteht. »B« ist eine Abstufung und besagt, daß ein ökologisches Problem vorhanden ist, das Maßnahmen zur Beseitigung erfordert. »C« bringt zum Ausdruck, daß zur Zeit keine Umweltschäden erkennbar sind. Ein praktisches Beispiel aus der Möbelindustrie (vgl. Abbildung 3) macht den Sachverhalt deutlich.

Wenngleich das vorgestellte »ABC-Rasterverfahren« von subjektiven Einschätzungen geprägt ist und damit strengen wissenschaftlichen Maßstäben nicht gerecht wird, erlaubt es dennoch eine Schwachstellenanalyse mit anschließender Prioritätsfestlegung. Es kann ein Zielkatalog

Ökoprofil: Polyurethan		
Polyurethanschäume Element: 110307		
Recyclingfähigkeit		B
Entsorgung	A	
Produktverbrauch		C
Be-/Verarbeitung		C
Vorproduktion	A	
Störfallrisiken	A	
Wasserbelastung		
Luftbelastung		
Humantoxizität		
Gesellschaft. Kritik		B
Rechtlicher Rahmen		C

Bewertung: = A = B = C = nicht bewertet

Quelle: Fa. Wilkhahn, Eimbeckhausen

Abbildung 3: ABC-Rasterverfahren

für das weitere Vorgehen erarbeitet werden. Die Aussagefähigkeit der durchzuführenden Schwachstellenanalyse wird um so größer sein, je qualifizierter die Fachleute sind, die ökologische Bewertungen durchführen. Dabei ist insbesondere auf die interdisziplinäre Zusammensetzung des Expertenteams zu achten.

Die skizzierte methodische Schwachstelle bei der Bewertung der Umweltbelastung der Input-Output-Größen kann von einem Stab qualifizierter Ökologie-Fachleute aufgefangen werden, die sich eines vergleichsweise einfachen Verfahrens bedienen. Damit sind die Grundlagen gelegt für eine hinreichend genaue interne Umweltanalyse.

Zwischenbetriebliche Vergleiche sind, wegen der subjektiven Einschätzung, nicht zulässig. Auch sind die von einigen Unternehmen inzwischen veröffentlichten Öko-Bilanzen einer externen Analyse kaum zugänglich. Allgemein akzeptierte Bilanzrichtlinien, wie für die Aufstellung von Handelsbilanzen, gibt es für Öko-Bilanzen nicht.

Ist mit Hilfe des »ABC-Rasterverfahrens« die Schwachstellenanalyse mit anschließender Prioritätsfestlegung durchgeführt worden, so ist im nächsten Schritt eine projektbezogene Maßnahmenplanung vorzunehmen. Die Projekte sind vorrangig unter zwei Gesichtspunkten zu beurteilen:

- Verminderung, idealerweise Vermeidung von Umweltschäden,
- Wirtschaftliche Beurteilung der Vorteilhaftigkeit von Umweltschutzmaßnahmen.

3.2 Ökologie – ohne Ökonomie nicht denkbar

In dieser Phase des Systems Öko-Controlling wird Umweltschutz »rechenbar«. Damit wird die rein mengenmäßige mit subjektiven Einschätzungen verbundene Betrachtung verlassen. Der Controller quantifiziert, in DM ausgedrückt, die finanziellen Konsequenzen von Umweltschutzmaßnahmen. Es wird für die Entscheider transparent was z.B. eine Wärmerückgewinnungsanlage kostet, welche Einsparungen damit verbunden sind und welcher Beitrag zum Umweltschutz dadurch geleistet wird. Die Unternehmen müssen wissen, welches ökonomische Risiko mit Umweltschutzmaßnahmen verbunden ist. Auf Dauer können sich nur wirtschaftlich erfolgreiche Unternehmen Umweltschutz leisten.

Um den geschilderten Ansprüchen gerecht zu werden, kann das Öko-Controlling auf in der Praxis erprobte und bewährte Instrumente des herkömmlichen Controlling zurückgreifen.

Dazu gehören:

- Projektkostenrechnung,
- Wertanalyse,
- Investitionsrechnungen,
- Nutzwertanalysen.

(1) Projektkostenrechnung

Projekte sind zeitlich befristet, sie haben einen definierten Anfang und ein definiertes Ende. Für den Gesamtzeitraum eines Projektes ist ein

Budget aufzustellen. Im Zeitablauf sind für den wirtschaftlichen Teil Soll-Ist-Vergleiche durchzuführen und für den ökologisch-wissenschaftlichen Teil Projektforschungberichte zu erstellen. Die Projekte werden individuell abgerechnet. Dadurch ist eine Transparenz für jedes einzelne Umweltprojekt gegeben. Die skizzierte Projektkostenrechnung ist ein Subsystem des betrieblichen Rechnungswesens. Durch eine projektbezogene Kontierung sind beide Rechensysteme miteinander verbunden. Eine rechnerische Abstimmung ist gewährleistet.

(2) Wertanalyse

Das Instrument Wertanalyse (vgl. Franke/Zerres 1994, S. 117ff.) im System des Öko-Controlling eingesetzt bedeutet, die Lieferanten und Kunden in die Umweltschutzaktivitäten einzubeziehen. Man betreibt integrierten Umweltschutz, indem zumindest ein Teil des ökologischen Produktlebenszyklus mit in die Betrachtung einbezogen wird. Anregungen zu Umweltschutzmaßnahmen werden aus der Schwachstellenanalyse der Betriebs-, Prozeß- und Produktbilanzen abgeleitet.

Auf der Beschaffungsseite werden ausgewählte Lieferanten in Projekte integriert. Dies wird vor allem dann gelingen, wenn die Geschäftsbeziehungen zum beiderseitigen Nutzen über einen längeren Zeitraum bestehen. Die Problematik von Know-how-Verletzungen ist dann zu vernachlässigen. Es müssen jedoch unter anderem Rezepturen von bezogenen Waren offengelegt werden. Dadurch ist es beispielsweise einem Unternehmen der chemischen Industrie gelungen, den Lösungsmittelanteil in Farben deutlich zu senken. Ein Unternehmen der Textilindustrie hat Waschbenzin, Spiritus oder Petroleum völlig durch einen umweltvertraglichen Kaltreiniger ersetzt, wobei das entstehende Abwasser zur Wiederaufbereitung an den Lieferanten zurückgegeben wird. Auch ist eine Verringerung der Umweltbelastung durch Roh-, Hilfs- und Betriebsstoffe unter dem Gesichtspunkt des »Make or Buy« zu prüfen. Eine unternehmensintern festgestellte Umweltbelastung kann möglicherweise durch Zukauf statt durch Eigenfertigung beseitigt werden. Darüber hinaus sind nicht nur die umweltgefährdenden Stoffe, sondern auch deren Transport und Lagerung in die Wertanalyse einzubeziehen.

Unabhängig von wertanalytischen Tätigkeiten ist es permanent die Aufgabe des Einkaufs mit Hilfe der Beschaffungsmarktforschung umweltfreundliche Stoffe und Energien für das Unternehmen nutzbar zu machen.

Auf der Absatzseite geht es in der Zusammenarbeit mit Großkunden insbesondere um die Abfallwirtschaft und um umweltfreundliche Verpackungs- und Logistiksysteme. Dabei ist bei der Verpackung nicht nur die Produkt-, sondern auch die Transportverpackung zu berücksichtigen. Bemerkenswert in diesem Zusammenhang ist ein Beispiel aus der chemischen Industrie. Dort wurde aus Abfällen eines Produzenten und seines Kunden ein völlig neues Produkt entwickelt. Dadurch wurden nicht nur die Kosten der Entsorgung deutlich verringert, sondern zusätzlich Umsätze durch erfolgreiche Vermarktung des neuen Produktes realisiert.

(3) Investitionsrechnungen

Das Instrumentarium der Investitionsrechnungen – ergänzt um Sensitivitätsanalysen – wird im Rahmen des Umweltschutzes in erster Linie eingesetzt im Zusammenhang mit der ökologischen Verbesserung von betrieblichen Verfahrensabläufen und einzelnen Produktionsprozessen. Anregungen zu Umweltschutzmaßnahmen werden abgeleitet aus der Schwachstellenanalyse der Prozeßbilanz. Bei der Realisierung von umweltschonenden Produktionstechnologien unterscheidet man zwischen:

- Prozeßnachgeschalteten oder »end of pipe«-Technologien: Dabei werden bestehende Fertigungstechnologien mit z. B. Filtern oder Katalysatoren ergänzt, um dadurch bereits erkannte Umweltbelastungen zu verringern.
- Emissionsarmen oder primären Technologien: Hier wird die bisher eingesetzte Technologie so verändert, daß weniger Stoffe und Energien für den Produktionsprozeß benötigt werden. Dadurch werden zwangsläufig weniger Schadstoffe emittiert.
- Verwertungsorientierten Technologien oder Recycling-Technologien: Ziel ist in diesem Fall die Rückgewinnung von Stoffen und Energien aus Abfällen.

Bei der Prioritätenbestimmung sollten emissionsarme und verwertungsorientierte Technologien den Vorrang haben, da die ökologischen und ökonomischen Erfolge von Investitionen in diese Technologien am größten sind. Beispielsweise verringert die Verwendung von wassersparenden Anlagen, also die Installation einer emissionsarmen Technologie, nicht nur den Einsatz von Frischwasser, sondern ist gleichzeitig ein Mittel zur Reduzierung von Brauchwasser. Beim Einsatz von verwertungsorientierten Technologien ist aus umweltbezogener Perspektive darauf zu achten, daß Recycling seinerseits Umweltbelastungen durch den Transport der Abfälle und durch Trenn- und Aufbereitungsprozesse auslöst. Hier werden Wechselwirkungen zwischen umweltentlastenden und umweltbelastenden Elementen deutlich. Im Interesse eines integrierten Umweltschutzes dürfen diese Wirkungen in Investitionsrechnungen nicht vernachlässigt werden.

(4) Nutzwertanalysen

Neben der monetären Zielsetzung bei Investitionen in den Umweltschutz ergeben sich auch nicht-monetäre Ziele. In diesen Fällen ist die Investitonsrechnung um eine Nutzwertanalyse zu erweitern. Das Instrumentarium der Nutzwertanalyse hat den Vorteil, daß bei der Entscheidungsfindung für oder gegen eine Investition gleichzeitig mehrere Ziele, und zwar monetäre und nicht-monetäre Ziele (mehrdimensionales Zielsystem) berücksichtigt werden können. Nicht-monetäre Ziele in diesem Zusammenhang können sein: Langfristige Sicherung der Unternehmensexistenz, Werbewirkung von Umweltschutzmaßnahmen insbesondere im konsumgüternahen Bereich, Aufbau eines umweltfreundlichen Images in der Öffentlichkeit (PR-Aktivitäten).

3.3 Kontrolle/Steuerung der Maßnahmen

Sind auf der Grundlage der Öko-Bilanz Schwachstellen erkannt und Maßnahmen aufgrund einer Projekttätigkeit erarbeitet und beschlossen worden, dann sind anschließend vom Öko-Controlling Kontroll- und Steuermechanismen bereitzustellen. Als kritischer Begleiter verfolgt der Öko-Controller die Realisierungsphase der beschlossenen Umweltprojekte. Der Erfolg von Umweltschutzmaßnahmen wird sowohl ökologisch als auch ökonomisch transparent. Ökologisch werden aus den Öko-Bilanzen im Zeitvergleich die durchgeführten Maßnahmen in Form von veränderten Stoff- und Energieflüssen sichtbar. Ökonomisch lassen sich die finanziellen Erfolge aus dem betrieblichen Rechnungswesen ablesen.*

* Für die wertvolle Unterstützung bei der Anfertigung des Beitrags danke ich Herrn Ralf Schultz.

Literatur

Alb, Hermann; Hartmann, Hans; Huber, René; Schild, Barbara: Eine Brücke zwischen Ökonomie und Ökologie. In: Industrielle Organisation 1992. S. 76–80.

Franke, Reimund; Zerres, Michael P.: Planungstechniken-Instrumente für zukunftsorientierte Unternehmensführung. 4. Auflage, Frankfurt/Main 1994.

Hallay, Hendric (Hrsg.): Die Öko-Bilanz – Ein betriebliches Informationssystem. Schriftenreihe des IÖW. Berlin 1989.

Hallay, Hendric; Pfriem, Reinhard: Öko-Controlling. Umweltschutz in mittelständischen Unternehmen. Frankfurt/Main, New York 1992.

Kunert AG: Öko-Bericht 1994.

Neumarkter Lammsbräu: Öko-Controlling. Bericht 1993.

Schulz, Erika; Schulz, Werner: Umweltcontrolling in der Praxis. München 1992.

Steger, Ulrich (Hrsg.): Handbuch des Umweltschutzmanagement. München 1992.

Wagner, Gerd Rainer (Hrsg.): Betriebswirtschaft und Umweltschutz. Stuttgart 1993.

Wagner, Gerd Rainer (Hrsg.): Unternehmung und ökologische Umwelt. München 1990.

Wicke, Lutz: Umweltökonomie – Eine praxisorientierte Einführung. 2. Auflage, München 1989.

Literatur

Alb, Hermann; Hartmann, Hans; Huber, René; Schild, Barbara: Eine Brücke zwischen Ökonomie und Ökologie. In: Industrielle Organisation 1992. S. 76–80.

Altmann, Helmut: Der Einfluß von Entscheidungsprozeß und Entscheidungsmodell auf Informationsbedarf und -beschaffung im Rahmen von Investitionsüberlegungen. Dissertation, Universität Berlin 1988.

Anton, Fred: »Eierköpfe« kann man mit Plausibiltät gar nicht beeindrucken. In: Management und Seminar. 11/92, S. 22–24.

Arnold, Rolf; Krämer-Stürzel, Antje: Erfolgskontrolle: Wer Bescheid weiß, kann auf sie verzichten. In: Wirtschaft und Weiterbildung. 3/93, S. 28–29.

Arnolds, Hans; Heege, Franz; Tussing, Werner: Materialwirtschaft und Einkauf. 7. Auflage, Wiesbaden, 1990.

Backhaus, Klaus; Erichson, Bernd; Plinke, Wulff; Weiber, Rolf (1994): Multivariate Analysemethoden. Eine anwenderorientierte Einführung. Berlin und Heidelberg 1994.

Baetge, Jörg: Überwachung. In: Jörg Baetge et al. (Hrsg.): Vahlens Kompendium der Betriebswirtschaftstheorie, Band 2. München 1984, S. 175–218.

Bauer, Hans H.; Herrmann, Andreas; Mengen, Andreas (1994): Eine Methode zur gewinnmaximalen Produktgestaltung auf der Basis des Conjoint-Measurement. in: ZfB, 64. Jg. (1994), S. 91–94.

Bea, Franz Xaver; Kötzle, Alfred: Ursachen von Unternehmenskrisen und Maßnahmen zur Krisenvermeidung. In: Der Betrieb, 36. Jg. (1983), S. 565–571.

Bea, Franz Xaver; Kötzle, Alfred: Grundkonzeptionen der betriebswirtschaftlichen Produktionstheorie. In: WiSt. 4. Jg. (1975). S. 509–513.

Bea, Franz Xaver; Dichtl, Erwin; Schweitzer, Marcell: Allgemeine Betriebswirtschaftslehre. Band 3: Leistungsprozeß. 5., überarbeitete Auflage, Stuttgart 1991.

Beck, Matthias S.: Devisenmanagement. Wechselkursrisiken aus operativer und strategischer Sicht. Wiesbaden 1989.

Berndt, Ralph (1992): Marketing 1. Käuferverhalten, Marktforschung, und Marketing-Prognosen. 2. verb. Auflage, Berlin und Heidelberg 1990.

Berndt, Ralph (1990): Marketing 2. Marketing-Politik. Berlin und Heidelberg 1990.

Berndt, Ralph: Marketing 3, Marketing-Management. Berlin u. a. 1991.

Betge, Peter: Erfassung des technischen Fortschritts mit Hilfe der Investitionsrechnung. In: Neuere Entwicklungen in der Produktions- und Investitionspolitik, Festschrift für Herbert Jacob zum 60. Geburtstag, hrsg. von Dietrich Adam, Wiesbaden 1987, S. 243–262.

Blohm, Hans; Lüder, Klaus: Investition. Schwachstellen im Investitionsbereich des Industriebetriebes und Wege zu ihrer Beseitigung. 7. Auflage, München 1991.

Böcker, Franz: Werbebudgets richtig disponieren. In: Absatzwirtschaft, 28. Jg. (1985), S. 50–62.

Borer, Diego: Innerbetriebliche Investitionskontrolle in Theorie und Praxis. Bern und Stuttgart 1978.

Braunschweig, Christoph: Innovative Finanzierungsinstrumente für Unternehmen. Bonn 1989.

Bruhn; Manfred: Marketing. Sonderausgabe, Wiesbaden 1990.

Bruhn, Manfred (1994) : Anforderungen des Marktes, in: Masing, Walter (Hrsg.): Handbuch Qualitätsmanagement. 3. gründlich überarbeitete und erweiterte Auflage, München und Wien 1994, S. 331–353.

Bruhn, Manfred: Handbuch des Marketing: Anforderungen an Marketingkonzeptionen aus Wissenschaft und Praxis. München 1989.

Büschgen, Hans E.: Finanzinnovationen, Neuerungen und Entwicklungen an nationalen und internationalen Finanzmärkten. In: Zeitschrift für Betriebswirtschaft, 56. Jg. (1986), S. 301–316.

Büschgen, Hans E.: Grundlagen der betrieblichen Finanzwirtschaft. 3. Auflage, Frankfurt/Main 1991.

Busse von Colbe, Walther; Laßmann, Gert: Betriebswirtschaftstheorie, Band 3: Investitionstheorie. 3. Auflage, Berlin et al. 1990.

Busse, Franz-Joseph: Grundlagen der betrieblichen Finanzwirtschaft. 3. Auflage, München 1993.

Buzzell, Robert D.; Gale, Bradley T. (1989): Das Pims-Programm. Strategien und Unternehmenserfolg. Wiesbaden 1989.

Christians, Wilhelm (Hrsg.): Finanzierungshandbuch. 2. Auflage, Wiesbaden 1988.

Coenenberg, Adolf G.: Kostenrechnung und Kostenanalyse. 2. Auflage, Landsberg/Lech 1993.

Coenenberg, Adolf Gerhard; Baum, Heinz-Georg: Strategisches Controlling. Grundfragen der strategischen Planung und Kontrolle. Stuttgart 1987.

Corsten, Hans (1987): Vergleichende Gegenüberstellung des Quality Circle Ansatzes mit anderen mitarbeiterorientierten Qualitätsförderungskonzepten (I). In: WISU, 16. Jg. (1987), S. 196–200.

Corsten, Hans: Gestaltungsbereiche des Produktionsmanagement. In: Corsten, Hans (Hrsg): Handbuch Produktionsmanagement. Strategie-Führung-Technologie-Schnittstellen. Wiesbaden 1994, S. 5–21.

Deutsche Gesellschaft für Qualität (1985): Qualitätskosten, Rahmenbedingungen zu ihrer Definition, Erfassung und Beurteilung. 5. Auflage, Berlin 1985.

Deutsche Gesellschaft für Qualität (1993): Begriffe zum Qualitätsmanagement. 5. Auflage, Berlin 1993.

Diebel, Agnes; Niemand, Stefan; Renner, Andreas; Ruthsatz, Oliver (1990): Baustein des operativen Qualitätscontrolling: Qualitätskostenrechnung, in: Horváth, Peter; Urban, Georg (Hrsg): Qualitätscontrolling. Stuttgart 1991, S. 115–172.

Dosch, Hilmar: Controlling-Konzept der Heidelberger Druckmaschinen AG. In: Elmar Mayer und Jürgen Weber (Hrsg.): Handbuch Controlling. Stuttgart 1990, S. 735–750.

Dürolf, Peter: Das Planungshandbuch als Controllinginstrument. Theoretische und praktische Perspektiven der Dokumentation von Planungs- und Kontrollsystemen. Darmstadt 1988.

Ehrmann, Harald: Marketing-Controlling. Ludwigshafen 1991.

Eilenberger, Guido: Betriebliche Finanzwirtschaft. 4. Auflage, München 1991.

Eisele, Wolfgang: Technik des betrieblichen Rechnungswesens. 5. Auflage, München 1993.

Engelhardt, Werner H.; Schütz, Peter (1991): Total Quality Management. In: WiSt, 20. Jg. (1991), S. 394–399.

Eschenbach, Rolf: Erfolgspotential Materialwirtschaft. München, 1990.

Flatten, Ulrich: Controlling in der Materialwirtschaft. Eine explorative Studie in der deutschen Automobilindustrie. Köln 1986.

Franke, Reimund; Zerres, Michael P.: Planungstechniken-Instrumente für zukunftsorientierte Unternehmensführung. 4. Auflage, Frankfurt/Main 1994.

Friedl, Birgit: Grundlagen des Beschaffungscontrolling. Berlin, 1990.

Fröhling, Oliver (1993): Zur Ermittlung von Folgekosten aufgrund von Qualitätsmängeln. In: ZfB, 63. Jg. (1993), S. 543–568.

Fröhling, Oliver (1994): Verbesserungsmöglichkeiten und Entwicklungsperspektiven von Conjoint + Cost. In: ZfB, 64. Jg. (1994), S. 1143–1164.

Fröhling, Oliver: Kennzahlen: Führungsinstrumente auch für das Marketing. In: io Management Zeitschrift 1990, Heft 5, S. 43–47.

Gatermann, Michael; Krogh, Henning: Silver Spirits neuer Geist. in: Manager Magazin, 23. Jg. (1993), S. 202–213.

Gerberich, C. W.: Konzepte der strategischen Investitionspolitik. In: Controller Magazin, 11. Jg. (1986), S. 234–238.

Glaser, Horst; Geiger, Werner; Rohde, Volker: PPS – Produktionsplanung und -steuerung. Grundlagen-Konzepte-Anwendungen. 2. Auflage, Wiesbaden, 1992.

Grochla, Erwin; Fieten, Robert; Puhlmann, Manfred; Vahle, Manfred: Erfolgsorientierte Materialwirtschaft durch Kennzahlen. Baden-Baden, 1983.

Grün, Oskar: Industrielle Materialwirtschaft. In: Schweitzer, Marcell (Hrsg): Industriebetriebslehre. Das Wirtschaften in Industrieunternehmungen. 2. Auflage, München, 1994, S. 447–568.

Hahn, Dietger; Klausmann, W.: Aufbau und Funktionsweise von betrieblichen Frühwarnsystemen in der Industrie, Stuttgart 1979.

Hahn, Dietger; Laßmann, Gert: Produktionswirtschaft-Controlling industrieller Produktion. Band 2: Prozeßplanung, -steuerung und -kontrolle. Heidelberg 1993.

Hahn, Dietger: Kostenrechnung und Controlling. In: Wolfgang Männel (Hrsg.): Handbuch Kostenrechnung. Wiesbaden 1992, S. 154–166.

Hahn, Dietger: Planungs- und Kontrollrechnung. Integrierte ergebnis- und liquiditätsorientierte Planungs- und Kontrollrechnung als Führungsinstrument in Industrieunternehmungen mit Massen- und Serienproduktion. 3. Auflage, Wiesbaden 1985.

Hahn, Dietger: Ziele des Produktionsmanagement. In: Corsten, Hans (Hrsg): Handbuch Produktionsmanagement. Strategie – Führung – Technologie-Schnittstellen. Wiesbaden 1994, S. 22–49.

Hallay, Hendric; Pfriem, Reinhard: Öko-Controlling. Umweltschutz in mittelständischen Unternehmen. Frankfurt/Main, New York 1992.

Hallay, Hendric (Hrsg.): Die Öko-Bilanz – Ein betriebliches Informationssystem. Schriftenreihe des IÖW. Berlin 1989.

Hartmann, Horst: Materialwirtschaft. 6. Auflage, Stuttgart, 1993.

Haupt, Reinhard; Planer, Doris: Aufgaben und Bestimmungsgrößen der Produktionsprogrammgestaltung. In: Corsten, Hans (Hrsg.): Handbuch Produktionsmanagement. Strategie – Führung – Technologie-Schnittstellen. Wiesbaden 1994, S. 75–92.

Hauser, John R.; Clausing, Don (1988): The House of Quality. In: Harvard Business Review. Vol. 66 (1988), S. 63–73.

Heinzelbecker, Klaus: Marketing-Informationssysteme. Stuttgart u. a. 1985.

Hill, Wilhelm; Rieser, Ignaz: Marketing-Management. 2. Auflage, Bern u. a. 1993.

Hoitsch, Hans-Jörg: Aufgaben und Instrumente des Produktions-Controllings. In: WiSt, 19. Jg. (1990), S. 605–613.

Hoitsch, Hans-Jörg: Produktions-Controlling. Konzepte-Inhalte-Methoden. In: Huch, Burkhard; Behme, Wolfgang; Schimmelpfeng, Katja (Hrsg.): EDV-gestützte Controlling-Praxis. Anwendungen in der Wirtschaft. Frankfurt am Main 1992, S. 52–62.

Hoitsch, Hans-Jörg: Produktionscontrolling im CIM-Konzept. In: CIM-Management, Heft 1 (1992b), S. 18–25.

Hoitsch, Hans-Jörg: Produktionswirtschaft. 2. Auflage, München 1993.

Hoitsch, Hans-Jörg: Ziele und Aufgaben des Produktionscontrolling. In: Corsten, Hans (Hrsg.): Handbuch Produktionsmanagement. Strategie – Führung – Technologie-Schnittstellen. Wiesbaden 1994, S. 418–437.

Hoppe, Helmut; Pistek, Nils: Der Handlungsbedarf für strategisches Finanz-Controlling. In: Controller Magazin, Heft 3, 1991, S. 133–137.

Horváth, Peter: Controlling. 3. Auflage, München 1990.

Horváth, Peter: Controlling. 5. Auflage, München 1994.

Hügler, Gert L.: Controlling in Projektorganisationen. München 1988.

Jehle, Kurt; Blazek, Alfred; Deyhle, Albrecht: Finanz-Controlling. Planung und Steuerung von Finanzen und Bilanzen, 4. Auflage, München 1991.

Kaluza, Bernd: Rahmenentscheidungen zu Kapazität und Flexibilität produktionswirtschaftlicher Systeme. In: Corsten, Hans (Hrsg.): Handbuch Produktionsmanagement. Strategie – Führung – Technologie-Schnittstellen. Wiesbaden 1994, S. 51–72.

Kern, Werner (Hrsg.): Handwörterbuch der Produktionswirtschaft (Enzyklopädie der Betriebswirtschaftslehre; Bd.7). Stuttgart 1979. (Ungekürzte Sonderausgabe 1993).

Kersten, Günter (1994): Fehlermöglichkeits- und Einflußanalyse (FMEA). In: Masing, Walter (Hrsg.): Handbuch Qualitätsmanagement. 3., gründlich überarbeitete und erweiterte Auflage, München und Wien 1994, S. 469–490.

Kiener, Joachim: Marketing-Controlling. Darmstadt 1980.

Kistner, Klaus-Peter; Steven, Marion: Produktionsplanung. 2. Auflage, Heidelberg 1993.

Köhler, Richard: Beiträge zum Marketing-Management. 3. Auflage, Stuttgart 1993.

Koppelmann, Udo: Beschaffungsmarketing. Heidelberg, 1993.

Kotler, Philip; Armstrong, Gary: Marketing. Wien 1988.

Kötzle, Alfred (1993): Die Identifikation strategisch gefährdeter Geschäftseinheiten. Berlin 1993.

Kreikebaum, Hartmut: Strategische Unternehmensplanung. 5. Auflage, Stuttgart 1993.

Krug, Henning: So optimieren Sie Ihre Investitionen. Technische Akademie Wuppertal, Köln 1991.

Kunert AG: Öko-Bericht 1994.

Kunert, Heinz: Ein guter Controller ist zugleich ein strategischer Planer. In: Management und Seminar. 4/91, S. 44–47.

Kunesch, Hermann: Materialwirtschaftlicher Erfolgsnachweis. Ein Controllingkonzept. Wiesbaden, 1993.

Küpper, Hans-Ulrich; Weber, Jürgen; Zünd, André: Zum Verständnis und Selbstverständnis des Controlling – Thesen zur Konsensbildung. In: Zeitschrift für Betriebswirtschaft, 60. Jg. (1990), S. 281–293.

Landsberg, Georg von; Weiss, Reinhold (Hrsg.): Bildungs-Controlling. Stuttgart 1992.

Landsberg, Georg von: Der Controller lotst das Bildungswesen zum Erfolg. In: Management und Seminar. 4/91, S. 36–40.

Lange, Christoph; Schaefer, Sigrid: Aufgaben, Aktivitäten und Instrumente eines DV-gestützten Investitions-Controllingsystems. In: Die Betriebswirtschaft, 52. Jg. (1992), S. 489–504.

Lange, Christoph: Investitionsentscheidungen im Umbruch: Struktur eines Investitions-Controllingsystems. In: Thomas Reichmann (Hrsg.): Controlling-Praxis. München 1988, S. 133–146.

Lange, Christoph: Transparenz und Flexibilität: Erfolgsfaktoren für Investitionsentscheidungen. In: Controlling, 2. Jg. (1990), S. 134–142.

Liebl, Walter F.: Marketing-Controlling. Wiesbaden 1989

Linke, Michael; Regnitter, Ralf: Die Bedeutung von Finanzinnovationen in Industrie- und Handelsunternehmen. In: Die Bank, Heft 1, 1991, S. 29–35.

Lüder, Klaus: Investitionskontrolle. Die Kontrolle des wirtschaftlichen Ergebnisses von Investitionen. Wiesbaden 1969.

Madauss, Bernd J.: Handbuch Projektmanagement. 5. Auflage, Stuttgart 1994.

Männel, Wolfgang: Anpassung der Kostenrechnung an moderne Unternehmensstrukturen. In: Wolfgang Männel (Hrsg.): Handbuch Kostenrechnung. Wiesbaden 1992, S. 105–137.

Männel, Wolfgang; Bloß, Clemens: Planung, Erfassung, Verrechnung und Kontrolle von Instandhaltungskosten. In: Wolfgang Männel (Hrsg.): Handbuch Kostenrechnung. Wiesbaden 1992, S. 502–522.

Männel, Wolfgang; Warnick; Berndt: Entscheidungsorientiertes Rechnungswesen. In: Elmar Mayer und Jürgen Weber (Hrsg.): Handbuck Controlling. Stuttgart 1990, S. 395–418.

Masing, Walter (1993): Nachdenken über qualitätsbezogene Kosten. In: Qualität und Zuverlässigkeit. 38 Jg. (1993), S. 149–143.

Meffert, Heribert (1986): Marketing. Grundlagen der Absatzwirtschaft. 7., überarbeitete und erweiterte Auflage, Wiesbaden 1986.

Meyer, Claus: Betriebswirtschaftliche Kennzahlen und Kennzahlen-Systeme. 2. Auflage, Stuttgart 1994.

Meyer, Jürgen (1987): Qualität als stärkste Waffe für Marktanteilsgewinne und Rentabilitätsverbesserung. Sonderdruck aus Strategische Planung Band 2, Heidelberg 1987, S. 105–127.

Neumarkter Lammsbräu: Öko-Controlling. Bericht 1993.
Niemand, Stefan; Ruthsatz, Oliver; Renner, Andreas (1991): Einleitung. In: Horváth, Peter; Urban, G. (Hrsg): Qualitätscontrolling. Stuttgart 1991, S. 1–16.
Niemand, Stefan; Ruthsatz, Oliver (1991): Gestaltungsaspekte des Qualitätscontrolling. In: Horváth, Peter; Urban, G. (Hrsg): Qualitätscontrolling. Stuttgart 1991, S. 17–62.
Niemand, Stefan; Ruthsatz, Oliver; Habiger, G. (1991): Baustein des strategischen Qualitätscontrolling: FMEA. in: Horváth, Peter; Urban, G. (Hrsg): Qualitätscontrolling. Stuttgart 1991, S. 63–114.
Nieschlag, Robert; Dichtl, Erwin; Hörschgen, Hans: Marketing. 16. Auflage, Berlin 1991.

Oess, Attila (1993): Total Quality Management. Die ganzheitliche Qualitätsstrategie. 3. Auflage, Wiesbaden 1993.

Pausenberger, Ehrenfried; Glaum, Martin: Electronic-Banking-Systeme und ihre Einsatzmöglichkeiten in internationalen Unternehmungen. In: Zeitschrift für betriebswirtschaftliche Forschung, 45. Jg. (1993), S. 41–67.
Pearce II, John A.; Robinson Jr, Richard B. (1988): Strategic Management. Strategy Formulation and Implementation. 3. Edition, Homewood 1988.
Perridon, Louis; Steiner, Manfred: Finanzwirtschaft der Unternehmung. 7. Auflage, München 1993.
Pfeifer, Tilo (1993): Qualitätsmanagement. Strategien, Methoden, Techniken. München und Wien 1993.
Pohmer, Dieter; Bea, Franz X. (1994): Produktion und Absatz. 3. neu bearbeitete Auflage, Göttingen 1994.
Porter, Michael E. (1992): Wettbewerbsvorteile. Spitzenleistung erreichen und behaupten. Frankfurt und New York 1992.

Qui, Sheng (1991): Qualitätsmanagement unter Berücksichtigung des CIM-Konzepts. Diss. Giessen 1991.

Reichmann, Thomas; Lange, Christoph: Aufgaben und Instrumente des Investitions-Controlling. In: Die Betriebswirtschaft, 45. Jg. (1985), S. 454–466.
Reichmann, Thomas: Controlling mit Kennzahlen und Managementberichten. 3. Auflage, München 1993.
Reichmann, Thomas: Controlling mit Kennzahlen: Grundlagen einer systemgestützten Controlling-Konzeption. 3. Auflage, München 1993.
Reinschmidt, Jörg: Beschaffungscontrolling mit Kennzahlensystemen. Bergisch Gladbach 1989.
Ruschel, Adalbert: Lerntransfersicherung und -controlling. Ort? 1991.

Saatmann, Andreas: Die Erfolgskontrolle von Investitionen. Dissertation Universität Bochum 1970.

Schaefer, Sigrid: Datenverarbeitungsunterstütztes Investitions-Controlling. Dissertation Universität Dortmund 1992.

Schulz, Erika; Schulz, Werner: Umweltcontrolling in der Praxis. München 1992.

Schuster, Leo: In-House Banking als Instrument des FinanzManagement von Unternehmungen. In: Die Unternehmung, 42. Jg. (1988), S. 346–361.

Schweitzer, Marcell; Friedl, Birgit: Beitrag zu einer umfassenden Controlling-Konzeption. In: Klaus Spremann, Eberhard Zur (Hrsg.), Controlling, Wiesbaden, 1992, S. 141–167.

Schweitzer, Marcell; Küpper, Hans Ulrich: Systeme der Kostenrechnung. 5. Auflage, Landsberg/Lech 1991.

Schweitzer, Marcell: Industrielle Fertigungswirtschaft. In: Schweitzer, Marcell (Hrsg.): Industriebetriebslehre: das Wirtschaften in Industrieunternehmungen. 2. Auflage, München 1994, S. 569–746.

Seghezzi, Hans Dieter (1994): Qualitätsplanung. In: Masing, Walter (Hrsg.): Handbuch Qualitätsmanagement. 3. gründlich überarbeitete und erweiterte Auflage, München und Wien 1994, S. 373–400.

Seidenschwarz, Werner (1991): Target Costing. Schnittstellenbewältigung mit Zielkosten. In: Horváth, Peter: Synergien durch Schnittstellencontrolling. Stuttgart 1991, S. 191–210.

Seidenschwarz, Werner (1993): Target Costing. Marktorientiertes Zielkostenmanagement. München 1993.

Serfling, Klaus: Controlling, Stuttgart et al. 1983.

Sierke, Bernt R. A.: Investitions-Controlling im Controlling-System – Darstellung eines integrierten Ansatzes mit Hilfe ausgewählter linearer Dekompositionsverfahren. Dissertation Universität Göttingen 1989.

Simon-Christ, Karin: Evalution betrieblicher Weiterbildung. In: Jahrbuch Weiterbildung 1993. Düsseldorf 1993, S. 198ff.

Steger, Ulrich (Hrsg.): Handbuch des Umweltschutzmanagement. München 1992.

Steinbach, Walter (1994): Qualitätsbezogene Kosten. In: Masing, Walter (Hrsg.): Handbuch Qualitätsmanagement. 3., gründlich überarbeitete und erweiterte Auflage, München und Wien 1994, S. 65–88.

Steinmann, Horst; Schreyögg, Günter (1991): Management. Grundlagen der Unternehmensführung. 2. durchgesehene Auflage, Wiesbaden 1991.

Süchting, Joachim: Finanzmanagement. Theorie und Politik der Unternehmensfinanzierung, 5. Auflage, Wiesbaden 1989.

Thoma, Wolfgang: Beurteilung von F&E-Projekten. Möglichkeiten und Grenzen quantitativer Verfahren. In: Controlling. 1989, S. 166–171.

Troßmann, Ernst: Kennzahlen als Instrument des Produktionscontrolling. In:

Corsten, Hans (Hrsg.): Handbuch Produktionsmanagement. Strategie – Führung – Technologie-Schnittstellen. Wiesbaden 1994, S. 516–536.
Verein Deutscher Ingenieure e.V. (VDI): Wertanalyse. 3. Auflage, Düsseldorf 1981.

Wagner, Gerd Rainer (Hrsg.): Betriebswirtschaft und Umweltschutz. Stuttgart 1993.
Wagner, Gerd Rainer (Hrsg.): Unternehmung und ökologische Umwelt. München 1990.
Weber, Jürgen: Einführung in das Controlling. 5.,durchgesehene und erweiterte Auflage, Stuttgart 1994.
Weber, Jürgen (Hrsg.): Handbuch Controlling. Stuttgart 1990.
Weis, Hans Christian: Marketing. 8. Auflage, Ludwigshafen 1993.
Wicharz, Ralf E.: Die Flexibilität industrieller Produktionsplanung und -steuerung. Düsseldorf 1983.
Wicke, Lutz: Umweltökonomie – Eine praxisorientierte Einführung. 2. Auflage, München 1989.
Wildemann, Horst (1992): Qualitätsentwicklung in F&E, Produktion und Logistik. In: ZfB, 62. Jg. (1992), S. 17–41.
Wilken, Carsten (1993): Strategische Qualitätsplanung und Qualitätskostenanalyse im Rahmen des Total Quality Management. Heidelberg 1993.
Winkler, Jörg (1994): Kundendienst. In: Masing, Walter (Hrsg.): Handbuch Qualitätsmanagement. 3. gründlich überarbeitete und erweiterte Auflage, München und Wien 1994, S. 653–680.
Wöhe, Günter; Bilstein, Jürgen: Grundzüge der Unternehmensfinanzierung. 6. Auflage, München 1991.
Womack, James P.; Jones, Daniel T.; Roos, Daniel (1990): The Machine That Changed The World. New York 1990.
Wonigeit, Jens (1994): Total Quality Management. Grundzüge und Effizienzanalyse. Wiesbaden 1994.

Zangemeister, Christof: Nutzwertanalyse in der Systemtechnik. 4. Auflage, Wiesbaden 1976.
Zäpfel, Günther: Entwicklungsstand und Tendenzen von PPS-Systemen. In: Corsten, Hans (Hrsg.): Handbuch Produktionsmanagement. Strategie – Führung – Technologie-Schnittstellen. Wiesbaden 1994, S. 719–745.
Zentralverband Elektrotechnik- und Elektronikindustrie e.V. (ZVEI): Forschungs- und Entwicklungsvorhaben. Frankfurt/Main 1982.

Autoren

Dipl.-Kfm. *Alexander Bassen* studierte an den Universitäten Gießen und Tübingen Betriebswirtschaftslehre und arbeitet seit 1994 als Wissenschaftlicher Mitarbeiter am Lehrstuhl für Allgemeine Betriebswirtschaftslehre, insbesondere Rechnungswesen und Controlling an der EUROPEAN BUSINESS SCHOOL Schloß Reichartshausen, Oestrich-Winkel. Seine Forschungsschwerpunkte liegen auf den Gebieten der strategischen Planung und der Organisationstheorie.

Dr. *Reimund Franke* ist Professor für Betriebswirtschaftslehre an der Fachhochschule Düsseldorf mit den Lehr- und Forschungsschwerpunkten Unternehmensplanung und Controlling. Davor war er mehr als 20 Jahre in leitender Funktion bei mehreren namhaften deutschen Unternehmen in verschiedenen Branchen tätig. Er ist Autor zahlreicher nationaler und internationaler Veröffentlichungen.

Dr. *Bernd Glazinski*, Pädagoge (MA) und Psychologe (Dipl.), ist als geschäftsführender Gesellschafter der MSA – Institut für angewandte Personalentwicklung GmbH im Bereich Mitarbeiterbefragungen, Assessment Center, Weiterbildung und Bildungs-Controlling tätig. Schwerpunkte seiner Arbeit bilden Entwicklung und Implementierung innovativer Personalentwicklungsmaßnahmen.

Lothar Grünewald, Dipl.-Psychologe und Dipl.-Betriebswirt, war vier Jahre in den Bereichen Führungskräfteentwicklung und Personalauswahl bei der Firma Henkel KGaA tätig. Seit 1995 ist er Manager Human Resources bei der Firma VEBACOM, Düsseldorf.

Dipl.-Ing. *Claus J. Kathke* studierte an der Technischen Universität Berlin Wirtschaftsingenieurwesen mit der Studienrichtung Technische Chemie und arbeitet seit 1994 als Wissenschaftlicher Mitarbeiter am Lehrstuhl für Allgemeine Betriebswirtschaftslehre, insbesondere Controlling, an der Europa-Universität Viadrina Frankfurt (Oder). Sein Forschungsschwerpunkt liegt auf dem Gebiet des Investitions-Controlling.

Dr. *Alfred Kötzle* ist Professor für Betriebswirtschaftslehre, insbesondere Rechnungswesen und Controlling an der EUROPEAN BUSINESS SCHOOL Schloß Reichartshausen, Oestrich-Winkel und der Europa-Universität Viadrina Frankfurt (Oder). Seine Forschungsschwerpunkte liegen auf den Gebieten der strategischen Unternehmensführung, des operativen und strategischen Controlling sowie der Rundfunkökonomie.

Dipl.-Verw. Wiss. *Oliver Leibfarth* studierte an der Universität Konstanz Verwaltungswissenschaften. Seit 1993 ist er Wissenschaftlicher Mitarbeiter am Lehrstuhl für Allgemeine Betriebswirtschaftslehre, insbesondere Controlling, an der Europa-Universität Viadrina Frankfurt (Oder). Sein Forschungsschwerpunkt ist verhaltensorientiertes Controlling.

Dipl.-Kff. *Elisabeth Schwarzburg* studierte an der Universität Tübingen Betriebswirtschaftslehre und arbeitet seit 1994 als Wissenschaftliche Mitarbeiterin am Lehrstuhl für Allgemeine Betriebswirtschaftslehre, insbesondere Controlling, an der Europa-Universität Viadrina Frankfurt (Oder). Ihre Forschungsschwerpunkte sind Produktions-Controlling und Kostenmanagement.